A Paulina
e Yves
pareja y
familia
del milenio
[illegible signature]
12 Septb 99

Pablo Huneeus Cox

PATAGONIA MÁGICA
El viaje del tata Guillermo

Versión completa de la obra:
*Viaje a las rejiones septentrionales
de la Patagonia, por don Guillermo E.
Cox, 1862 a 1863,* según texto
preservado en los Anales de la
Universidad de Chile de julio y
agosto de 1863.

Editora Nueva Generación
República de Chile

Portada: Guillermo Eloy Cox Bustillos,
1863, en su tenida de explorador.
Ventisquero austral por Thomas Daskam.

Editora Nueva Generación Ltda.
Casilla 22, Santiago 30, Chile.
Fono: 218 39 74, fax: 218 22 81
E-mail: huneeus@pablo.cl
www.pablo.cl

Impreso en los talleres de
Impresos Universitaria S.A.
Av. Las Parcelas 5588
Estación Central, Chile.
Septiembre de 1999

Hecho en Chile

DOS CUCHARADAS Y ¡A LA PRESA!
Advertencia del Editor

Este libro consta de tres partes:

Primero, (el burro por delante) la biografía que hace el escritor Pablo Huneeus de su bisabuelo explorador.

Luego viene la introducción, pág. 55, donde el propio Guillermo Cox, reseña en tono serio las expediciones anteriores.

Y al final, lo sabroso: el diario mismo, pág. 105 en adelante, que escribe el inefable Cox durante su periplo a las selvas ignotas de la Patagonia septentrional. Dicho texto se publica íntegro, sin alteración alguna, aparte de la ortografía, que fue actualizada, pues los *hoy i* los *mui* complican la lectura.

CONTENIDO

PRIMERA PARTE

EL DIARIO PROHIBIDO
por Pablo Huneeus Cox

En el comedor de la casa de mi mamá hay un
retrato de una señora vestida de ropón largo y
mantilla negra leyendo una revista. Es doña
Loreto Méndez Urrejola, mi bisabuela, y aparece
acompañada de su hija Mariana Cox –la poetisa–,
quien posa frente a un clavicordio, ensimismada,
apenas rozando el teclado con sus finas manos
adornadas de pulseras. Están ambas, madre e
hija, en una de esas galerías abiertas al parque
que tenían las casas antiguas, rodeadas de por-
celanas y rosas frescas.

Fue mirando ese retrato que mi mamá una
vez contó como su abuela, su adorada *mamita*
Loreto, había conocido al tata Guillermo. Tenía,
la señora del ropón largo, apenas dieciséis años
cuando en el puerto de Talcahuano abordó,
junto a su madre, un vapor a Valparaíso. Venían
de Concepción, donde fue nacida y criada, e
iban de visita a Santiago, pero en esos años
–1863 calculo– no había camino posible ni ferrocarril, por lo que la manera más expedita de
hacer el periplo a la capital era por mar. En

cuanto la nave levó anclas, subió la niña a cubierta. Apoyada en la baranda contemplaba el atardecer cuando de entre unos fardos surgió un gigantón desgreñado, vestido de salvaje, que la miró de arriba abajo y le dijo sin pestañear:

–Me voy a casar contigo.

Alarmada, corrió al camarote a refugiarse en la pretina de mamá.

El buque regresaba de Magallanes y al recalar en Corral había embarcado a este personaje llegado en canoa a Valdivia luego de haber escapado de manos de los indios Tehuelches, que lo tenían secuestrado en la Patagonia. Como salvó con lo puesto, apenas, no tenía siquiera cómo pagar una litera a bordo. Dormía en cubierta entre los fardos de lana, pero desgreñado o no, en última clase y sin afeitar, era un hombre de palabra, y es gracias a que cumplió su amenaza que estoy escribiendo estas líneas.

Oriundo de Valparaíso, estudió medicina, igual que su padre, míster Nathan (Nataniel) Cox Lloyd, el cirujano amigo de Bernardo O'Higgins (ambos medio gringos) y decano de la Facultad de Medicina de la Universidad de Chile desde su fundación en 1842 hasta 1845, cuando fue nombrado cirujano militar del puerto. Su madre, misia Javiera Bustillos Maseyra, era hija del empresario gallego que vino de comisario con Mariano Osorio, Gobernador de Chile (1814-15), a rematar la Reconquista Española. Cayó el comisario Bustillos preso en la batalla de Maipú

(1818), que consagra la Independencia, pero como antes éste había hecho negocio con mucho hacendado patriota, la Sra. Agustina Montt viuda de Cruchaga, quien le vendía los mostos de sus viñedos, intervino para liberarlo. Él se fue, pero sus hijos se arrancharon en la *fértil provincia y señalada*. Uno, Vicente, llegó a ser conocido como el *sabio* Bustillos, un químico farmacéutico que, a falta de los laboratorios industriales de hoy, en su propia botica de calle *Nueva de San Diego* (hoy Arturo Prat) fabricaba el socorrido *láudano* para el dolor, las urgentes *hilas* (apósitos, vendas) para las heridas, el enloquecedor *sublimado corrosivo*, en base a mercurio, para las infecciones venéreas, además del *ulcanfor* para la tos, y de los *jarabes*, *emplastos* y *cataplasmas* con que se valía la ciencia médica entonces.

Bien podemos imaginar el interés del apuesto míster Nathan Cox, salido en estado de soltería del condado de Hereford, Inglaterra, por la farmacopea del sabio chilensis, sobre todo al momento que su amigo boticario le pide que trate a su hermana Javiera, de dieciocho años, aquejada de gripe. Fue a primer estornudo el amor que los unió, pero la tía de la niña, la encomendera realista Bernarda Maseyra, a cuyo cuidado quedó luego de la huida de sus padres, se opuso a las pretensiones del galeno, pues tenía la niña destinada a servirle de dama de compañía en su ancianidad. No iba a criar a una encantadora sobrina para que venga un gringo, encima del bando de los insurrectos patriotas, a quitársela. Capaz que termine ofendiendo a su sacra y muy católica majestad, el Rey.

Entre las recetas, el sedicioso doctor le deslizó a su bella paciente una declaración de su amor escrita en verso, pero luego de sanada, no obtuvo permiso de la severa Bernarda para visitarla, ni tenía Javiera medio alguno de darle el sí en una misiva, pues no sabía caligrafiar palabras. Su hermano le había transmitido la sapiencia que iba aprendiendo en la escuela referente a aritmética, latín y apologética, además había aprendido por su cuenta a leer, pero nunca había tomado la pluma. Y aquí viene una escena que retrata tanto la fuerza de voluntad de la mujer chilena, como el poder del enamoramiento humano. Descrita medio siglo más tarde por el hijo mayor de la protagonista:

Quiso manifestar reciprocidad de sentimientos, pero no podía hablar con su pretendiente, y no sabía escribir. Pues, resolvió aprender a escribir. Aprovechó la hora de la siesta diaria, encerrándose en su dormitorio con sólo la escasa luz que admitían las junturas de la puerta, y tendida en el suelo para aprovecharla mejor, y con una cáscara de nuez por tintero, hollín de humo de la cocina para servir de tinta, palitos de escoba por pluma, y un libro de muestras de letras, en el curso de siete días, pudo expresar a su pretendiente la reciprocidad que la animaba. Así fue como se inició lo que, contra la voluntad de sus parientes, se siguió hasta llegar a su matrimonio[1].

¿Puede alguien resistir una carta escrita en tales circunstancias? Arritmia cardíaca, temblor de manos, fuga de ideas, en fin, la sintomatología clásica del *mal d'amour*. No hay laudano ni curare capaz de sanar tamaña dolencia. Cataplasmas de valeriana índiga, jarabe de canela argelina, nada alivia los padecimientos del flechazo hasta que, luego de pertrechar de remedios la Expedición Libertadora del Perú, acuden el once de septiembre de 1820 al altar de la Iglesia del Sagrario a declarar la enfermedad catastrófica que han contraído.

No se les quitó nunca, fueron muy felices, ella administraba el contante y sonante mientras él daba rienda a su generosidad ejerciendo la ciencia de Hipócrates por amor a la humanidad. *Su casa es el hospital*, se dijo de él, pues atendía por igual a ricos y pobres, pudieran o no pagarle, forma de benevolencia que aún en nuestra metalizada era varios de sus descendientes, –abogados unos, médicos los otros– siguen practicando.

Así todo, para darle ella un buen pasar a la familia, durante los veranos, en lugar de ir a la

[1] Nathaniel Miers-Cox: *Los Cox en Chile. Narración Genealógica y Biográfica*. Folleto de circulación privada editado en la Imprenta de El Diario Popular, Santiago 1903, pág. 48.

playa, se trasladaba a una parcela en Isla de Maipo, con capacidad para tres mil cabezas de ganado, que O'Higgins le había asignado al doctor Cox en retribución por sus servicios a la causa patriota. De sus ancestros gallegos había ella aprendido, sino a escribir, a hacer salchichas. Entonces, de pantalones puestos, con su blusa arremangada más arriba de los codos, y ayudada por cuatro peones matarifes, ella elabora de su propia mano jamón serrano, butifarras a la española y apetecidas mortadelas que en invierno vende casa por casa en la capital, creando de hecho lo que debe ser una de las primeras fábricas de cecinas de la República. O sea, mientras don Nathan es todo desprendimiento, misia Javiera es sentido práctico en acción.

EL SÍNDROME COX

De ese matrimonio nacieron nueve criaturas entre las cuales acontece este Guillermo Eloy Cox Bustillos, pero ¡atención! salta a la vida marcado por el estigma de familia. Visto de afuera, es una piel blanquecina que al sol, en lugar de broncearse, se pone colorada –¡red monkey! le gritaban a mi mamá en la India– y una nariz respinga cuya abundante punta ofrece la base natural para disfrazarse de payaso. Cavidades oculares grandes, una frente de paredón de la cual pronto retroceden las canas para aumentar la superficie pelada, y una estatura

14

lo suficientemente alta para hacer de cada caída un acontecimiento apocalíptico. Sin embargo es por dentro, al interior del ánimo, donde se manifiestan con mayor virulencia los síntomas distintivos de esta personalidad: llamémosle aventurerismo ilustrado, para no denominarlo altruismo congénito, o diletantismo atávico. Es una actitud señorial hacia el dinero, manifestada en un notable talento para dilapidar herencias y un escaso interés por ahorrar o emprender trabajos pesados. Todo, sazonado con un afán filantrópico por asumir ideales superiores, sea el apostolado religioso, las causas de bien común, o el resplandor de las artes.

En tanto familias de gente cuerda, con los pies bien puestos en la tierra, como los Vial, los Matte, o los mismos Huneeus, aportan ingenieros civiles, gerentes generales, rectores de universidades y productores de remolacha, los Cox, de don Nataniel en adelante, tienen una actitud olímpica hacia la actividad fabril. Carentes de habilidad mecánica para arreglar motores o cepillar tablas, engendran al menos un clérigo por camada, numerosos médicos e incontables intelectuales, políticos, y profesores, pero cual Dorian Gray o *Lady* Windermere, esos personajes de Oscar Wilde consagrados al ocio ilustrado, dedican sus mejores esfuerzos a los deportes del espíritu. Necesitan, por cierto, vender sus cosechas y reses, pero no se van a mortificar, como los alemanes del sur, en arar ellos mismos

15

sus tierras o en fumigar de su propia mano contra la mosca del cuerno. Sus inquietudes van más allá de ganarse el pan o de administrar sus intereses en la línea del progreso económico. En lugar de estudiar agronomía o ingeniería comercial, leen Aristóteles y Montesquieu, y cual más, cual menos, todos en algún momento de sus vidas toman la pluma o el pincel para llenar cuadernos de poesía o láminas de acuarela, (hay baúles llenos de eso)... además de sendos libros sobre temas tan aterrizados como las disquisiciones sobre la histeria que escribiera mi abuelo en 1894[2], o la *Idea de Libertad*, un ensayo filosófico del tío Ricardo que discute la metafísica antropológica de Henri Bergson, miembro de la *Academie des Sciences Morales et Politiques* de Francia[3].

Encima, de una generación a otra pasan los pesados álbumes de recortes conteniendo infinidad de artículos de prensa, cartas al director y declaraciones públicas por causas nobles sí, pero tan remotas como puede ser la persecución religiosa en México, el abandono en que viven los habitantes de la isla Juan Fernández, o la supresión del idioma francés en la enseñanza básica. ¡Figúrense! ¿Qué educación han de recibir

[2]Ver: *Anales Chilenos de Historia de la Medicina*, páginas 411-422.
[3]Ricardo Cox Balmaceda: *Idea de la Libertad*. Academia Superior de Ciencias Pedagógicas de Santiago, 1962.

los niños de Carahue si no recitan *Les Préciesues ridicules* como la quiso Molière?

Buenos conversadores, eximios cuenta cuentos, nacen hablando inglés, sabiendo jugar ajedrez, y dotados de buena puntería. Mientras otros limitan su horizonte al valle central, ellos se abren al gran mundo. *¡Cayó Saint Quentin! ¿Qué vamos a hacer?* fue Eduardo Cox Balmaceda a exclamarle a su vecino Manuel Vial Echenique, de calle República 399, una mañana de 1942 al enterarse de esa derrota gala. Capaz que perdamos París.

Literalmente, las agarran al vuelo, sean las tórtolas que caían del cielo alcanzadas por el certero pulso del tío Agustín, las moscas que el tío Ricardo atrapaba con la mano, o la moneda lanzada al aire con la mano izquierda para reventar con el revólver disparado con la derecha. O bien se manifiesta el genio en representaciones teatrales, donde Alejandro Magno y Juana de Arco intercambian versos en el viejo granero, o en veladas musicales donde se turnan al piano para improvisar sonatas de Chopin o barcarolas de Tschaikowski, como quieran, ¿o prefieren que toque *Tengo una vaca lechera* al estilo de Domenico Scarlatti? Es un talento innato, una libertad de espíritu y un ímpetu natural que lleva de buenas a primeras al tata Guillermo a escribir con la gracia de un Bernard Shaw y a su nieta Alejandrina Cox Palma, a sacarle la lengua al Comandante en Jefe del Ejército, Carlos

17

Prats, mientras éste pasaba con su escolta por la Costanera, humorada cuya repercusión en la caída del gobierno de Salvador Allende todavía sopesan los historiadores.

A veces, pareciera que les sobra espíritu para su humano cuerpo, llegando a confundirse los Cox con tanta facilidad de desarrollo personal, todo lo cual hace de ellos personajes entretenidos, vivaces, objeto las mujeres de enamoramientos fulminantes, pero carentes en su conjunto de perseverancia, sobre todo en lo que se refiera a rutinas de trabajo, disciplina de equipo y acumulación de capital.

Entonces, mientras las ovejas mueren de sed porque nadie acude a llenar los bebederos al monte, el debate en la mesa versa sobre la batalla de Jutlandia, Mar del Norte año 1916, en la cual el almirante británico Jellicoe, aprendemos, podría haber perdido la Gran Guerra en una noche, o sobre si *Bucéfalo*, el potro de Alejandro Magno que se espantaba de su propia sombra, tenía cataratas o calentura.

Las tardes, por cierto, eran para jugar ajedrez, y la emulación de "la partida inmortal" entre Anderssen (blancas) y Kieseritzki (negras), Londres 1851, con su magistral jaque mate B-K7 en la jugada 23, podía prolongarse hasta alcanzar la luna a descollar sobre los cipreses del parque.

El momento crítico de una ovejería, son las pariciones. Ahí se abalanzan perros cebados y cuatreros alzados a robar corderitos recién nacidos. Es cuando baja el puma, quien de un zarpazo mata media docena de lechones por el puro gusto de desangrarlos, y el cielo se cubre de águilas de cabeza negra que bajan en picada a reventarles los ojos. ¿Pero es en esa álgida semana cuando salen los Cox a patrullar el campo? ¿Es por cuidar el rebaño que, precedidos de una avanzada de peones y cocineros, se instalan en el Cerro de las Rosas a dormir bajo las estrellas?

En absoluto. Así como subsiste la etiqueta londinense de no hablar en la mesa del vil *money*, *money*, machucarse por rescatar carneros desbarrancados o por bombear a pulso agua de los pozos para darle de beber a las animales, no son actividades propias de *gentlemen*. El campo, en especial el fundo grande compuesto por lo que fueron después las haciendas Leyda, Huinca, El Cheque, La Arboleda y San Juan, interesa en cuanto coto de caza para compartir con los amigos en memorables zorrerías. ¿Acaso no crece solo el trigo mientras dormimos? Las grandes salidas, las cabalgatas de varios días por la heredad son con motivo de las liebres y de los zorros. A cazar mandan, y no es por nada entonces, que en Leyda haya habido tantos galgos para levantar liebres como perros ovejeros para cuidar el ganado.

EL GITANO DESCONOCIDO

Las cuatro operaciones no fueron incluidas en los cromosomas Cox, por lo que son incapaces de restar de la realidad contable gestas filantrópicas, expediciones a la Patagonia o goletas veleras que deben esperar años en el astillero a que su dueño atine a cuadrar entradas con gastos.

Como si lo anterior no bastase para crearles fama de excéntricos en el chato ambiente del subdesarrollo, ineluctablemente aparece la marca del gitano desconocido en la sangre: el toque nómade, el incesante ir de allá para acá, que los deprime a muerte en condición sedentaria y los torna felices en movimiento, pues respiran igual que los tiburones: al avanzar.

De padre a hijo, empezando por míster.Nathan, se contagia la tara fatal de sentirse impulsado a partir. Se manifiesta esta joroba congénita al final de la adolescencia en la forma de un empellón intempestivo a la puerta para salir corriendo al puerto más cercano en busca del ancho mar donde hacerse hombre.

Veamos la secuencia: Nathan Cox Lloyd (1785-1869), habiendo estudiado medicina en Neath para luego graduarse de cirujano y ginecólogo en el *Royal College of Surgeons* de Londres, estaba presto a instalar lucrativa consulta en la cuna del liberalismo. Pero en lugar de una existencia burguesa, se enrola como médico de la marina del Zar Alejandro I, encontrándose en batallas navales de rusos contra turcos en el mar Egeo, para luego servir en la *Royal Navy* de su majestad británica y un buen día abordar un *clipper* de cinco palos a Sudamérica. Ciertamente la suya fue una decisión impulsiva, tomada al momento de salir a caminar por los muelles. En Montevideo, un argentino de origen irlandés le habla de Mendoza como la nueva *El Dorado* de las Américas y le ofrece poner juntos una clínica.

A los ocho meses de padecer ese infame caserío que era entonces Mendoza, y estafado por el lenguaraz transandino, se entera de que su antigua fragata *Phoebe* ha recalado en Valparaíso. Escribe para volver a enrolarse, venga amigo responde el capitán Hillyar, parte a galope tendido por el paso Los Andes, y al momento de apearse en el puerto, se acerca un joven marino que se presenta como el capitán Manuel Blanco Encalada (el futuro almirante). Ha oído hablar de la llegada de un médico inglés, dice, y viene a implorar que éste atienda a un tío suyo, el marqués de Villa Palma, gravemente enfermo en Santiago. En esos tiempos, 1814, sólo se conocía en Chile la medicina escolástica española, de dudosa efectividad. Viaja Cox, siempre a caballo, a la capital, donde queda gratamente impresionado, tanto por los trescientos pesos de honorarios por sanar al marqués, como por las damiselas en flor que avistó a la salida de misa.

21

–This is the place!– exclamó entusiasmado.

Al volver al puerto, se encuentra con que la *Phoebe* ha debido zarpar a la carrera. Se acomoda a esta copia feliz del Edén, mas no a sus opresores realistas, conoce a O'Higgins y en la Guerra de la Independencia se juega el pellejo por la causa patriota. ¿Puede haber más linda aventura que formar una República? Más tarde, bueno, es decano, padre de familia, ciudadano ilustre, promotor infatigable de la cirugía moderna, en fin, lo propio de sentar cabeza con el correr de los años, llegando incluso a los ochenta, a seguir montando su percherón bayo para atender enfermos por todo Valparaíso, que es donde ha fijado su residencia.

Su hijo, el tata Guillermo (1828-1908) que aquí nos reúne, un buen día de 1862 se larga de Valparaíso con su *flagelot* (flauta tipo clarinete), y un amigo francés llamado Langlier a organizar desde Calbuco un safari hacia territorios ignotos de Chile. Quiere unir el Pacífico con el Atlántico antes que exista el término *corredor bioceánico* y que se piense siquiera, en hacer un canal por Panamá. Como acicate está la posibilidad de dar con la Ciudad de los Césares y como resultado práctico termina, efectivamente, encontrando el tesoro, pero no al fondo de una serranía, sino al zarpar de Talcahuano y avistar desde su escondite entre los fardos, al amor de su vida.

A su vez, el hijo del tata Guillermo, mi abuelo Ricardo Cox Méndez (1870-1952), siendo estudiante de cuarto año de medicina y encontrándose en el fundo Cuchacucha de su papá, porque el presidente Balmaceda ha ordenado cerrar ese foco de subversión que es la universidad, parte sin permiso ni anuncio a enrolarse en el ejército *constitucionalista* atrincherado en las salitreras de Atacama. Para ello, retira el efectivo de la caja del fundo, deja una carta y aborda en Talcahuano el vapor inglés *Daphne*. De un botellazo en la cabeza lo dejan 23 días hospitalizado en Iquique y de un cañonazo en plena batalla de Placilla le dejan de por vida un tobillo maltrecho. Su libro *Recuerdos del 1891*, lectura obligada de sus nietos, es una genial narración de esa escapada.

Luego, por medio de la multiplicación de los panes, llegamos en vuelo directo a un estudiante de diecinueve años (1940-?), a la sazón absolutamente ignorante de las andanzas de su bisabuelo explorador, que en febrero de 1960, aparece en el mismo Calbuco a buscar, no El Dorado, sino la manera de volver a Concón en lancha velera. Su libro al respecto, *Amor en Alta Mar*, comparado con éste del tata Guillermo, es la demostración metafísica de la decadencia de las especies. Escribía mejor el viejo.

PIEDAD FILIAL

Pero si este libro del tata es tan bueno, y tanta es la afición familiar por las letras, ¿cómo se explica que nadie lo conociese? Del magno tata tenemos su retrato luciendo una barba bíblica, y cantidad de recuerdos como una fotografía de un hombre de pelo corto y rostro angelical, vestido de sotana, en cuyo reverso dice: *Díaz i Spencer, Esquina, Calles Compañía y Ahumada*. Hay una bandera chilena y otra norteamericana entrecruzadas sobre un sol naciente, y en tinta negra, con preciosa caligrafía, leemos: *Débil prueba de mi profundo cariño a mis queridos amigos D. Guillermo Cox y Bustillos y D^a. Loreto Méndez y familia. Firmado P. Mariano G. del Pilar. Escolapio.*

En un álbum de recortes de prensa de Ricardo Cox Méndez, entre un artículo llamado *Diálogos Substanciales entre Biología y Religión* (don Enrique y don Modesto, respectivamente) publicado en el periódico conservador *El Diario Ilustrado*, y una emocionante elegía en memoria de su lejano profesor, el Dr. Vicente Izquierdo, fechada 4 de agosto de 1926, encontramos una carta de don Ricardo al diario, entonces liberal, *El Mercurio*, referida al tata Guillermo.

Señor Director:
La piedad filial me dicta estas líneas que –así lo espero– usted tendrá la bondad de publicar:
Luego cita un artículo *firmado C.S.V. que principia así:*
"Un hombre de grande ingenio con el humorismo y la imaginación de su raza británica, don Guillermo E. Cox, decía que en Chile los viejos andaban

cabizbajos y mal humorados porque le tenían miedo al infierno".

Niega don Ricardo que el tata Guillermo haya sido *en vida un escéptico en materia de Religión. (…) Era simplemente un liberal, a la manera de los Vicente Reyes, los Eulogio Altamirano, los Julio Zegers, los Marcial Martínez, sus contemporáneos, sus amigos de medio siglo, sus condiscípulos del Instituto Nacional. (…)*

Tocó también a esa generación de chilenos recibir, los primeros, la influencia directa de las doctrinas científicas, filosóficas e históricas, que de 1865 a 1899 revolucionaron completamente el mundo intelectual.

Los grandes nombres de Darwin, Haeckel, Spencer, Taine y Renan encarnan esa revolución.

Lector infatigable, el señor Cox estuvo también durante largos años bajo esa influencia, a la cual muy pocos escaparon. (…)

Ese simpático librepensador, hijo espiritual de Spencer y un poco de Renan, no fue jamás un verdadero y nocivo escéptico, sino más bien un predicador en acción, dice el devoto Ricardo. *Durante cuarenta años consecutivos, no faltaron jamás en sus propiedades de campo misiones para sus inquilinos, que él prestigiaba y realzaba con su presencia…*

Asimismo, se preserva enmarcado en cristal, un recibo extendido por el tata Guillermo a su hermano Natanicl (II) por *Quinientas libras que me legó en su testamento mi finado tío Richard H. Cox cuya cantidad cobró mi citado hermano en Inglaterra.* Está fechado *Valparaíso, Julio 6 de 1871.*

La conversión a pesos oro de la época, según un cálculo de su puño y letra que aparece al costado derecho del documento, arroja, incluyendo un interés *en 6 % al año*, un total de $ 2.633,50 lo suficiente, supongo, para comprar un par de haciendas, con parajes aptos para hacer zorrerías de varios días y buenos inquilinos para labrar el plano.

Ese Nataniel II, hermano mayor del tata Guillermo (no confundir con su padre, el llevado por el viento hasta Montevideo), perpetra matrimonio con Enriqueta Larraín Ruiz-Tagle. Curiosamente su única hija, Gracia Cox Larraín, se casa ¡oh vueltas del destino! con un Huneeus, dando así lugar a otra manada de Huneeus Cox, lejanamente emparentados por donde los mire uno, pero mucho más cuerdos. El mayor de ellos fue monseñor Alejandro, deán de la Catedral y secretario del cardenal Caro. Olga, por su parte, se casa con Rule von Bismarck. Y felizmente, entre esos papeles que conservan los aficionados a los secretos de familia, el arquitecto Tomás Eastman Montt, nos ha hecho llegar de Valparaíso un notable documento de este hermano gestor de herencias británicas. Al interior de su propiedad, como un punto curioso, se encontraba la Laguna de Aculeo. El texto que aquí reproducimos extractado, es un verdadero manifiesto

Guillermo Cox (de pie) y hermanos Nataniel II, y José Alfre-
do o Eduardo.

del patrón de fundo, y habla mucho del ambiente
social de la época.

INQUILINOS DE MANSEL

*Los inquilinos que hasta la fecha han trabajado como
inquilinos de segunda clase tendrán:*
POSESIÓN.– *De un cuarto de cuadra para su
residencia, siendo de su incumbencia hacer con material
de la Hacienda su casa-habitación i mantenerla en
estado de servicio.*

Luego de especificar que *podrán tener hasta
cuatro animales, no siendo machos enteros* y que
los *sueldos ordinarios son 30 centavos por día,*
especifica que ES PROHIBIDO.– *Poner chanchos
en potreros. Por la primera contravención pagarán
25 centavos, 1 peso por la segunda i perderán el
animal por la tercera.*

*Tener suelto macho entero alguno, bajo pena de
castración del animal a costa i riesgo del dueño; y
descascarar o cortar árbol alguno...*

*Todo inquilino se compromete a cumplir las órdenes
legales del Patrón o de sus Administradores, Ma-
yordomos, Capataces, Sotas u otros empleados; a
servirle fiel y puntualmente, cuidar sus fundos,
animales, enseres, herramientas, útiles, etc. que contienen, i a observar buena, honrada i sobria conducta.*

Firmado *Nathaniel Miers-Cox.*

El tata Guillermo también fue un connotado latifundista en la región del Biobío, muy querido por su gente, pero a pesar de los laudatorios recuerdos que se conservan de este verdadero arquetipo de patriarca familiar, nadie nunca, ni mis padres en día domingo, ni mis tías en tarde de tertulia junto al brasero, daba mayores detalles sobre su viaje a la Patagonia. Algo se decía, entre susurros, que los indios lo apresaron en una jaula y que sobrevivió, en una versión gracias a las manzanas que le llevaba una indiecita de noche, y en otra versión más picaresca, transmitida de primo en primo, gracias a que la muchacha lo amamantaba a través de los barrotes, motivos ambos suficientes para borrar de la cristiana memoria el incidente. Toda una estirpe de benefactores de la Iglesia, de devotas monjas y connotados obispos, fundada por un pecador que entablaba amores con unas indias galantes. No puede ser ¿verdad?

Mejor hacer caso omiso del cuarto mandamiento (*Honrarás padre y madre*) y fondear cualquier ejemplar que pudiese quedar en los anaqueles, como tanto hijo lo ha hecho con la obra de padres geniales. Si la propia Biblia los hijos de Dios prohibían en la Edad Media leerla, con razón en la casa de Dieciocho 338 del recién citado Ricardo, resaltaba el hueco negro del volumen VI de la obra en once tomos *Historia de los Papas* de Ludovico Pastor. No estaba, y se decía, por ser el referido a los pecaminosos

29

pontífices Borgia, descendientes del cardenal español Rodrigo Borja y cuya venalidad inspira *El Príncipe* de Maquiavelo.

El mismo afán purificador ha de haber provocado la misteriosa evaporación del ejemplar de reserva del *Viaje a la Patagonia*, en la Biblioteca Nacional. Nunca ha sido habido, ni se sabe cómo ni cuándo desapareció, lo que no es de extrañar conociendo la capacidad de la *piedad filial* para soterrar la chispa de generaciones anteriores. Salvo un único óleo rescatado por el Museo Nacional de Bellas Artes ¿dónde está la obra pictórica de Teresa Salas Subercaseaux? Y los libros más irreverentes de Jenaro Prieto, como *Humo de Pipa* ¿por qué desaparecieron? Sabemos de los *Papelucho* de Marcela Paz, los superventa de consumo infantil, pero sus novelas más profundas, como *La vuelta de Sebastián* siguen a buen recaudo del perro del hortelano.

Excavando la memoria tribal, hemos logrado dar con unas raras e incongruentes trazas de la existencia terrenal de su autor. El tata Guillermo tuvo un barco de cabotaje y escribió para la Armada uno de los primeros *Derroteros de la Costa de Chile*, el referido a la navegación por los canales de Chiloé. Los derroteros son descripciones de las radas, montículos y poblados visibles desde el mar, además de las veleidades del clima y las corrientes, que se hacen para acompañar las cartas de navegación.

Por ejemplo, refiriéndose al canal de Chacao

dice el Volumen I: *Durante las mareas sicigias, toman las aguas la apariencia de un correntoso río, con escarceos y torbellinos de gran fuerza; en las cuadraturas de la luna disminuye considerablemente la fuerza de la corriente. Con vientos fuertes y de dirección contraria a las mareas, se producen en el canal, particularmente en sus partes oriental y occidental, grandes agitaciones de las aguas, llamadas rayas.* En la página 390 nos advierte que *Punta Quillagua despide en todo su redoso varias rocas sumergidas y pequeños farallones; desde la misma punta se extienden al sur, como por 6 cables, rocas ahogadas y rompientes.* Y así, paso a paso, cada accidente geográfico visible de los fluidos navegables del país, sean ríos, mares o lagos.

Algunas descripciones en los actuales derroteros del Servicio Hidrográfico y Oceanográfico de la Armada es posible, por su vívido estilo, que provengan de esas primeras hechas por él. Es inconfundible su manera precisa, y a la vez entusiasta, de reseñar la geografía que ama: *...enormes trozos de hielos puntiagudos guarnecían la abertura en forma de dientes, e hilos de agua cayendo de lo alto, que parecían una melena: de la caverna por entre los dientes, salía con estrépito una columna de agua; era el Peulla.*

Mientras yo consideraba este espectáculo curioso, de la cima de la colina se desprendió un enorme pedazo de hielo y dando repetidos botes sobre las piedras, hizo resonar todo el valle con un horrible estruendo. Colocad aquí un hijo del cielo risueño de la Grecia, y su imaginación habrá pronto inventado una historia aterrante sobre este asunto. La abertura que da salida al Peulla sería la boca de un monstruo horrible, los dientes...

Asimismo, la narración de los avatares del viaje está cargada de humor y cada detalle, incluyendo el comportamiento de los animales, es consignado con gusto y un dejo de ironía. Por ejemplo, en el Capítulo II, las maniobras de Pedro para hacer que las cabras que llevan el alimento crucen el río, inspira una página de antología. El chivo mayor, nos cuenta, se decide a pasar sólo luego de que un chivato nuevo resbala al torrente y toca pie en la orilla contraria. *Entonces, el cabro avergonzado de su cobardía, y electrizado por el ejemplo del joven héroe, pasó también.*

Su famoso barco parece haber sido una goleta velera en la cual hacía trueque de harina y de vino por basas de alerce en las costas de Chiloé. A su hijo Tomás le contaba que una noche de luna navegando solo por los canales, era una experiencia mística.

–Entonces –decía el tata–, soy dueño del mundo.

Más tarde ofició de viñatero, en un fundo llamado Cuchacucha que obtuvo de los Méndez, a siete leguas de Chillán, en la ribera norte del río Ñuble, y donde pasó el resto de su vida. Dicho feudo, de suelos pobres, tenía desde tiempo

32

de los jesuitas el privilegio de serle permitido producir intoxicantes alcohólicos –vino, chicha– que daban abundante dinero.

Por cierto, no se esmera en hacer de la suya una viña famosa, aunque la uva *País* y la uva *Italia* del predio dan lugar a exquisitos vinos, en particular el blanco que sabe a miel. Su mente está en algo más allá del trabajo empresario, el mero ganapán del cual mejor no hablar, y su pasión no era leer libros técnicos sobre mostos y vendimias, sino la revista *The Illustrated London News* para luego encargar, no la última máquina para aumentar la productividad, sino cañas para pescar con mosca, escopetas de caza *Coxswell & Harrison*, molinitos de café, lámparas *Aladino* a parafina y demás adminículos que atestiguan la idea victoriana de modernidad.

El verano de 1892 el mayor de sus hijos, Guillermo Cox Méndez, a los veinticinco años de edad, siendo ya autor de su dosis de ensayos filosóficos, además de diputado por Concepción, se ahogó a vista y presencia del clan en pleno durante un paseo al río. Fue por salvar de las aguas a un primo Barros Méndez que lo arrastró la corriente. Perecieron ambos, y la novia de Guillermo, María Isabel Eastman –estaban de argollas ya– que debió presenciar el heroico esfuerzo y su lento desenlace desde la orilla, juró ahí mismo tomar los hábitos. Ingresó al convento de las Carmelitas descalzas, llegando a ser abadesa en San Bernardo.

La tía Adelina Cox Méndez, por tanto hermana de mi abuelo Ricardo, hasta en su ocaso de anciana recordaba la imagen fantasmal de los pies de *Guille*. Habían dispuesto su cuerpo, junto al del otro infortunado, en una carreta de bueyes, cubiertos con frazadas para llevarlos del río a la vieja capilla de Cucha, que data de los jesuitas del siglo XVII. Con el bamboleo de la carreta, la frazada se corrió, dejando sus pies al aire. Justo detrás, caminando en silenciosa procesión –los caballos los traían a la tira– volvía lo que rato antes era una alegre comparsa de familiares, cantoras y amigos de paseo al río. Lo velaron en la capilla del fundo Cuchacucha y siete décadas más tarde, cuando uno la visitaba, lo primero que le decían al mostrarla, era que aquí trajeron al hijo mayor del tata Guillermo.

DEDOS PARA EL PIANO

A comienzos del siglo XX, seguramente debido a su avanzada edad, se va a vivir a Santiago, dejando a su hijo Ricardo a cargo del fundo próximo a Chillán, que es donde les toca nacer a los hermanos mayores de mi madre. En la capital, el tata Guillermo toma una decisión extravagante para su tiempo: mientras la ciudad crecía en torno a la *Alameda de las Delicias* hacia Estación Central, que era el rumbo de la moda y de la consecuente plusvalía urbana, compra una casaquinta al lado contrario, "hacia arriba", en lo que hoy, a juzgar por las descripciones, viene a ser entre las calles Portugal y Vicuña Mackenna, a la fecha meros callejones sin nombre.

Y aquí viene un episodio mundial de los Cox. Es gracias, a esa virtual relegación que el tata Guillermo le impone a su hijo Ricardo, el médico y combatiente en la Guerra Civil de 1891, que éste conoce en Chillán a una profesora de canto llamada Lucrecia León –recordemos la debilidad familiar por el arte de las musas– cuyo hijo demuestra tener, al decir campechano, dedos para el piano. Conmovido como yo sé que alguien de la familia se puede conmover con una buena interpretación de la sonata *Claro de Luna*, patrocina don Ricardo en Chillán el primer concierto público de ese niño, de apenas cinco años, conocido como Claudio Arrau.

Más aún, en compañía de su joven esposa Teresa Balmaceda Zañartu –mi abuela materna–, don Ricardo, que ya es diputado por la zona, hace viajar a profesora chillaneja e hijo genio a la metrópoli para que sean por un tiempo huéspedes de la casa del tata Guillermo y la *mamita* Loreto en los confines altos de la Alameda. ¿Recuerda el lector aquel clavicordio junto al cual sale la *mamita* Loreto leyendo una revista? Pues bien, en ese clavicordio –predecesor del piano vertical de uso doméstico– practica Claudio Arrau para su *debut* en Santiago.

La cena de gala a la cual se invitó al *tout Paris* santiaguense a escuchar al niño prodigio, fue en la mansión de su compadre Elías Balmaceda Fernández (hermano menor del extinto José Manuel), pues él acababa de importar de Alemania un piano de cola *Blüthner*, lo máximo en instrumento musical: tenía clavijero de bronce repujado y teclas de marfil.

Solterón empedernido, a la sazón senador por Ñuble, correligionario liberal del entonces Presidente de la República, Pedro Montt, y más tarde Ministro del Interior del gobierno de Juan Luis Sanfuentes, culmina su *curriculum* de puestos altisonantes con el de padrino de bautismo de mi señora madre. Ella lo recuerda como *un príncipe*, elegantísimo, encantador y sumamente generoso con su ahijada, al punto de provocar envidia entre sus hermanas por los juguetes franceses y collares de brillantes que le compraba en cualquier vuelta por las tiendas del centro. La casa de marras, nos informan, tenía cinco patios; los primeros cerrados por galerías de cristal y los últimos, junto a las cocheras, con gallinas vivas, para así ofrecer siempre carne fresca en la mesa.

El tío Ricardo, en sus memorias inéditas recuerda así el evento:

El concierto en casa del tío Elías fue magnífico. Estuvo presente cuanto Balmaceda había en Santiago, aunque de niños chicos, creo que éramos los únicos. Por la amplitud de los salones, la elegancia de la concurrencia y el maravilloso talento del niño concertista, fue aquella una exhibición y una fiesta incomparable.

Entre la concurrencia estaba la tía Mariana, gran pianista y musicóloga, a quien el piano del niño Arrau le causó, según lo dijo después de cada pieza de las tres que tocó, una profunda impresión. Él era más o menos de la edad de Vicente, más pequeño que yo.

Por su parte, otro de los niños presente, el tío Eduardo, con su especial humor, recordaría muchos años después la envidia que le provocó ese peque vestido de marinero para la ocasión, no por su talento para teclear mazurkas, sino por el trencito de madera que le dieron de recuerdo.

La historia oficial habla de un concierto de Arrau en el palacio de La Moneda, el que ha debido ser unas semanas más tarde. Pero estamos en plena república parlamentaria, la presidencia es una institución débil, por lo que, el Ricardo hijo del Inta Guillermo fue convenciendo uno a uno, de derecha a izquierda, a sus colegas de la Cámara que le concedieran a Arrau la inusual *Beca Parlamentaria*, gracias a la cual se traslada, en compañía de su madre, a Berlín a perfeccionarse bajo la disciplina prusiana de Martín Krause, descendiente espiritual de Beethoven y de Liszt, faena que, considerando el valor de mercado de la clase de piano, le debe haber costado una fortuna al erario nacional.

El año 1912, durante un viaje a Europa, don Ricardo acude a Berlín a enterarse de los progresos del chillanejo. Se sabe que quedó impresionado por la línea estrictamente clásica del joven pianista. Lo habitual para un talento latinoamericano era iniciarse tocando musiquita española, tipo Enrique Granados. En cambio Arrau, de un comienzo aborda los grandes maestros –Bach, Mozart, etc.– y en un plano netamente europeo: majestuoso, seguro de sí mismo y a la vez pensativo, haciendo resaltar de cada compás una idea musical. El niño –otra vez de marinero– le obsequia una foto (ver figura) donde escribe: *Al señor Ricardo Cox Méndez dedica este recuerdo, Claudio Arrau, Berlín, 18-10-12*. El programa de un *Konzert*, fechado *Montag den 5, Januar 1916*, contempla Haydn y unas piezas de Federico *El Grande*. Pero a Arrau ¡maldito centralismo! lo sindican como (proveniente de) *aus Santiago (Chile)*.

LA ODA DE NERUDA

Volviendo al tata Guillermo, lo único que sabemos de su muerte viene de las citadas memorias de Ricardo Cox Balmaceda, nieto suyo, quien al referirse a la casona en los extramuros de la ciudad, dice textualmente: *Para nosotros, lo agradable que tenía esa casa* (de Alameda pasado Portugal) *era que parecía un campo lleno de vegetación y donde el juego podía variarse todo lo que se quisiera. No penetremos más allá en la apreciación de la casa.*

El abuelo murió en 1908 y todavía me acuerdo de la última visita a esa casa que tuvo algo de

Al señor Ricardo Cox Mendez
dedica este recuerdo
Claudio Arrau

Berlin, 13-10-12.

39

fúnebre, porque lo poco que se hablaba era de la
gravedad del dueño de casa.

Nunca más lo vimos.

Y nunca supimos más nada de él quienes rompemos el cascarón sin saber de dónde venimos, ni interesarnos por quienes hicieron el mundo como es. Salimos raudos del nido a volar con nuestras propias alas, pero cuando este burócrata ascendente de Naciones Unidas (mi lado Huneeus), vuelve de Ginebra, ocurre un llamado al orden: una tía de mi "exposa" Delia, también llamada Delia Vergara, tiene la gentileza de invitarnos a cenar a su casa a orillas del *Country Club* con Pablo Neruda. Impresionado por el vate, grande tanto de alma como de cuerpo, que se encontraba arrellanado en senda silla mecedora especialmente dispuesta para su enorme persona, al saludarlo, le canto mis apellidos paterno y materno, como quien da su nombre ante el Juez del Crimen.

−¿Cox? −me pregunta con su voz de ultratumba −¿usted sabe, joven, que su abuelo escribió un libro maravilloso sobre la Patagonia?

Por encima de los objetos raros que Neruda recogía por todo el mundo, su pasión era coleccionar libros de viajes y de dictadores Latinoamericanos. Se los devoraba, y su *Canto General*, denota un acabado conocimiento de las epopeyas de expoliación y de exploración del continente.

Por mi parte, apenas sabía del libro de mi abuelo Ricardo sobre la Revolución de 1891, y

40

no alcanzando a recordar a mi bisabuelo, lo negué cual Pedro en el Sanedrín. Debí admitir, señor Juez del Crimen de Ignorancia e Incultura, no tener idea de qué me hablaba.

Quedó la flecha, sí. Con el tiempo fui recordando las esporádicas referencias al susodicho viaje, pero un diario de esa odisea juvenil del tata ¿dónde?

En los anales de la *Royal Geographical Society* de Londres, mayo de 1864, figura una conferencia de sir Woodbine Parish sobre *the Diary (in Spanish) of Don Guillermo Cox, a Chilean born, though of British parentage, who, possessed of independent means which enabled him to carry out his object, determined towards the close of 1862, to make an exploration of the least known part of the Andes, south of Valdivia, in the hope of being able to open a new line of communication across Patagonia between the Pacific and Atlantic Ocean.*

Queda claro que si bien el tata Guillermo califica para entrar al dilecto club de los *gentleman explorer*, junto a Phileas Fogg (el de *La Vuelta al Mundo en Ochenta Días*) y a Livingstone (descubridor de Tanganyka y del extraviado Dr. Stanley), su idea de unir ambos océanos por vías navegables a partir del lago Nahuelhuapi, es una imposibilidad geográfica. También, un artículo de Juan Martín Biedma en *La Prensa* de Valdivia del 23 de mayo de 1963, trata de la obra, y otro de Tomás Eastman en *El Mercurio* de Valparaíso, pero el libro mismo, en mis

tantos trajines por librerías y bibliotecas, nunca.
Hasta que en 1976, editado por Nascimento,
aparece el libro *Pretérito Imperfecto (Memorias de
un Crítico Literario)* de Hernán Díaz Arrieta (Alone), verdadero rector de las letras nacionales
por medio siglo. Ahí, en el capítulo llamado *La
Muerte de Pablo Neruda* reproduce una carta que
le dirige el poeta sobre esta obra:

Isla Negra, 31 de Agosto de 1973
   Mi querido amigo,
   *Yo estoy escribiendo por estos días mis recuerdos
y con mucho temor le envío dos capítulos recién
pergeñados e incorregidos...*
   *Una última cosa. Su recuerdo último de Mariana
Cox me hace pedirle un informe extraño. Tengo
la única edición titulada* Viaje a las regiones
septentrionales de la Patagonia, 1862 a 1863, *por
don Guillermo E. Cox. Es tan bonito este libro
que tengo ya conseguida su reedición en una que
será hermosísima edición. Es tan bueno, a veces
como Pérez Rosales, con aventuras fantásticas del
mundo que ya terminó, contadas por este hombre
con ingenuidad, curiosidad y valor personal. Mi
consulta es: ¿puede ayudarme usted de alguna
manera a conseguir algunos datos, documentos,
fotografías, para revisar a este viejo "gentleman" y
explorador? El saludo más afectuoso de su amigo
de siempre.*
   Pablo Neruda.
   Seguidamente, comenta Alone:

Una rápida averiguación para enviarle los datos que nos pedía sobre el señor Cox nos lo demostró: algunos de sus nietos ignoraban la obra del abuelo, que fue el padre de Mariana Cox y necesitamos la ilustración de uno de ellos dado al estudio para conseguirlo. Cuando los obtuvimos ya era tarde, la última carta de Pablo Neruda quedó sin respuesta. Se habían cerrado ya los ojos destinados a leerla y que abrieron al mundo de las letras el más rico, el más vario, el más alucinante manantial de metáforas poéticas para derramarlo sobre la belleza y el drama de vivir[4].

Con mayor ahínco proseguí la rebusca. Por estantes de parientes, casas de antigüedades y librerías de provincia, pero el rubro Patagonia es muy solicitado y lo más cerca que llegué es a un comerciante de libros usados de calle San Diego que me dijo que lo tenía, pero en su casa. No lo vendía ni en mil dólares, pues lo consideraba una de las más preciadas joyas de su colección.

De tanto recorrer librerías de viejo con la misma pregunta, se supo, y estando en plena Feria de Libros de la Estación Mapocho, octubre 1998, aparece Ricardo Bravo, un librero de barba y bufanda al cuello que me dice estar afectado

[4]Hernán Díaz Arrieta: *Pretérito Imperfecto*, Editorial Nascimento, Santiago, 1976, páginas 262-263. Cap.: *La Muerte de Pablo Neruda*.

de neumonía y que para comprar remedios bien puede venderme esto. De una carpeta desenfunda el libro, sin tapas y descosido, pero completo. Cuídese lector de la neumonía: son carísimos los remedios.

A Neruda le sorprende la belleza literaria de la obra, es que en esas descripciones rigurosas que hace Guillermo Cox de los ríos, bosques y lagos que va recorriendo, aflora la poesía del paisaje mismo. Sin querer, logra por medio de una prosa fiel a la realidad, evocar ese evasivo espíritu a que aspira el poeta. *La naturaleza*, dice al comentar las hojas de pangue, *como buena madre, tiene reservados consuelos y sorpresas agradables para los que la visitan.*

Pero además de sentir el paisaje natural, se conoce también a los habitantes de ese mundo prístino, que permanecía cerrado al hombre blanco por una empalizada infranqueable de ríos imposibles de vadear, de volcanes enojones y bosques impenetrables. Constituye este diario de viaje, un importante documento sociológico, pues analiza, con el ojo de un Levi-Strauss, las costumbres, ritos, comidas y vestimentas de pueblos originarios todavía viviendo en plenitud su cultura. Notable es el análisis que hace del rol de la mujer, pues en esos tiempos nadie veía el género masculino o femenino como entidades sociológicas diferenciadas, a la usanza actual. Es en muchos sentidos un predecesor de las investigaciones antropológicas de mapuches, chilotes y pehuenches, efectuadas por cientistas sociales del siglo XX, pero con la singularidad de retratar esa realidad humana en todo su esplendor, antes de contaminarse con la civilización tecnomercantil que nos rige.

EL TERRITORIO PERDIDO

Por último, una consideración geopolítica: el tata Guillermo cruza el lago Nahuelhuapi, acampa donde hoy se alza Bariloche, naufraga en el río Limay, busca una vía navegable al Atlántico y remonta las pampas de Neuquén, todo en la absoluta seguridad de estar siempre en territorio chileno.

Recuerden señoritos de la Cancillería –los siempre útiles al extranjero– que desde 1554 la Capitanía General de Chile tenía desde el río Loa al Estrecho de Magallanes un ancho de cien leguas, vale decir 557 kilómetros, comparado con los 187 km. en promedio hoy, y que al momento de su Independencia abarcaba, en palabras del propio Bernardo O'Higgins, *todos los hijos de Chile en ambas bandas de la cordillera* (ver mapa). En efecto, todo cuanto hay al sur del río Diamante desde el Pacífico al meridiano 65°, hasta las proximidades de Mendoza, era patrimonio nuestro, siendo Neuquén, Chubut, Río Gallegos, y el Cono Sur completo, incluyendo Tierra del Fuego en su totalidad, propios de Chile.

Incluso durante la Colonia, a tal extremo Mendoza dependía de Chile que el proceso del tribunal del Santo Oficio contra el alcalde de dicha ciudad, Ramón de Rozas, asesor también del gobernador Ambrosio O'Higgins, se entabla en Lima vía comisario de la Inquisición en Santiago[5].

Por su parte, los indígenas de *Chile oriental*, como le decían al resto del país allende la cordillera de los Andes, Patagonia incluida, bajaban a Valdivia para comerciar sus productos por medio del océano Pacífico, y solían llegar con cargamentos de alerce hasta la mismísima *ciudad de los reyes*, Lima, capital del virreinato.

Los mapuches, a igual que los aymarás, también pueblan desde la antigüedad ambos lados del cordón andino, sin que ese accidente geográfico, las altas cumbres o el cuento de la línea divisoria de las aguas, fuera nunca frontera de la nación, como hoy lo preconiza el Ministerio de Relaciones Exteriores. ¿Acaso los distintos lados de los Urales, en la mitad de Rusia, o de los Apeninos, en medio de Italia, son estados aparte?

Lo que Guillermo Cox investiga, con sus propios medios y premonitorio pálpito, es dónde hacer un camino para abrir hacia el Pacífico esa

---

[5]René Millar C.: *Inquisición y Sociedad en el Virreinato Peruano*. Ediciones Universidad Católica de Chile, 1998.

EL TERRITORIO DE CHILE
EN 1810

Arica

Río Loa

Mendoza

Santiago

Buenos
Aires

Río
Negro

Carmen de Patagones

Valdivia

Península Valdés

Isla de
Chiloé

OCÉANO
ATLÁNTICO

OCÉANO
PACÍFICO

Tierra del Fuego

FUENTE: Jaime Eizaguirre: *Breve Historia de las Fronteras de Chile*. Editorial Universitaria, 1967.

47

trastienda olvidada del país, y que tiene por este lado mejor acceso al comercio marítimo. Tanto así, que por la distancia al Atlántico y la ausencia de puertos naturales en esa desolada costa, en 1994 fue necesario construir un oleoducto para sacar el petróleo de la cuenca de Neuquén por Talcahuano. Con este informe a la naciente República, que no le ha costado un peso al Fisco, da el primer empellón para azuzar al gobierno a cumplir el mandato de O'Higgins de colonizar los vastos y eventualmente ricos parajes de *Chile oriental*.

Está en pleno auge la colonización alemana de Llanquihue, de la cual el tata pinta un animado cuadro al describir Puerto Montt. ¿Qué habría sido de Chile sin la colonización alemana? Llegaríamos hasta Chillán no más. Como se aprecia en la obra, nuestro explorador va cortando malezas y vadeando ríos hacia el Este sin otra mira que agrandar la nación. Pronto hay que colonizar todo eso, es su *leitmotif*, antes que otros se lo apropien.

Pero Santiago, como siempre, da la espalda a todo cuanto hay pasado Angostura de Paine. Desde este informe de su expedición, publicado el mismo año 1863 en los Anales de la Universidad de Chile, el país tuvo en su mano ocupar en propiedad la Patagonia entera, de costa a costa, como Estados Unidos de Norteamérica. No habría encontrado más oposición que la del viento, pero en las décadas siguientes nada se hace.

Preferible abrir lujosas embajadas en París y Londres que proseguir la colonización del sur. Más aún, Diego Barros Arana, el plumario botado a diplomático, no quiere problemas durante su estadía en Buenos Aires. ¡Hay tan buena champaña allá, tantas condecoraciones! Escribe en 1876 su célebre informe calificando la Patagonia de *territorios que nada valen*.

¿Qué diría ese hombre de Arizona, de Texas y de California? Con esa mentalidad gurrumina, Estados Unidos iría de Boston al Mississippi no más.

Entretanto, surge el salitre.

¡Oro fácil! gritan los pijes del Club de la Unión, y mientras Chile emprende una guerra hacia el norte, Argentina ocupa el sur. En palabras del historiador Jaime Eyzaguirre:

En los mismos años en que el ejército chileno iniciaba hacia el norte su campaña contra los ejércitos coligados perú-bolivianos, el coronel argentino, don Julio A. Roca, emprendía la suya, pacífica y sin obstáculos, por tierras de la Patagonia para ir incorporándolas al patrimonio de su patria. Esta acción colonizadora, firme y continuada, iba a encontrar, poco después su rubricación jurídica en un tratado suscrito en Buenos Aires, el 23 de julio de 1881, por el Cónsul General de Chile. Don Francisco de Borja Echeverría y el Ministro de Relaciones de esta última, don Bernardo de Irigoyen[6].

[6]Jaime Eyzaguirre: *Breve Historia de las Fronteras de Chile.* Editorial Universitaria, 1967, pág. 84.

Concluida la guerra, John Thomas North, apodado *El Rey del Salitre* por sus millonarias inversiones en Tarapacá, es recibido con bailes de sociedad y homenajes públicos en la capital. Ha fletado un vapor de la *Pacific Steam Navigation Company*, el *Galicia*, para viajar de Inglaterra con una comitiva a conocer sus dominios. En esa comparsa viene un periodista del *Illustrated London News*, la revista que recibe el tata Guillermo en Cucha. Han pasado veintiséis años del viaje a la Patagonia y pienso que los dibujos de Melton Prior del *Palacio del Tesoro* (La Moneda), del *Montecarlo del Pacífico* (Viña), de las chancadoras de caliche, o de los *bolsa men* cargando en flotadores de cuero de lobo los barcos en Pisagua, han debido dejarlo triste[7].

Es un sureño de alma, agricultor por añadidura, y como tal sabe del potencial de desarrollo que es el campo. En la zona austral del país ha visto praderas y terruños cultivables en los cuales Chile podría haber asentado permanentemente a miles de familias, y sin exponerlas a las veleidades especulativas del salitre o del cobre, tan propensos a terminar en pueblos fantasmas. ¿Qué mejor reserva moral para un país que la gente de campo?

[7]Ver: *Reportaje a Chile. Dibujos de Melton Prior y crónicas de "The Illustrated London News" 1889-1891*. Publicación del Museo de Histórico Nacional auspiciada por Fundación Andes. Santiago, 1992.

El clima patagónico, duro como es, no es peor que el de Escocia o el de Hereford, donde se origina la familia, y si los santiaguinos le temen al viento y a la lluvia, los chilotes lo más bien funcionan en temporal y soledad. Sea colonización europea o chilota, lo importante es pronto asentarse en esa inmensidad, hasta entonces apenas aprovechada por un par de tribus nómades. Pero las luces de la ciudad encandilan.

Es el síndrome Cox –el tata Guillermo lo sabe bien– que a su manera corre por las venas del país entero. Esa falta de perseverancia, ese caer deslumbrado por el ideologismo de moda, y esa cierta aversión a la industria, sumada a la compulsión irrefrenable por los embelecos importados ¿no es acaso consubstancial al carácter chileno?

En definitiva, lo que ganan los Cox en brillo, lo pierden en tierras, tal como lo que gana Chile al avanzar sobre el desierto de Atacama, lo despilfarra con creces al dejar abandonada la Patagonia. Si hasta el día de hoy los colonos de Aysén y de Magallanes sobreviven en el más vergonzoso aislamiento, sin siquiera escuelas decentes donde educar sus hijos, con mayor razón antaño ese desprecio al sur que manifiesta el gobierno central, esa eterna postergación de las necesidades básicas de infraestructura, llevó a que *Chile oriental* quedase desamparado. La clase política chilensis trata al sur cual sitio eriazo, dejándolo abierto al primer audaz presto a ocuparlo.

Al revisar las fronteras del Reino de Chile al momento de su Independencia, se aprecia que los aproximadamente setecientos mil kilómetros cuadrados de territorio chileno ocupados por nuestros vecinos a partir del paseo iniciado por el coronel Roca en 1879, equivalen al total de los 756.253 Km^2 de superficie que le quedan hoy al país, sin contar la Antártida.

A la luz del gas natural argentino del cual ha comenzado a depender Chile, y del combustible YPF que mueve el transporte nacional, también proveniente de la cuenca del Neuquén, este libro aparece como un testimonio de lo que podría haber sido.

What might have been and what has been
Point to one end, which is always present.
(T.S. Eliot)

Lo que pudo ser y lo que ha sido, dice el poeta inglés, apuntan a un fin que está siempre presente. Hoy no sabemos por qué el propio tata Guillermo no le dio de mayor difusión a su libro –tenía demás medios para reeditarlo– y sólo conjeturamos los posibles motivos de un hijo suyo para dejarlo fondeado. Pero si todo apunta al presente, aquí está tata, lindamente impreso, en buen papel y encuadernado a costura hilo para que dure siglos.

Tal como lo advirtiera Neruda, creemos que en esas hojas amarillentas, ahora rescatadas del olvido, hay un mensaje. *La palabra conmueve, el ejemplo arrastra*, dice el proverbio. Entre líneas, Ud. Tata, con su agraciada pluma y sus altruistas motivaciones hace un llamado a la juventud para que torne su existencia en aventura. A un mundo metalizado, donde la carrera universitaria, el destino de vida, se decide en función del dinero, Ud. le muestra la fuerza del individuo cuando extiende sus propias alas.

Pero lo principal, con este libro nos brinda la oportunidad a sus descendientes de expresarle nuestro reconocimiento y devoción por haber sido Ud. el hombre que fue, y que sabemos, no volverá a haber otro igual.

✝ ✝ ✝

Calbuco, marzo de 1999.

SEGUNDA PARTE

VIAJE A LAS REGIONES SEPTENTRIONALES DE LA PATAGONIA, por Guillermo E. Cox, 1862 a 1863

Introducción

El descenso gradual de la línea culminante de la sierra chilena desde los elevados crestones del Aconcagua hasta la roca de Diego Ramírez, que parece ser el límite austral del vasto sistema de los Andes. El fraccionamiento de éste a medida que se acerca al Estrecho de Magallanes, que es el más notable accidente descubierto hasta ahora en aquel pedregoso y continuado solevantamiento de la superficie del globo terrestre. Los brazos de mar que se internan en la cordillera de Occidente a Oriente desde la altura del Canal de Chacao hasta el citado Estrecho. Y los relatos más o menos coincidentes de las personas que trafican en maderas en la tierra firme de la provincia de Chiloé, de las cuales se deduce la existencia de hondos boquetes en la cordillera, que facilitan sin ascenso el paso, tanto a las Provincias Argentinas como a la parte de Chile ultramontana, conocida hasta ahora con el nombre de Chile oriental o Patagonia; me hicieron concebir la esperanza de que una prolija exploración en aquellos desconocidos lugares, pudiera dar talvez por resultado palpables beneficios al comercio y a la ciencia.

Movido por este pensamiento, contraje mi atención preferente a reunir cuantos datos me fue posible conseguir sobre tan importante asunto, compulsé las relaciones de cuantos viajeros habían escrito sobre las regiones patagónicas, recogí con prolijidad los datos que me proporcionaron personas ancianas y respetables de Chiloé e intenté además algunas excursiones parciales, cuyos resultados, aunque desgraciados, por motivos que no es del caso referir, lejos de desanimarme o desvanecer mi primera idea, no hicieron más que fortalecerme en ella.

En efecto, el fácil atravesar de los Andes por los 41° de latitud austral era ya un hecho averiguado: lo era también que el caudaloso río Limay, que es el que da su nombre al río del Carmen o Negro, deriva su origen del vasto lago de Nahuelhuapi, como lo manifesté al Supremo Gobierno en época anterior: y por último, que el ilustre piloto Villarino, saliendo del Atlántico, había alcanzado río adentro en direccion al Occidente 600 millas, y constando el curso general desde su desembocadura hasta la parte occidental del lago de Nahuelhuapi de 725 millas, era evidente que un trayecto terrestre o fluvial de 125 millas bastaría para poner a Chile en fácil comunicación con las aguas del Atlántico, evitando de este modo el duro paso de los Andes, los peligros del Cabo y las morosidades consiguientes a tan dilatado viaje.

Las causas que obligaron a Villarino a desistir de su empresa, fueron el propósito irrealizable que él llevaba de alcanzar por esa vía hasta Valdivia; si aquel intrépido explorador, en vez de seguir al norte, hubiera hecho rumbo por el brazo meridional del río, habríamos podido contar con conocimientos que hasta ahora carecemos; pero no fue así. Por consiguiente, un viaje de Occidente a Oriente, siguiendo el curso del río desde su origen principal, que es el lago de Nahuelhuapi y que yace sólo a tres días de Puerto Montt con un camino muy accesible, parecía llamado por lo menos a estrechar más la distancia terrestre desde el Pacífico al Atlántico. Hícelo así presente a nuestro Gobierno, y habiendo merecido mi idea una feliz acogida, emprendí el viaje cuya relación doy ahora a luz, sin más pretensión que la de ser útil a la humanidad y a mi patria.

Para mejor inteligencia de este pequeño opusculo, he juzgado conveniente dividirlo en varias secciones que paso a anunciar.

Las primeras páginas comprenderán el resumen histórico de las diversas expediciones practicadas en las regiones septentrionales de la Patagonia, y el origen, fundación y estado actual de la colonia de Llanquihue.

Once capítulos divididos en dos partes, comprenderán el diario de mi viaje.

En seguida otro capítulo, comprenderá mis observaciones geográficas, geognósticas, climatéricas y botánicas.

Consagraré otro capítulo a algunas observaciones sobre los distintos idiomas de las gentes que pueblan aquellas regiones.

Y por último, concluiré con una disertación sobre el proyecto que ha dado origen a este viaje.

No carecerá de interés el hacer un resumen de los conocimientos geográficos que han arrojado alguna luz sobre este país, y de la historia de las diferentes expediciones que, con fines religiosos y científicos, han precedido a la mía. El orden cronológico me parece el mejor; principiaré pues por una historia abreviada de las Misiones.

I

Expediciones en busca de la ciudad de los Césares. Misión en el lago de Nahuelhuapi. El Padre Mascardi en 1664. Los padres Felipe Lagunas y José Guillermos en 1703. Camino de Bariloche. El Padre Meléndez en busca de la misión de Tucamalal en 1792.

Las primeras tentativas para pasar la cordillera

entre los 40 y 42° de latitud, fueron hechas con el objeto de buscar la fabulosa ciudad de los Césares. El origen de esta pretendida ciudad fue el siguiente: De dos buques enviados por un Obispo de Placencia por los años de 1600 con el objeto de descubrir el Estrecho de Magallanes, uno de ellos se perdió y no se tenía noticia alguna de su tripulación, hasta que llegaron repentinamente a Concepción dos españoles que, probablemente para explotar la credulidad pública, hicieron la relación siguiente: decían que formaban parte de la tripulación del buque naufragado en el Estrecho, que toda la gente, después del desastre, se había internado en el continente en donde fundaron una ciudad a las orillas de un gran lago, y a la que dieron el nombre de Césares en honor del Emperador Carlos V.

Los dos recién llegados, culpables de asesinato y temiendo el castigo de su crimen, se habían escapado de la ciudad, y después de haber atravesado por algunas tribus de indios llegaron a Concepción. Referían cosas maravillosas de esa ciudad de los Césares, maravillas que conmovían a todo el mundo y fue tal que no sólo los Gobiernos americanos se afectaron con estos relatos, sino que aun la Corte de España mandó hacer una relación oficial de los hechos. Varios Gobernadores de Chile y de Buenos Aires, ordenaron expediciones en busca de la pretendida ciudad; de Valdivia fueron las más, y no obstante el ningún resultado de esas tentativas, siempre se creyó en su existencia, y en el día es uno de los principales temas para la superstición de los chilotes.

Los misioneros contagiados por la credulidad general, fueron también en busca de la ciudad con la esperanza de proporcionar a sus habitantes los auxilios de la religión y convertir a los indios de esos puntos, aprovechándose de los caminos por donde éstos atravesaban la cordillera para comunicarse con los isleños de estas costas. En la colección de documentos históricos argentinos de don Pedro de Ángelis, se encuentra la relación de todas esas expediciones.

Era en el año de 1664 cuando el padre Mascardi fundó un colegio en Castro, en la isla de Chiloé. Los jesuitas se habían establecido allí hacía algún tiempo, antes de internarse en las regiones más al interior, donde iban a ejercer su penoso ministerio. El padre Mascardi, uno de los primeros, dejó el colegio de Castro, del cual era superior, para ir a evangelizar a los indios; comenzó por los Chonos y los Guaitecas; pero lo que le arrastraba era otra misión que le parecía más importante: quería plantar las raíces de la viña del Señor en el corazón de las regiones ocupadas por los Puelches y los Poyas; éstos habitaban los bordes del lago de Nahuelhuapi y los valles formados por las aberturas de la cordillera, valles dominados por nieves perpetuas. El carácter de estas tribus era feroz e indómito; mantenían estrechas relaciones con los Pehuenches y los habitantes de las Pampas. Nada contuvo al padre Mascardi en su celo evangélico.

Se puso en marcha por la cordillera, sin que la elevación de sus cimas heladas ni la profundidad de sus precipicios aterrantes le inspirasen un solo momento de temor, ni atenuasen en su corazón la fe ardiente que anima a los verdaderos servidores de la cruz. En ese tiempo se podía pasar de Chiloé al lago de Nahuelhuapi por un camino fácil, llamado camino de Bariloche, que permitía llegar en tres días a las orillas del lago, diadema de aguas azules, colocada por la mano poética de la naturaleza en las sienes vírgenes de los Andes. Este camino se halla perdido actualmente.

Llegó al medio de los primeros indios, que al principio parecieron dispuestos a escucharle; pero entre los Poyas todo cambió de aspecto, se resistieron, le hostilizaron, y en fin, el 14 de diciembre de 1665, le asesinaron a flechazos. Todos estos detalles se hallan consignados en una Memoria del padre Rosales, intitulada *Vida del padre Mascardi* y que en otro tiempo se hallaba en una biblioteca de la ciudad de Concepción.

La conversión de los Puelches y Poyas fue abandonada por algún tiempo. Hasta el padre Felipe Lagunas nadie había penetrado a Nahuelhuapi. Vivía en Calbuco, cuando algunos

61

indios vinieron en su busca, rogándole que fuese a enseñarles las verdades del cristianismo. Se dirigió entonces al jefe del gobierno solicitando recursos, y provisto de autorización y de abundantes socorros pecuniarios, dejó Santiago el 22 de agosto de 1703. Su compañero, el padre José Guillermos, nos ha dejado la relación de las fatigas de su viaje, que fueron inmensas, porque vino de Valdivia por tierra, siguiendo caminos impracticables, a establecer su misión a las orillas del lago. Es aquí en donde el padre Guillermos le encontró un mes más tarde, catequizando a cuarenta personas reunidas con el objeto de escuchar sus predicaciones.

El padre Felipe carecía de los útiles necesarios para la construcción de una iglesia; resolvió confiar el cuidado de su rebaño naciente al padre Guillermos y marcharse a Chiloé. Rindió cuenta de su viaje a sus superiores en una carta que citamos toda entera por ser de importancia, relativa al sujeto que nos ocupa:

"Salí de Nahuelhuapi, dice en su carta, el 22 de enero, atravesando unos lagos horribles, no sin riesgo para mi vida, a causa de la pequeñez de las embarcaciones de los indios; subí dos grandes montañas a pie, y pasé un río torrentoso por sobre piedras agudas y lisas. Este río se llama Peulla, es preciso pasarlo a vado más de veinte veces y algunas con el agua hasta la cintura; la corriente es tan rápida que si se da un paso falso, se corre el riesgo de la vida.

Algunos catecúmenos tuvieron lástima de mis pies heridos y me obligaron a calzar una especie de zapatos de cuero sin curtir, que habían traído para su uso. Me sirvieron de algún descanso, aunque, apenas me podía sostener, tropezando a cada paso en troncos de árboles caídos, y pasando por pantanos.

En una pequeña isla que hace el río Peulla, encontré a dos españoles de Chiloé, que eran Miguel Velázquez y Lucas Almonacid, con unos indios de Calbuco, y admiré la Providencia Divina que se manifestaba en esta ocasión tan favorable a mi persona, porque si no hubiera encontrado tan a tiempo a esos españoles, mis seis puelches y yo, habríamos muerto de hambre. En efecto, no había más embarcación para pasar de una orilla a otra del lago, y esta gente traía la que estaba del otro lado: colocados entre dos lagos, ¿que podíamos hacer aislados? Nos era imposible avanzar, y bien difícil con tan pocos víveres, volver atrás, y de vuelta a Nahuelhuapi, no habría avanzado nada, desprovisto de lo que iba a buscar a Chiloé".

Aquí el padre alaba la docilidad de los indios que, junto con caminar aprendían el catecismo, y yo que he pasado ciento sesenta años después, puedo atestiguar su coraje; era preciso tener uno superior para ocupar la atención con ejercicios espirituales por caminos en donde, para avanzar, no son demasiado los pies y las manos, ayudados de un ojo seguro. El mismo padre

63

nos dice otra vez con mucha ingenuidad que, reconvino a los indios por haberse puesto a silbar, llamando el viento; cosa curiosa que todos los pueblos tengan esta idea supersticiosa de silbar para hacer venir el viento.

En fin, el buen padre llegó a Chiloé, hizo su diligencia y volvió a las orillas del lago, justamente un mes después de su salida. El padre Felipe visitó las orillas, y cita nombres que no hemos encontrado en la obra del padre jesuita Falkner ni en otra parte; en seguida, viniendo a Valdivia, murió en el camino, en Colihuanca.

El padre J. Guillermos le sucedió, y hablando de él, vamos a ver aparecer el camino de Bariloche, puesto que, por haber querido hacer trabajar a los indios en esta vía de comunicación, que era de tan grande utilidad para los misioneros, se atrajo la cólera de los naturales, y por una simple querella, le envenenaron; algún tiempo después hicieron morir al padre Elgueta, su sucesor; quemaron la iglesia, y huyeron temiendo la venganza de los españoles. El lugar de la misión se llamaba Tucamalal. Los indios de esta generación han conservado algunas tradiciones; el cacique Paillacán y otros indios Pampas habían oído hablar vagamente a sus antecesores de cristianos que vivieron en las orillas de Nahuel-huapi.

El padre Meléndez fue en busca de los restos de la misión; partió en 1792 por la boca de Reloncaví, caminó por las orillas del Río Petrohué, y llegó al Lago de Todos los Santos, se embarcó en una piragua que él y sus compañeros construyeron; tres días después, pasó a la otra orilla; llegó enfrente del Tronador, inmenso campo de hielo y de nieve, del cual hablaré más tarde; subió la cordillera, marchó al norte y desembocó en una pampa al pie de un cerro elevado.

En el llano, había un pequeño lago en donde estaban unos canqueñes. Este lago es el que nosotros llamamos el lago de los Canqueñes, y el cerro elevado, el Cerro de la Esperanza, denominado así por Vicente Gómez en 1856, porque de su cima pudo divisar la extensa faja de agua azul de Nahuelhuapi. Llegó en fin a las orillas del lago, justamente un mes después de haber dejado a Chiloé. El padre Meléndez construyó una piragua, cuyos restos he hallado, navegó directamente al este, en una ensenada larga, tocó en una isla, después en otra más al norte. Se dirigió en seguida al sur, y desembarcó después de haber pasado un pequeño estrecho. De allí entraron, el padre y sus compañeros, en una pampa en que encontraron a unos indios que les dijeron que los restos de la misión se encontraban a cinco cuadras del desagüe.

El padre Meléndez volvió en seguida a Chiloé y escribió una relación de su viaje, que tengo a la vista. Uno de sus compañeros era el joven Olavarría, que he conocido ya anciano en Puerto Montt y que me dio noticias preciosas, casi todas exactas. No he podido dejar de admirar la memoria asombrosa del buen anciano, el que setenta años después de estos hechos, podía darme indicaciones tan precisas.

En los siguientes párrafos hablaremos del Río Negro que recibe las aguas del lago, de Villarino que exploró sus afluentes vecinos, y del Padre Falkner, jesuita, cuya obra sobre la Patagonia dio origen al viaje del piloto español.

II

El padre Falkner en 1774. Don Basilio Villarino en 1782

El padre Falkner era inglés de nacimiento; al principio estudiante de Medicina, fue a Cádiz, se embarcó en un buque español y vino a América, cayó enfermo en Buenos Aires y fue atendido por unos jesuitas; el agradecimiento lo comprometió en la orden, y entonces con el doble carácter de misionero y de médico, segundo título que le fue de una grande utilidad entre los naturales del país, principió a viajar por la parte sur del continente.

Después de cuarenta años de residencia, vuelto a su patria en 1774, publicó el resultado de sus observaciones en un libro titulado *Descripción de la Patagonia*, que se encuentra en la colección citada más arriba de don Pedro Ángelis. He podido admirar durante mi viaje la sagacidad de espíritu con que el jesuita se había penetrado de la configuración del país, en medio de las

respuestas embrolladas y algunas veces contra-
dictorias de los indios. Hablando del Río Negro
dice así:

*Este río es el mayor de Patagonia: se vacia en el
Océano occidental, y es conocido por varios nombres,
como el segundo Desaguadero, o el Desaguadero de
Nahuelhuapi. Los españoles le llaman el gran río de
Sauces, algunos indios, Choelechel; los Puelches,
Leubucomó, o el río por antonomasia, y Curí-leubú
quiere decir río Negro, que es el nombre que le dan
los Huilliches y Pehuenches. El paraje por donde le
pasan desde el primero al segundo desaguadero,
Choelechel.*

*No se sabe exactamente la fuente u origen de este
río, pero se supone tenerla del río Sanquel: compónenle
muchos ríos y arroyos. Va escondido por entre peñas
quebradas, y se estrecha en un canal profundo y
angosto, que finalmente se manifiesta otra vez con
grande y rápida corriente algo más arriba de Valdivia,
pero al lado opuesto de la cordillera. A poca distancia
de su aparición se descargan en él muchos ríos,
algunos grandes que vienen de la Cordillera, y entran
principalmente en el norte de ellas.*

*Un Tehuel, o cacique meridional, me describió
sobre una mesa como unos diez y seis ríos. Díjome
sus nombres, pero no teniendo materiales para escribir,
no pude apuntarlos, y se me olvidaron. Añadió
además que no sabía paraje alguno de este río, aun
antes que entrasen los menores en él, que no fuese
muy ancho y profundo. Ignoraban dónde nacía, y*

sólo dijo que venía del norte. Era hermano del viejo cacique Cangapol; parecía hombre de sesenta años, y había vivido todo ese tiempo a la orilla de este río.

De estos ríos, que entran por la parte septentrional, hay uno muy ancho y profundo, y nace de una laguna como de doce leguas de largo, y casi redonda, llamada Huechunlauquén, o laguna del límite, la cual está dos días de jornada de Valdivia, y se forma de varios arroyos, fuentes y ríos que nacen de la Cordillera. Además de este río envía la laguna al levante y al mediodía lo que forma parte del gran río, y puede enviar otro brazo al poniente que comunique con el mar del Sur cerca de Valdivia: pero esto no lo puedo afirmar por no haberlo examinado suficientemente.

También viene de hacia el norte otro pequeño río, que sale del pie de la Cordillera, y cruza al país desde el Noroeste, al Suroeste, descargándose en el Desaguadero, en el espacio de día y medio de jornada al este de Huechún, país del cacique Cangapol. Llámanle Pichi-Picuntu-leubu, esto es, Río Chico del Norte, para distinguirle del Sanquel, que también entra en el segundo Desaguadero; siendo cada uno de ellos llamado por los indios, el Río del Norte. La boca de este río dista de la del Sanquel, cerca de cuatro días de camino.

El río Sanquel es uno de los mayores de este país, y puede pasar por otro Desaguadero de las montañas nevadas de la Cordillera. Viene del norte muy lejos, corriendo por entre montañas y precipicios, y engrosándose con los muchos arroyos que se le juntan en el camino todo. El paraje donde primero se deja ver, se llama el Diamante, cuyo nombre le dan también los españoles. A corta distancia de su origen entran en él muchos arroyos que nacen del pie de la Cordillera más al norte, y más abajo hacia el mediodía, el río Solquen. Este río es tan grande, que los indios del río Negro llaman indistintamente a su corriente, Lauquel-leubu, y Solquen: es ancha y rápida, aun en su primera aparición, y crece con la unión de muchos arroyos y fuentes que recibe de las montañas, y del país húmedo por donde pasa, por el espacio de trescientas millas, tomando un curso casi directo desde el norte al sur para el este, hasta que entra en el segundo Desaguadero, o río Negro por una boca ancha.

En el confluente de estos dos ríos, hay un gran remolino, por donde no obstante se atreven a pasar los indios nadando a caballo. Sus orillas están cubiertas de cañas, y de muy grandes mimbres.

Hacia el sur del grande, o segundo Desaguadero, no entran sino dos ríos de alguna consideración. Uno se llama Limai-leubu por los indios, y por los españoles, el segundo Desaguadero de Nahuelhuapi, o Nauvelivapí. Los chilenos dan el mismo nombre al Río Grande, pero es un error, porque ignoran algunos de sus brazos, de los cuales éste es solamente uno, y no tan grande como el Sanquel, y mucho menos que el principal brazo, aun en su primera aparición fuera de la Cordillera.

Este río continúa con grande y rápida corriente, desde la laguna Nahuelhuapi, casi al norte, por entre valles y pantanos, cerca de treinta leguas; recibiendo grandes arroyos de las montañas inmediatas, hasta que entra en el segundo Desaguadero, algo más abajo del que viene de Huechun-lauquén, o Laguna del límite. Los indios le llaman Limai-leubu, porque los valles y pantanos por donde pasa, abundan en sanguijuelas, y los huilliches le llaman Limay, y al país Mapu-Limai, y a sus moradores Limaichés.

La laguna de Nahuelhuapi es la mayor que forman las aguas de la cordillera (según la relación de los misioneros de Chile), pues tiene quince leguas de largo. A un lado junto a la orilla está una isla baja, llamada Nahuelhuapi, o la isla de Tigres: Nahuel significa tigre, y huapi isla. Está situada en una laguna rodeada de bocas y montañas, de donde nacen manantiales, arroyos y nieves derretidas. También entra en esta laguna, por el lado meridional, un pequeño río que viene de Chonos, en el continente, enfrente de Chile. (Es sin duda el río Frío que sale del Tronador, pasa por la laguna Fría y se echa en Nahuelhuapi)

El otro río que entra en el segundo Desaguadero, y viene del sur, es pequeño, y llamado por los indios Machi-leubu, o río de Hechiceros; pero no sé la razón por qué sale del país de los Huilliches, y corre del sur al norte, descargándose al fin en el río principal, más abajo del Limai-leubu.

El segundo Desaguadero toma desde aquí su curso, haciendo una pequeña vuelta hacia el norte, hasta llegar a Choelechel, donde se acerca a diez o doce leguas del primer Desaguadero y luego se vuelve al sudeste, hasta que entra en el océano.

A corta distancia, más abajo de esta última vuelta, hace un grande círculo formando una península, que es casi redonda; cuyo cuelló o entrada tiene cerca de tres millas de ancho, de seis leguas de travesía. Llámase el cercado de los Tehuelches, o Tehuel-malal. El río tiene hasta la formación de esta península, altos ribazos, y montañas por uno y otro lado, pero tan distantes, que hay en muchos parajes entre ellas y el río, dos o tres millas de ancho, muy abundante en pastos. En estos parajes se acercan más las montañas al agua: las orillas están cubiertas de sauces, y contienen unas pocas islas acá y allá, entre las cuales hay una muy grande en el país del cacique Cangapol, donde éste y su vasallos guardan sus caballos para que los Pehuenches no se los hurten. Jamás he oído que haya alguna cascada en este río, o que sea vadeable por alguna parte. Es muy rápido, y las avenidas muy extraordinarias, cuando las lluvias y nieves derretidas bajan de la parte occidental de la cordillera; comprendiendo todas las que caen desde el grado 55 hasta el 44 de latitud meridional, haciendo una hilera o cadena de montañas de setecientas veinte millas.

Las avenidas de este río son tan rápidas y repentinas, que, aunque se oigan a mucha distancia el golpe y ruido que hacen entre rocas y peñas, apenas da lugar a las mujeres para bajar sus tiendas, y cargar su bagaje, ni a los indios para asegurarse y pasar sus ganados a las montañas. Estas avenidas causan frecuentemente muchas desgracias, pues estando ane-

gado todo el valle, arrastra su impetuosa corriente, tiendas, ganado, y algunas veces ganados y niños.

La comunicación fluvial no interrumpida de Nahuelhuapi, por el Río Negro, resalta a los ojos perspicaces del jesuita, porque a propósito del alerce, madera cuya resistencia y belleza él alaba, dice que no debe omitir el que por medio del río que viene de Nahuelhuapi a echarse en el Río Negro, se podría hacer llegar hasta el Atlántico balsas flotantes de árboles de alerce, útiles para la construcción de buques y de habitaciones; pero hay en su obra un pasaje que hizo mucho ruido y que, despertando la atención de la corte de España, originó la expedición de Villarino. He aquí el pasaje del jesuita:

Si alguna nación intentara poblar este país podría ocasionar un perpetuo sobresalto a los españoles, por razón de que de aquí se podría enviar navíos al mar del sur, y destruir en él todos sus puertos antes que tal cosa o intención se supiese en España, ni aun en Buenos Aires: fuera de que, se podría descubrir un camino más corto para caminar o navegar este río con barcos hasta Valdivia. Podríanse tomar también muchas tropas de indios moradores a las orillas de este río, y los más guapos de estas naciones, que se alistarían con la esperanza del pillaje; de manera que sería muy fácil de rendir la guarnición importante de Valdivia, y allanaría el paso para reducir la de Valparaíso, fortaleza menor, asegurando la posesión de estas dos plazas, la conquista del reino fértil de Chile.

Se conoce por estas palabras que palpitaba todavía bajo la sotana del jesuita el corazón del inglés con los sentimientos patrióticos de su raza. Era un llamamiento a sus compatriotas, entonces en guerra con España; el jesuita había olvidado la divisa fundamental de su orden: *Eritis perinde ac cadaver*, y había escrito una página que fue ciertamente desaprobada por sus superiores. Si hay una filosofía que no reposa jamás y que apenas acaba de hacer un descubrimiento para el bien de la humanidad cuando ya se pone en camino en busca de otro, hay también una nación cuyas invasiones no se pueden criticar, porque sino traen consigo el catolicismo, traen la civilización, envuelta en sus fardos de mercaderías.

Esta nación es la Inglaterra. Ella podía tomar al pie de la letra la invitación indirecta de Falkner. La corte de España lo comprendió y mandó la orden al virrey de Buenos Aires para que emprendiese el reconocimiento del curso del río Negro y realizase lo que había dicho sobre el pasaje al Atlántico hasta Valdivia por el río que venía de Huechún-Lauquén.

El virrey escogió para este fin a don Basilio Villarino, piloto de la Armada Real.

Alistáronse entonces cuatro grandes lanchones o chalupas, a las que se destinaron patrones, carpinteros, calafates, y numerosa tripulación, a más de los peones a caballo que debían acompañarlas por las orillas del río, para ayudar a reconocer el país, y sirgar los botes contra la corriente, cuando los vientos contrarios impidiesen su adelanto.

El 28 de setiembre de 1782 salieron de la población del Carmen, permaneciendo ausentes cerca de ocho meses hasta su regreso el 25 de mayo siguiente; y aunque no realizaron todas las esperanzas de sus superiores, obtuvieron sin embargo muchos datos valiosos, determinando por primera vez el curso del gran río que ascendían, y probando la posibilidad de navegarlo hasta casi el pie de los Andes.

Por desgracia, las pesadas chalupas españolas no eran a propósito para el objeto, y muy poco podían adelantar contra la corriente, y aun con el viento más favorable. Por esta razón, la gente tenía que emplearse a cada paso en la sirga (singladura): operación incómoda y trabajosa, que les ocupó un mes entero antes de llegar a la grande isla de Choelechel, que, según sus cálculos, se hallaba a setenta leguas del Carmen, y en los 39° de latitud.

Siguiendo unas huellas de las orillas, no tardaron los españoles en encontrarse con una partida de indios que se dirigían por la costa del río hacia la cordillera. Deseoso Villarino de atraerlos a fin de obtener su auxilio, según iba adelantando, les prodigó al principio algunos regalos, especialmente aguardiente y tabaco, que parecía ser lo que más les gustaba. Sin embargo, cuanto más les daba, tanto más pedían; y a la primera ocasión en que rechazó sus insufribles demandas, de importunos se tornaron en insolentes. Parece que además sospecharon las verdaderas intensiones de los españoles al explorar aquellas regiones, y con no poco tino recelaron que se proyectaba alguna ocupación más permanente de sus territorios. Un aventurero que se había desertado de las chalupas los confirmó en esta idea, pues como era natural, su primer deseo fue infundir desconfianza y alejarlos de sus camaradas, para de este modo encontrar su seguridad en la fuga.

Aunque no se atrevieron a atacar abiertamente a los españoles, pronto dieron pruebas de su decisión a cruzar e interrumpir a todo trance el adelanto de la expedición. Tomando la delantera de los botes, destruyeron el pasto que crecía en las márgenes, y manteniéndose fuera de peligro, molestaron a los viajeros con toda especie de hostilidades, manteniendo a Villarino en continua alarma y temor por la seguridad de sus peones y ganados.

Viendo éste el proceder de los indios y convencido de que la expedición se retardaría más tiempo del calculado, determinó mandar pedir al Carmen nuevas instrucciones, y las provisiones necesarias, para no estar a merced de las eventualidades durante el resto del viaje.

Al pasar el Choelechel habíale llamado la atención una pequeña península, en extremo pastosa, y que podía con facilidad hacerse defendible contra los indios. A ella regresó para esperar el arribo de los auxilios que había pedido. Cerrando con una especie de estacada la estrecha garganta que aislaba su posición, y desembarcando los pedreros de las chalupas, pronto se formó una pequeña fortificación con el nombre de Fuerte Villarino, perfectamente segura contra todo ataque repentino, por parte de los indios, que no volvieron a aparecer mientras permanecieron allí.

Pasados dos meses, recibió Villarino la respuesta, ordenándole don Francisco Viedma siguiese adelante la expedición. Pero en aquel intervalo tanto era lo que había bajado el río, que Villarino temió, y no sin razón, que entraría pronto en la estación en que el río baja considerablemente, lo que aumentaría sobremanera sus dificultades según iba avanzando. Pero no era esto lo peor. Aunque don Francisco le remitía una abundante provisión de víveres y todo lo necesario para la prosecución de la empresa, ordenábale perentoriamente al mismo tiempo que hiciese volver todos los peones y caballos que llevaba, por creer que éste sería el medio más seguro de evitar toda futura disputa o choque con los indios. Sin tiempo para apelar de esto, Villarino no tuvo otro remedio que cumplir con esta orden, aunque a primera vista conoció que le privaba de su principal apoyo, y que necesariamente debía retardar mucho su adelanto.

De esta suerte, hiciéronse de nuevo a la vela las chalupas el 20 de diciembre, río arriba. Las vueltas que éste daba en su curso hacían casi inútiles las velas, siendo muy trabajoso sin el auxilio de los caballos el poder forzar la corriente, cuya rapidez, a la vez que la dificultad de ir subiendo, se hacían mayores, a causa de las innumerables islitas que cubren el río más arriba de Choelechel; y, como era de esperarse, los marineros estaban ya extenuados a fuerza de trabajar incesantemente en la sirga.

Pasados diez días no habían podido avanzar más de veinticuatro leguas; y no les fue desagradable entonces encontrar con algunos semejantes, aunque indios, de los que obtuvieron algunos caballos, que al menos los aliviaron en aquella faena. También los indios viajaban hacia el oeste, de modo que podían recibir de ellos bastantes noticias sobre la parte superior del río, que los animaron mucho, pues según ellos era navegable hasta el pie de la cordillera, de donde podrían comunicar fácilmente con Valdivia.

Los indios iban de regreso a sus guaridas, situadas sobre las laderas orientales de la cordillera, casi al frente de aquella ciudad. Ofrecieron espontáneamente a los españoles su auxilio y ayuda para guiarlos, cuando llegasen a sus terrenos, que decían estar cerca del Huechún-lauquén, o laguna de la frontera o término, mencionada por Falkner. Decían que no había más que tres jornadas de Valdivia; pero aludían a los terrenos de la provincia y no a la ciudad, porque se necesitarían seis días de buena marcha para llegar de Huechun-lauquén a Valdivia.

Menos esquivos y asustadizos que los indios con quienes se había encontrado antes Villarino, éstos caminaban a la par de los botes en aparente buen humor, mientras recibían en abundancia de comer y beber, prestando en cambio el auxilio que podían, y los informes que estaban a su alcance sobre el país que atravesaban. Pero no duró esto mucho tiempo; y cuando pasados quince días conocieron que Villarino no tenía cómo ni con qué embriagar todos los días a los caciques y sus hijos, cambiaron de tono, y aun se avanzaron a tramar un proyecto a fin de atraer a tierra las tripulaciones de los botes so pretexto de una fiesta, y robarlos y asesinarlos. Burlados en este designio por haberse descubierto oportunamente su traición, repentinamente echáronse a huir, llevándose sin embargo dos hombres, que se supuso habían sido atraídos a tierra por medio de sus chinas.

Con este motivo observa Villarino, que la suspicacia y la traición parecen ser especialmente característicos de estos bárbaros: ladrones por hábito, el objeto de toda su vida es el pillaje, y cuando se trata de procurarlo, malos o buenos, toda clase de medios son justificables a sus ojos. Es perdida toda la bondad que se les dispense, y la única impresión sobre qué se puede calcular con seguridad, es el temor, pues parece que no hay otra cosa que pueda tener influencia sobre ellos.

A los treinta días de su partida del Choelechel, las chalupas llegaron a la confluencia del río Neuquén, o Sanquel Leubú como lo llaman a veces los indios, a causa de los altos juncos que cubren sus márgenes. Villarino supuso erradamente que este río era el Diamante, y no se detuvo en darle en su diario este nombre, y en expresar su persuasión de que si hubiera subido por él, en veinticinco días se habría encontrado en la provincia de Mendoza.

Los conocimientos que después se han adquirido han hecho corregir este error, demostrando que era el río Neuquén, que se une en aquel punto al Negro, y que, naciendo poco más abajo de Antuco, se engruesa con muchos otros arroyos de la cordillera que desaguan después en él.

Inculpóse a Villarino el no haber explorado este río, que sin duda es el afluente más considerable del Negro. Parece que se contentó con subir por él en un pequeño bote hasta unas dos leguas, que lo condujeron al punto en que los indios acostumbran vadearlo, y en donde temió que no hubiese en aquella estación agua suficiente para que las lanchas pudiesen ascender por él; aunque por los vestigios de las crecientes que se veían en las orillas, evidentemente debía ser navegable en cierto tiempo para embarcaciones de mucho mayor calado y tamaño. Su mejor excusa para no avanzar más fue su ansiedad por llegar a la cordillera antes que el estado de las nieves le estorbasen comunicar con Valdivia.

Después de esto, su principal objetivo era adelantar todo lo posible en esa dirección; pero las dificultades que hasta entonces había encontrado en nada eran comparables con las que le esperaban más adelante. Los caballos que había obtenido de los indios estaban completamente inservibles, y después de cruzar el Neuquén, todo el trabajo de sirgar las lanchas ocupó de nuevo a las tripulaciones.

Como una legua más arriba de la confluencia de los dos ríos, la latitud se encontró ser de 38°44'.

Poco después se conoció que el curso del Negro se inclinaba más al sudoeste, desviado al parecer por una cadena de cerros que arranca del norte, que de igual modo determina también el curso del Neuquén un poco más arriba, y en toda la distancia que podía alcanzarse con la vista desde el paraje de su desagüe en el Negro.

Por entre estas cerranías es por donde el río Negro ha encontrado o se ha abierto paso, corriendo encajonado entre barrancas altas y escarpadas, que se elevan a 500 y 600 pies sobre su nivel, y entre ellas es tal su violencia que fue en extremo difícil poder sirgar las lanchas una tras de otra, haciéndose esto aún más penoso por la poca hondura; por lo que en muchos puntos fue preciso abrir canal con picos y azadas, descargar las chalupas, y trasportar su carga a grandes distancias para poder adelantar terreno. Probablemente, el río estaba bajo como nunca, aun para aquella estación; porque Villarino observa en esta parte de su diario, que harían casi cinco meses que no habían tenido un día de lluvia.

Todo esto causaba una increíble fatiga a la gente no acostumbrada a semejante trabajo, y mantenida únicamente con los víveres secos y salados que llevaban consigo. Se les hincharon las piernas a causa de tenerlas días enteros dentro del agua durante sus trabajos, cubriéndoseles de lastimaduras producidas por las picaduras de los tábanos y mosquitos que en nubes cubrían la superficie del río. Sobrevino el escorbuto, enfermándose algunos de gravedad; pero afortunadamente descubrieron un bosque de manzanos, cuyo fruto alivió mucho a los enfermos. Presentóseles a la vista la cumbre nevada del volcán Lagnin, que equivocaron con el cerro del Imperial, invisible desde esos puntos y algunas cerranías de la cordillera; dándoles nuevos bríos de estar pronto en comunicación con Valdivia, por lo que redoblaron sus esfuerzos para llegar al fin de su jornada.

Dos meses se pasaron, antes de poder avanzar cuarenta y una leguas más allá del Neuquén.

El 25 de mayo llegaron al pie de la cordillera, a una isla como de media legua de largo, donde el río principal se dividía en dos distintos brazos que se unían allí de opuestas direcciones, viniendo uno del sur y otro del norte.

Por la latitud de ese punto conocían que se encontraban ya al sur de Valdivia, y por esta razón, Villarino no titubeó sobre cuál de los dos ríos debía seguir. Sin embargo, antes de emprender la marcha, quiso dar a su gente uno o dos días de descanso, aprovechándose de esto para hacer una pequeña excursión en su bote por el brazo que bajaba del sur, que luego descubrió ser un río de alguna magnitud.

Según su descripción, tendría en su desagüe, y eso que la estación era de gran bajante, como unas doscientas varas de ancho, y cinco pies de profundidad; su curso del sudoeste, corriendo con mucha velocidad por un canal hondo y angosto, cuyo álveo era de piedras lisas y redondas, y el campo en todo lo que se alcanzaba con la vista, una planicie yerma, de arena y guijarros. Un poco más adelante encontraron el sepulcro de un cacique, sobre el que estaban dos cueros de caballo rellenos de paja, puesto cada uno sobre cuatro estacas, según se acostumbra entre los indios. A poco más andar la tierra estaba cubierta de troncos de árboles grandes, arrancados y arrastrados por las avenidas, de distintas clases, pero en su mayor parte cipreses, proba-blemente de los que existen en las cumbres de las colinas que bordean el río.

Villarino dio a este río el nombre de la Encarnación. Los indios le llaman el de Limai-leufú, o río de las sanguijuelas; y aun aplican este nombre al brazo principal, por todo su curso hasta sus juntas con el Neuquén, llamándolo desde allí Curi-leufú, o río Negro. Decían ellos que tenían sus nacientes en la gran laguna de Nahuelhuapi, a cuyas orillas establecieron los cristianos una misión (los jesuitas en 1704), que después fue destruida y asesinados sus moradores por algunos salvajes hostiles; aún se conservaban los vestigios de sus habitaciones y capillas, siendo llamada por los indios esta región Tucamalal, aludiendo probablemente a las ruinas. Hasta el día de hoy esto está inhabitado.

Después de practicar este ligero reconocimiento de la Encarnación, Villarino continuó su viaje subiendo por la rama norte del Negro, llamada por los indios el Catapuliche. Sería quizás más correcto considerar, como lo hacen éstos, la Encarnación como la parte superior del Negro, y el Catapuliche como un afluente que cae a él en dirección opuesta. Su poca hondura le impidió adelantar mucho camino, no pudiendo en veinte días avanzar, después de mucho trabajo y dificultades, más de diez leguas, abandonándose entonces toda esperanza de ascenderlo. Sucedía esto el 17 de abril, encontrándose en los 39°49′ casi al frente de Valdivia.

El Catapuliche costea las faldas de la cordillera a una distancia como de dos leguas; júntansele varios arroyos que descienden de las montañas y que riegan las laderas y llanuras intermedias, formando campos de buenos pastos para los ganados de los indios. Allí encontraron sus antiguos conocidos que habían huido de ellos en la parte inferior del río, y que sin el menor escrúpulo por lo que había pasado con ellos, se allegaron inmediatamente a los botes en busca de aguardiente y tabaco.

Disimulando Villarino su indignación, entabló de nuevo con ellos relaciones con la esperanza de obtener su auxilio para llegar hasta Valdivia, que, según sus informes, no estaba a más de dos o tres jornadas trasmontando las montañas. Llegáronle también parlamentarios o enviados de los Pehuenches y Aucaces, tribus araucanas de aquellas cercanías, con ofertas de auxilio, regalos y otros víveres; prometiendo todo una pronta realización de sus deseos, de ponerse en encontacto en pocos días con sus paisanos de la costa del Pacífico.

En el momento, sin embargo, en que veían aproximarse el cumplimiento de este anhelo, sus esperanzas fracasaron a consecuencia de una malhadada riña entre los mismos indios, en que murió Guchumpilque, uno de sus principales caciques.

Sus secuaces se alzaron para vengar su muerte, y Chulilaquini, el cacique que lo mató, buscó asilo con su tribu entre los españoles, implorando su protección. Para obtenerla con más presteza, contóles a éstos una fábula muy plausible sobre una liga general que se había formado entre los indios para acometerlos en la primer ocasión favorable, y que, a causa de haberse él negado a unirse a esta coalición, había tenido la pelea que costó la vida de Guchumpilque, que era el principal en aquella trama.

Como este Guchumpilque era el cacique de la tribu con la que se habían encontrado en el río Negro, y cuya conducta había impreso en el ánimo de Villarino la creencia de que tenía en vista alguna traición parecida, dio fácilmente crédito a la narración de Chulilaquini; y juzgando que de todos modos era prudente asegurarse de la ayuda de alguna de las tribus, prometió demasiado pronto la protección que se le pedía; lo que bastó para dar término a la expedición.

No bien se supo que los españoles estaban dispuestos a proteger a Chulilaquini, cuando ya se les miró como enemigos declarados, haciendo preparativos para atacarlos. Deseaban los indios vengar la muerte de su jefe: y pronto se conoció que bajo tales circunstancias, era ya inútil pensar en abrir comunicación con las gentes de Valdivia. Después de algunos estériles esfuerzos por hacer pasar, aunque más no fuese, una carta al otro lado de la cordillera, tuvo Villarino que decidirse mal de su grado a dar la vuelta.

Como había nevado y llovido mucho, desde que se internaron al Catapuliche, este río había crecido tres o cuatro pies más, haciéndose en realidad un caudal navegable en vez de ser arroyo. Los indios amigos les ayudaron a hacer acopio de manzanas y de piñones, que allí abundan mucho. Con estas provisiones se hicieron de nuevo a la vela, llevándolos la corriente con rapidez y seguridad por sobre los rápidos escollos que tanto trabajo les había costado vencer cuando subían. Las orillas y campos vecinos habían tomado también distinto aspecto con la lluvia, y muchos parajes, que antes les parecían eriazos estériles y áridos, estaban ahora cubiertos de una lozana vegetación.

Necesitando apenas una que otra vez de un golpe de remo para mantenerse en medio del río, atravesaron toda la distancia hasta el Carmen sin el menor obstáculo, llegando allí justamente a las tres semanas de su salida del Catapuliche, después de una ausencia de ocho meses. De esta suerte quedó comprobado lo muy practicable que era llegar por este río desde las costas del Atlántico hasta unas cuarentas leguas de los ríos navegables de la provincia de Valdivia por el intermedio de la cordillera.

Los indios han conservado la tradición de este viaje: el cacique Hunicahual el Quemquemtreu me dijo que su padre le contó, que los españoles habían estado allí con cuatro botes y cañones y habían traído mucho pan duro. Conocía además todos los nombres de los caciques consignados en el diario de Villarino.

III

Excursiones de Espiñeira y Philippi. Expedición de Muñoz Gamero, en 1849. De Doll, en 1852. De Vicente Gómez, en 1855. De Fonck y Hess, en 1856.

Hasta entonces el solo mapa que contenía algunas noticias sobre estos lugares era el de Moraleda, levantado por los años de 1792 a 1796, por orden del virrey del Perú. En este mapa se halla suficientemente bien indicada la posición del volcán de Osorno entre Llanquihue y Todos los Santos. Se ve también en él bosquejada la orilla occidental del lago de Nahuelhuapi. Del lago de Llanquihue, al cual llama *Puralillo*, sale el Maullín. Pero se creía entonces, probablemente a causa de la gran extensión del lago y la dificultad de llegar hasta sus orillas, que había dos lagos: uno de Puralillo al sur y otro de Llanquihue. Eran tal vez los de Puyehue y Rupanco, cuya existencia se sospechaba ya. Se ve también en ese mapa el lago de Todos los Santos, con su desagüe en la boca de Reloncaví, trazado con mucha prolijidad. Este lago era llamado por los indios, Pichilaguna, para distinguirlo del de Llanquihue. Los españoles cambiaron su nombre, y más tarde Muñoz Gamero le dio el de Las Esmeraldas, a causa del color verde de sus aguas.

Se ve también un punto situado en la embocadura del río Petrohué que sale de Todos los Santos, en donde Moreleda ha escrito. "Entrada del camino de Bariloche que seguía la gente de Chiloé para ir a la antigua misión de Nahuelhuapi". ¡Cosa admirable que en ese tiempo los españoles tuviesen ya una misión y un camino capaz de poder seguir, en unos parajes que nos han parecido inaccesibles y como perteneciendo a regiones fabulosas!

En 1842 o 43, el intendente de Chiloé don Domingo Espiñeira recorrió con don Bernardo Philippi la lengua de tierra de tres o cuatro leguas que separa al golfo de Reloncaví de la laguna de Llanquihue. Después Philippi entró en este lago, se internó por tierra desde Maullín, reconoció sus orillas septentrionales y la distancia que le separa de Osorno. Al principio de 1848, un alemán, don Juan Renous, atravesó el lago de Llanquihue, llegó al pie del volcán de Osorno, al lado del cerro Calbuco, y alcanzó a distinguir los bordes del lago de Todos los Santos y de su desagüe.

Casi al mismo tiempo se publicó en el *Araucano* una corta noticia sobre estos lugares. El autor era don Guillermo Döll, el primero que señaló la existencia distinta de dos cerros separados en vez de uno, y fijó la verdadera posición del volcán Osorno respecto de la del de Calbuco.

Al mismo tiempo emite algunas dudas sobre la posibilidad de una comunicación con el otro lado de la cordillera. En fin, en 1849 nuestro Gobierno se decidió enviar, bajo las órdenes de don Benjamín Muñoz Gamero, oficial de la marina chilena, una expedición encargada de explorar la cordillera en esa latitud y buscar el lago de Nahuelhuapi.

El resultado de este viaje, aunque interesante respecto a la luz que arrojó sobre esta parte del país, tan poco conocida, no fue lo que se le había exigido. La exploración no alcanzó el objetivo principal que se tenía en vista, que era encontrar el pasaje cuya existencia se sospechaba al este del lago de las Esmeraldas o de Todos los Santos. Muñoz Gamero desembarcó en Melipullí o Puerto Montt, en el seno de Reloncaví, y atravesó la lengua de tierra de tres o cuatro leguas, cubierta de alerces, que separa el golfo de Reloncaví del lago.

Allí construyó una embarcación y llegó a un punto inmediato entre los dos volcanes, situado sobre las mismas orillas del lago, y determinó su latitud y lonjitud; en seguida atravesó el espacio comprendido entre los dos volcanes hasta el lago de Todos los Santos, construyó una embarcación en sus orillas y principió a recorrerlo; reconoció primero el curso del río Petrohué, por el cual las aguas del lago se vacían con una gran rapidez en el golfo de Reloncaví; en seguida al desagüe del pequeño lago de Calbutue, que se vacia en la mitad del lago grande; continuó la navegación hasta llegar a la boca del Peulla, cuyas aguas vienen del pie del Tronador; caminó por sus orillas hasta una distancia de 8 millas. La cordillera se dirigía al Tronador; la falta de recursos y la impenetrabilidad del monte que tapiza esta cordillera, no le permitieron pasarla.

La falta de un guía que conociese el pasaje, influyó mucho, a mi parecer, en el mal éxito de este viaje. La expedición, a su vuelta, visitó con detención las orillas del lago de Llanquihue, desde la embocadura del Maullín hasta la orilla septentrional, llamada costa de Chanchán. Los resultados fueron interesantes y exactos; se han corroborado después, y es preciso pagar aquí un justo tributo a la memoria de este desgraciado oficial que encontró una muerte hasta deplorable en la colonia militar de Magallanes.

Döll en 1852 completó el trabajo de Muñoz y publicó un mapa bastante exacto.

Pero el honor del descubrimiento del pasaje de la cordillera estaba reservado a don Vicente Pérez Rosales, intendente en 1855 de la colonia de Llanquihue: un habitante de Puerto Montt, don Vicente Gómez, el mismo que después me acompañó en mi expedición, le informó que su abuelo el anciano Olavarría, había acompañado en otro tiempo a los padres a la misión de Nahuelhuapi.

Don V. Pérez Rosales creyó que con su concurso y sus indicaciones se podría tal vez hallar el pasaje de la cordillera. Confió pues a Gómez la dirección de una expedición a la que se asoció un colono alemán, don Felipe Geisse; el resultado correspondió a las esperanzas cifradas. Los dos viajeros pasaron la cordillera, subieron el cerro de la Esperanza y desde su cima pudieron percibir las aguas del lago de Nahuelhuapi. Hasta allí se limitaba su misión.

Al año siguiente, viene la expedición de don F. Fonck, médico alemán de la colonia de Llanquihue, que asocia como dibujante a otro alemán, don F. Hess; parten el 30 de enero de Puerto Montt, llevando trece compañeros; el 4 de febrero, atraviesan el lago de Llanquihue hasta el pie del volcán de Osorno, el 7 y el 8 se encuentran en el lago de Todos los Santos, en los siguientes días remontan el Peulla, suben la cordillera con bastante dificultad, se apartan un poco del boquete Pérez Rosales, nombre que le habían dado Gómez y Geisse en honor del intendente que les había enviado, llegan a un cerro, al cual dan el nombre de cerro del Doce de febrero, fecha del día, de allí se dirigen al lago de Nahuelhuapi, construyeron una canoa y avanzan un espacio de cinco leguas en el lago, se detienen en una punta, a la cual dan el nombre de Punta San Pedro, que equivocadamente tomaron por una punta del continente; en fin, volvieron a Puerto Montt, trayendo consigo datos interesan-

91

tes, vistas, y alturas de las montañas que habían tomado por medio de la ebullición del agua: una observación debida al doctor Fonck es que el pequeño río Frío, en lugar de descender perpendicularmente en la direccion general de la línea central que es de norte a sur, le es casi paralela, y además una legua que se reconoció de él, era navegable.

Encontraremos más tarde un caso análogo en el desaguadero de Nahuelhuapi.

Así, en el estado presente, todo lo que dieron esas expediciones, es un conocimiento de la extensión de terreno desde Puerto Montt hasta una parte del lago de Nahuelhuapi, sin arrojar ninguna luz sobre la parte oriental ni tampoco sobre el desaguadero, que he tenido la suerte de explorar.

IV

Puerto Montt. Colonización

Como no sólo mi proyecto abraza un interés científico y mercantil, sino también humanitario, por cuanto conduce a facilitar la colonización de aquellas regiones, haciendo afluir a ellas los brazos y las capacidades de que tanto necesitan para su futura importancia, he creído conveniente tocar, aunque sea por incidencia, la colonización; a fin de que si esta publicación llegase a Europa, aparezca allí con el doble carácter de dar a conocer lugares hasta ahora inexplorados y de estimular a nuevos trabajos que conduzcan al fomento de la colonización en el sur de la República.

El 25 de mayo de 1862 me embarqué en Valparaíso; traía conmigo a don Enrique Lenglier, joven francés, antiguo alumno de la Escuela Politécnica de Francia, que por una serie de circunstancias había venido a Chile y que quería participar de mis aventuras; necesitaba una larga permanencia en Puerto Montt para hacer los preparativos necesarios, a fin de reunir todos los elementos favorables para la empresa, y no tener que reprocharme si experimentaba un descalabro. Conocía ya Puerto Montt antes de esta última época. He aquí lo que era, en el mes de mayo de 1862, esta hermosa villita, cabecera de la colonia, que ha realizado en parte las esperanzas que tenía el Gobierno el derecho de abrigar por los sacrificios que ha hecho.

Las ventajas de llamar la emigración hacia un país desierto relativamente a su extensión, eran demasiado notables para que se escapasen a la penetración del Gobierno. La empresa no era tan fácil, porque Chile se encontraba demasiado lejos de los grandes centros de emigración para poder pretender la preferencia que le disputaban todos los países bañados por el océano Atlántico en el Nuevo Mundo. Era preciso ofrecer al emigrante, en compensación, concesiones superiores, siempre onerosas para el Gobierno de una nación que trabaja por colocarse entre los pueblos más civilizados; además, el primer principio de una colonización es colocar a los emigrantes en lugares en donde la exportación les sea fácil, a fin de que por la venta ventajosa de sus productos, puedan éstos en poco tiempo mejorar de condición. Era preciso hacer, a fuerza de generosidad y de benevolencia, que el emigrante prefiriese a Chile. El Gobierno se decidió.

La primera medida que tomó, imitando a las naciones que como la América del Norte, tienen grandes desiertos que poblar, fue acreditar agentes en Alemania que estimulasen la emigración y explicasen a los colonos las condiciones favorables que les ofrecía el Gobierno, condiciones cuyo conocimiento no carecerán de interés.

En el terreno en donde debían establecerse los colonos en la vecindad de Chiloé sería dividido en lotes cuadrilaterales, teniendo una extensión de cien cuadras cada uno. Cada lote sería designado con un número en el mapa topográfico que con este objeto se levantaría, y colocado de manera que uno de los costados por lo menos estuviese sobre un camino público.

Se reservarían puntos para la fundación de tres ciudades principales. La primera, en Puerto Montt, erigida en cabecera de la Colonia; la segunda, cuatro leguas más al norte, sobre la orilla meridional del lago de Llanquihue, con el nombre de Puerto Varas; la tercera, en Puerto

Muñoz Gamero, que es una ensenada situada en la orilla septentrional del lago. La primera y la segunda debían ser ligadas por el camino real de la Colonia, la segunda y la tercera, por medio de embarcaciones, mantenidas a costa del Gobierno, que debían hacer el viaje dos veces por semana y conducir gratis a los viajeros de un lado a otro. Además un camino alrededor del lago.

El derecho de adquirir tierras era concedido sólo a la gente casada, que por su conducta y sus antecedentes honorables, fuese digna de los favores del Gobierno. El valor de la cuadra se había fijado en un peso, solamente para el colono que la adquiría; cada padre de familia tenía derecho de adquirir venticuatro cuadras; la madre y cada hijo mayor de diez años, podían obtener doce por persona. En caso de que una familia no fuese bastante numerosa para poder hacer adquisición de un lote entero de terreno, podía disfrutar durante tres años del resto; pero al cabo de este tiempo se vendería en remate por cuenta del Estado. El colono que había gozado del terreno tendría la preferencia de derecho como adquiriente, si pagaba tanto como el último postor.

En Puerto Montt desembarcan los emigrantes, y un edificio espacioso está dispuesto para servirles de primer asilo. Embarcaciones mantenidas por el Gobierno conducen a tierra sus equipajes, un médico reconoce el estado sanitario de los recién llegados, se le distribuye víveres gratis los primeros ocho días de su llegada, y más tiempo si realmente han estado en la imposibilidad de escogerse un terreno. En seguida se trasportan por cuenta del Estado personas y bagajes al lugar en donde se encuentra el lote que han escogido. Cuando se hallan ya en posesión de su lote, se distribuyen a cada familia víveres para un año, una yunta de bueyes, una vaca parida, mil libras de trigo y mil libras de papas para sembrar.

Todos esos adelantos hechos al precio corriente, deben ser reembolsados a partir del quinto año por quintas partes, sea en especies o en dinero; ningún interés se les exije por estos adelantos; y si la familia no se encuentra en estado de pagar, en este caso se le concede un nuevo plazo, probada su actividad y diligencia.

El colono de Llanquihue está exento durante quince años, a contar desde la fundación de esta colonia, de toda contribución o servicio. Los socorros de la medicina que podían necesitar los colonos, las escuelas públicas para la instrucción de sus hijos y la asistencia religiosa, están a cargo del Gobierno. El servicio militar es desconocido, y la policía de seguridad es mantenida por el Estado. El emigrado se naturaliza por el solo hecho de una solicitud dirigida a la autoridad con este objeto, una vez que se haya establecido en la colonia.

Todas estas condiciones se han llenado legalmente. Así es que en el golfo de Reloncaví, en donde hará diez años no había sino orillas desiertas, cubiertas de bosques impenetrables, se eleva ahora una bonita ciudad como las de Alemania, con casas de dos y tres pisos, pintadas de varios colores; y en donde no se veía más seres vivientes que un miserable tablero, vive ahora una población holgada, se ven jugar en las calles, los niños de la germania con su rubia cabellera y sus ojos azules, mezclados con otros pequeñuelos, cuyo color más coborizo recuerda su origen indígena.

El domingo, una orquesta compuesta de cuatro o cinco instrumentos, hace valsar alegres parejas de Wilhems, Karls, con sus Federicas y Catalinas; alemanes y chilenos viven unidos; y un poco más lejos, en las orillas del lago de Llanquihue, viven felices labradores, que esperan la conclusión del camino entre Puerto Montt y el lago para realizar sus doradas ilusiones.

En el puerto, se trata de construir un muelle para facilitar el embarque y desembarque de los buques que frecuentan la rada, una de las más bellas y seguras que posee el país, adornada de un dique natural que puede contener buques de cualquier tamaño. Todos los meses, un vapor de la compañía inglesa del Pacífico hace el servicio de ferry. Puerto Montt es su última escala en el sur. Los habitantes tienen buena agua potable, y canales que traen el agua de la colina por las espaldas de la ciudad y mantienen el aseo de las calles. Hay unas trescientas casas de las cuales veinticuatro son de dos pisos y contienen una población de 2.000 almas.

El palacio de la Intendencia está bien construido, una plaza espaciosa adorna la fachada; el intendente ha hecho en ella un bello jardín, y las brisas del mar esparcen a lo lejos el perfume de sus flores.

Respecto a la instrucción pública, hay una pequeña Biblioteca popular en donde se encuentra un número suficiente de libros obsequiados por el Gobierno. A este fondo han venido a juntarse las donaciones particulares; contiene libros en español, inglés, alemán y francés. El bibliotecario es un anciano alemán, doctor en Filosofía, que aunque encargado de la biblioteca y de la enseñanza en la Escuela, no le falta tiempo para dedicarse a observaciones meteorológicas que citaré más adelante.

En la ciudad hay dos escuelas: una para hombres y otra para mujeres. En el lago hay una ambulante.

En 1861, 1/3 de los hombres sabía leer y 1/5 escribir; entre las mujeres, 1/5 sabía leer y 1/11 escribir.

La población del territorio de colonización en 1861 alcanzaba a las siguientes cifras:

Hombres	7.120
Mujeres	5.903
Total	13.023

A los colonos propiamente dichos que vinieron por cuenta del Estado, se les pagó una parte del pasaje. En Hamburgo y en Puerto Montt se les ha dado los socorros señalados por el Reglamento; a los inmigrados voluntarios e indígenas, se les concedió terrenos y las exenciones de que gozan los colonos, pero no han recibido, como estos últimos, los socorros de dinero. De los apuntes del agente de colonización, y de los mismos documentos de la Intendencia de Puerto Montt, resulta lo siguiente:

La deuda actual de los colonos es de 104.385 pesos, se sabe que deben reembolsarla por quintas partes, a partir del quinto año. Se ha repartido entre todos 10.000 cuadras de terreno, concedidas gratis a los llegados antes de 1856, y a un peso la cuadra a los que vinieron después; los terrenos actualmente disponibles ocupan una superficie de 159.000 a 200.000 cuadras (para más de 1.500 emigrantes), una parte se alquila, la otra es consagrada al servicio del público.

La cantidad y especie de siembras en 1861, se ven representadas por las cifras siguientes, a saber:

Papas	8.227	fanegas
Trigo blanco	435	id.
Trigo amarillo	1.385	id.
Centeno	276	id.
Harina y cebada	572	id.
Arvejas	167	id.

Maíz	23	id.
Fréjoles	25	id.

Cosechas.

Papas	125.128	fanegas
Trigo blanco	6.137	id.
Trigo amarillo	13.707	id.
Centeno	2.870	id.
Harina y cebada	8.720	id.
Arvejas	1.844	arrobas
Maíz	131	id.
Fréjoles	111	id.

Se ve por este cuadro que la papa es el producto más importante; produce por término medio, 1.800 por 100, y en seguida viene el trigo, la cebada y el centeno.

Los particulares que tienen terrenos con monte, los destinan a la crianza de ganados.

Los animales, comprendidos en el terreno de la colonización, son:

Caballos	2.574
Mulas	206
Corderos	9.022
Cabras	380
Chanchos	3.214
En todo	34.205

En los campos fuera de Puerto Montt la

población se ocupa exclusivamente de la crianza de animales y del cultivo, pero en Puerto Montt, ya las ocupaciones cambian con la estación, y los habitantes se ocupan en siembras, en navegar o en cortar maderas; pero también las artes mecánicas y los oficios tienen numerosos representantes, en proporción de la población, como se ve en el cuadro siguiente:

Cervecerías	1
Herreros	3
Peinetero	1
Destilación	2
Cerrajeros	3
Talabarteros	2
Ebanistas	5
Maquinistas	5
Jardineros	2
Carpinteros de casa	8
Zapateros	15
Panaderos	8
Id. de embarcación	5
Sastres	6
Carniceros	3
Torneleros	1
Encuadernación	1

Almacenes abasteciéndose en Valparaíso, hay diez; abasteciéndose en Puerto Montt y Ancud diez; además hay doce bodegones y ventas de licores.

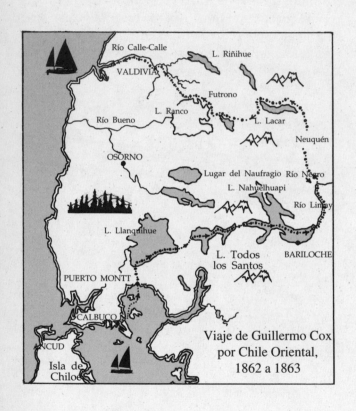

Río Calle-Calle
L. Riñihue
VALDIVIA
Futrono
L. Ranco
L. Lacar
Río Bueno
Neuquén
OSORNO
Lugar del Naufragio Río Negro
L. Nahuelhuapi
Río Limay
L. Llanquihue
L. Todos
los Santos
BARILOCHE
PUERTO MONTT
CALBUCO
ANCUD
Viaje de Guillermo Cox
por Chile Oriental,
1862 a 1863
Isla de
Chiloé

En cuanto al comercio, no tenemos cifras exactas, porque una gran parte se hace entre las islas y Puerto Montt con pequeñas embarcaciones; pero se puede tener una idea del comercio por el movimiento marítimo del año '61. Han entrado setenta y ocho buques (22.802 toneladas), y dos mil embarcaciones que comercian entre Puerto Montt, Ancud, las islas de Chiloé y las islas de Guaitecas.

La importación consiste principalmente en mercaderías europeas y licores, y la exportación en durmientes de ferrocarriles, tablas de alerce, maderas, cueros y mantequilla, el comercio más importante es el de madera; un camino carril bastante bueno permite a las carretas traer la madera del monte hasta el puerto.

Hay dos grandes máquinas de vapor, que cortan poco más o menos seis mil pies de superficie por hora. Hay otras máquinas movidas por agua.

Toda la población vive en una holganza relativa; el estado sanitario es bueno, durante mi residencia hubo una epidemia de viruela, pero gracias a la vacuna, no ha producido muchos estragos.

Respecto del clima, hablaré de él más tarde en otro capítulo.

TERCERA PARTE

EL DIARIO DE VIAJE

Capítulo I

Salida de Puerto Montt. Preparativos. Material de la expedición. Arrayán. Alerzales. Alojamiento. Árboles de los bosques. Se rompe el barómetro. Lago de Llanquihue. Viento contrario. Embarque. Navegación. Arribo al puerto del Volcán. Volcán Osorno. Primer viaje de la gente al camino del lago de Todos los Santos. Torcazas. Canto del Chucao. Día domingo. Marcha. Río Petrohué. Arribo al lago de Todos los Santos. Dificultades a causa de las cargas. Viaje de la gente al lado oriental del lago. Navegación. Isla del Cabro. La Picada. El Puntiagudo. El Bonechemo. Arribo a la boca del Peulla.

Una vez llegado a Puerto Montt, me ocupé en hacer los preparativos para el viaje, aunque a la verdad hubiese tiempo suficiente, porque estábamos en invierno y no se podía pensar en emprender la marcha antes que principiase el verano. La falta más notable en mi otra expedición fue el no haber tenido un mayordomo para manejar los peones. Yo tenía bastante que hacer al ocuparme de la parte científica, para tener

105

tiempo de consagrar a la dirección de la gente; tenía que establecer los puntos de estaciones, designar tal o cual peón y la carga que debía llevar. Esto era demasiado para uno solo, y me escogí un mayordomo. Me hallaba indeciso si seguiría el mismo camino que en la expedición precedente. Un alemán me había propuesto conducirme en tres días a Nahuelhuapi por la boca del Reloncaví; y para animarme a aceptar sus proposiciones, me aseguraba haber hecho ya este viaje en ese corto tiempo. Todo esto era muy dudoso, no obstante era bien tentador, por dos razones: primero, porque por ese lugar existía el camino antiguo de Bariloche que traficaban los misioneros españoles en otras épocas, y habría sido muy importante el descubrirlo; en segundo lugar, se podían ahorrar muchos víveres y tiempo con este corto trayecto, pero ¿y si fracasábamos en la tentativa? Esto me decidió a tomar el camino por los lagos de Llanquihue y Todos los Santos.

Vicente Gómez, de quien he hablado antes, que había ya atravesado el Boquete, y que de lo alto del cerro de la Esperanza había divisado el lago de Nahuelhuapi, me propuso conducir hasta el dicho lago el material y todos los víveres necesarios para el camino, y construirme allí una embarcación para navegar el río Negro; acepté la proposición, y no tuve motivo para arrepentirme como se verá en adelante.

El material de la expedición se componía de

seis botes de gutapercha con sus respectivas
armazones, siete salvavidas, una red para pescar,
cuatro carabinas, una escopeta, un rifle, un revólver y las municiones necesarias, una carpa,
una vela que debía servir para el bote que se
iba a construir en Nahuelhuapi, dos aparejos
guarnidos, cabos, clavos, hachas, machetes y las
herramientas precisas.

Los víveres consistían en unos dieciséis quin-
tales de harina tostada, charqui, harina cruda,
sal, ají, tocino, etc., diecisiete cabras y dos ovejas.

Respecto de instrumentos, llevaba varios termómetros, uno de máxima y mínima, un cronómetro, un instrumento para tomar alturas de
sol, un barómetro de montaña, un teodolito, un
nivel de aire, una plancheta y sus útiles, una
brújula geológica, y varias otras, papel para
planos, martillos para hacer trituraciones de
rocas, etc.

El 7 de diciembre todo estaba listo. Era un
día domingo; el tiempo bastante claro para un
país lluvioso como es éste: salí de Puerto Montt
a las cuatro de la tarde, acompañado de Lenglier
y del mayordomo. Las cabalgaduras que llevábamos sólo nos iban a servir hasta el lago de
Llanquihue, de ahí para adelante la marcha iba
a ser a pie. Vicente Gómez desde la víspera
había expedido todos los bagajes y los peones
al lago, en donde debían esperarnos; los peones
eran catorce, de los cuales nueve debían volver
con Vicente Gómez, una vez construida la em-

107

barcación en el lago de Nahuelhuapi, y los otros cinco me iban a acompañar hasta el fin de la expedición.

El camino, a pesar de estar en el gran valle central de la cordillera de la costa, y la principal que se compone de ondulaciones sucesivas, no es accidentado y sus declives son muy suaves, en otro tiempo era sólo de troncos rasgados, colocados a lo largo unos tras otros, por los cuales era preciso andar con mucho cuidado para no caer en los pantanos. Hoy día es en algunas partes construido de madera con tres postes longitudinales, con tablones trasversales afianzados con pernos de madera: en otras, es una calzada de cascajo y arena endurecida; su ancho general es de cuatro varas; por consiguiente, las carretas que lo trafican son angostas y largas.

A paso corto llegamos en dos horas de la pequeña aldea del Arrayán, habitada por los madereros que explotan el alerce de este lugar. Allí se encuentra una máquina de aserrar a vapor, perteneciente a los señores Dartnell y compañía de Puerto Montt. El alerce[1] es una madera de gran utilidad, por la facilidad con que se puede rasgar en tablas; casi todos los habitantes del Arrayán sólo tienen esta ocupación, y en los veranos, cuando la gente de Calbuco y de Chiloé viene a trabajar en el bosque, los

[1]Fitzro ya patagonica (Hóok).

comerciantes de Puerto Montt instalan en este lugar pequeñas tiendas, para satisfacer las necesidades de los trabajadores. Nos alojamos en una especie de fonda alemana; a falta de carne, nos contentamos con unos huevos; pasamos una parte de la noche, haciendo música, porque traíamos una vihuela y un flageolet, instrumento campestre y modesto, que más tarde, en la carpa, nos hizo pasar ligeras las largas horas de lluvia. Toda la aldea resonaba con armonías; los tableros olvidaban, en las vueltas de la popular samacueca y al son de la vihuela, las fatigas de la semana que debían principiar en la mañana siguiente.

8 de diciembre. Partimos para el lago. El tiempo era magnífico; la parte del camino que nos quedaba, era la más mala; apenas estaba trazado cuando nosotros pasamos; troncos de árboles impedían el pasaje a cada momento; pero todo lo olvidamos para no pensar más que en la hermosura del tiempo. La naturaleza entera estaba de fiesta; dulces armonías lanzadas al aire por preciosos pajarillos, músicos alados de colores variados, encantaban al pasajero, el aire estaba embalsamado con mil olores diversos: a un lado y otro del camino, veíamos verdes campos de centeno y de trigo, terrenos que el colono alemán disputa palmo a palmo y con el sudor de su frente a las invasiones de la vegetación. Teníamos a la vista un espectáculo magnífico; como adorno de los campos cultivados, hermosos grupos de toda especie de árboles ostentaba sus pobladas ramas; el canelo[2], cuya corteza aromática, empleada en la medicina y la curtiembre, es inatacable por la humedad; el olmo[3] o muermo, dotado de una parte incorruptible que se llama pellín de muermo; el lingue[4], cuya corteza y madera tiene igual valor entre los curtidores y los ebanistas, es una madera muy durable, tiene la fibra del cedro y es susceptible de un bello pulido; según los ensayos de los colonos alemanes de Puerto Montt, puede rivalizar con la caoba, tanto por la belleza de sus fibras como por la transparencia que adquiere; la corteza es una de las primeras por la eficacia de sus principios taninos: en Europa es un raquítico arbusto; en el sur de Chile alcanza a una altura colosal; en la forma de postes y de tablas, constituye un ramo importante de comercio. El coihue[5], inferior en calidad al roble, es de su enorme tronco, simplemente ahuecado al fuego y con instrumentos muy imperfectos que los pobres se construyen de él sus canoas y de las cuales algunas pueden cargar pesos consi-derables. El mañío[6], cuya madera reemplaza a la del pino americano, siendo mucho más sólido. El arrayán[7], muy a

[2]Drym nis chilensis (D C).
[3]Eucryphia cordifolia (Cavan).
[4]Persca lingue (Nees ab Es).
[5]Fagus dombei (Mirbel).
[6]Saxe Gothea conspicua (Lindley).
[7]Eugenia apiculata (D C).

propósito para hacer carbón. El ralral[8], el hua-huán[9], útiles para construcciones. La luma[10], madera de fierro y elástica. No olvidemos el modesto avellano[11], cuyo árbol está llamado a ser con el tiempo una fuente lucrativa de entrada para las provincias australes, en donde crece en cantidad prodigiosa: a la llegada de los colonos se principió a dar impulso a este ramo de economía agrícola; al derribar el bosque, han tenido los alemanes la buena idea de conservar los avellanos, y en las tierras vecinas del árbol, la producción ha casi doblado.

Todos estos árboles gigantescos estaban ador-nados de las flores coloradas del bóquil[12], cuyas ramas sarmentosas enredan todo el largo del tronco. Al lado crece el maqui[13], uno de los mejores vulnerarios que se conocen en Chile; su madera resuena transformada en instrumen-tos de música; su corteza sirve para confeccionar canastos y cuerdas muy fuertes; sus hojas poseen facultades depurativas y cicatrizantes en el más alto grado, pueden reemplazar al tabaco; he visto en el viaje a Lenglier, que para economizar el suyo, lo mezclaba con estas hojas y las fumaba muy satisfecho; su fruto abundante, exprimido,

[8]Lomatia obliqua (R. Brown).
[9]Laurelia Serrata (Ph.).
[10]Myrtus Luma (Mol).
[11]Guevina Avellana (Mol).
[12]Mitraria Coccinea (Cavan.).
[13]Aristotelia mapui (L'Hér).

111

da un licor fermentado, y seco se le puede guardar para el invierno. Los bosques de Llanquihue contienen todos esos árboles. Los colonos no tienen pues de que quejarse, porque poseen todas las materias primeras a la mano.

Sobre el fondo verde de los árboles, aparecía adelante de nosotros la sabana de agua azul del lago de Llanquihue, y encima, las cabezas emblanquecidas por la nieve del volcán de Osorno y del cerro Calbuco. Como a las dos de la tarde, llegamos a las orillas; la gente nos aguardaba en la casa del Estado, y la embarcación que hace el servicio de los pasajeros, estaba anclada en la embocadura del Maullín.

Al sacar el barómetro para tomar la altura del lago, tuve el sentimiento de ver que el mercurio principiaba a salirse por el codo del sifón, permitiendo al mismo tiempo la introducción del aire, y de consiguiente inutilizándose; esta era una pérdida irreparable que me impedía verificar las alturas del camino que parte de ellas, habían sido tomadas sólo por medio de la ebullición del agua.

El Lago de Llanquihue, situado a 64 metros sobre el nivel del mar, es el primero al oeste de los lagos que se encuentran colocados por escalones en las faldas de los Andes, en esta parte de la América; su mayor anchura es de unos cuarenta kilómetros y unos treinta de largo; el punto de las orillas situado entre el volcán Osorno y el cerro Calbuco tiene su latitud y longitud determinadas por Muñoz Gamero (41°12' sur y 72°49' oeste de Greenwich) sus aguas son muy profundas, en 1859 eché doscientas brazas de cordel y no hallé fondo; el viento las agita violentamente, y las hace subir mucho en la orilla opuesta. Todas las orillas pertenencen a los colonos, y están adornadas de hermosas chacras. Cuando llegamos, el viento era contrario, aun para la balandra, que tenía que venir de la embocadura del Maullín.

Al fin llegó como a las siete de la tarde y nos embarcamos con nuestras provisiones y las cabras. Un colono alemán, don Francisco Geisse, dueño de una chacra en el Maullín, y a quien encontré en ese momento, me regaló un ternero que también embarcamos. Pero el viento continuaba contrario y soplando con fuerza; nos vimos obligados a pasar la noche al ancla y violentamente sacudidos; el lago parecía empeñarse en imitar a la mar en sus furores; al día siguiente se habían aquietado las aguas, pero continuando el viento y siéndonos siempre desfavorable, fuimos a echar el ancla al pie de la casa del ingeniero de la Colonia, don José Decher, casa que de lejos se parece a un castillo fuerte, guarnecido de torreoncitos y de troneras: bajamos a tierra para pasar el tiempo y esperar el viento: recibimos una amable hospitalidad de esta familia. A las tres de la tarde, aunque el viento no fuese enteramente favorable, nos hicimos a la vela, navegamos toda la noche, y a la mañana siguiente solo estabamos a la entrada de la grande bahía, cuya punta es formada por la prolongación de la base del Osorno.

10 de diciembre. Por la mañana, nos vimos obligados a usar los remos para avanzar, y como no estabamos lejos de la costa sur, fuimos a tierra a coger pangues[14] el tallo es jugoso y refrescante, pero tiene el inconveniente de destemplar los dientes; sus hojas son inmensos parasoles, muy a propósito para librarse de los rayos del sol; una de ellas tenía ocho metros de circunferencia; cogimos también de las ramas de un coigüe, una especie de hongo de color amarillo, redondo como una manzana y de muy buen sabor, se llama yauyao[15].

Como entrábamos ya en los primeros ramales de cordillera, al pie del Calbuco, recogimos algunas muestras de rocas. Después de esta pequeña excursión, volvimos a bordo. Podíamos admirar entonces toda la parte oeste del volcán, la nieve ocupa como la dos terceras partes de su altura; al pie hay algunos lugares enteramente desnudos de vegetación; son los puntos por donde han pasado los torrentes de lava de las antiguas erupciones; pero del lado este, casi todo está cubierto de bosques,

[14]Gunnera scabra.
[15]Cytharium Berterii.

114

lo que prueba que las corrientes no tomaban esta dirección.

El lago es limitado al norte por los llanos contiguos a Osorno, al este por el volcán Osorno y el cerro Calbuco, al sur y al oeste por colinas cubiertas de alerzales y espesos bosques. Entre el volcán Osorno y el cerro Calbuco se extiende un llano pantanoso, teniendo al norte un verdadero dique natural formado por el campo de lava del volcán. Al fin de este llano se encuentra la abertura que da entrada al lago de Todos los Santos. En la tarde desembarcamos, instalamos la carpa que traíamos y en la noche hubo una tempestad muy fuerte.

11 de diciembre. Por la mañana, se despachó a los hombres para el camino del lago de Todos los Santos; debían llevar como a la mitad del trecho, entre los dos lagos, una parte de los bagajes y volver en seguida. El viento que era del norte en la mañana, nos había traído un poco de neblina, pero como a las diez, tornó al sur y podíamos esperar sol y buen tiempo, pero ¡vana ilusión!, el tiempo no cambió.

La bahía, en donde estábamos, era de forma circular: arco de círculo, cuya cuerda, pasando por el volcán y el cerro Calbuco, dejaba a la derecha un poco de agua del lago, lo que nos incomodó para medir trigonométricamente las alturas del Calbuco y del Osorno; desde Puerto Montt habíamos medido la altura del Calbuco tomando el ángulo zenital de su cima, y calcu-

115

lando la distancia entre estos puntos por medio de coordenadas geográficas; nos dio por resultado sólo algunos metros de diferencia con la altura que Fitz Roy asignó a este cerro; así es que conservamos la misma, que es de 2.250 metros. Respecto del Osorno, habíamos medido una base; pero era demasiado pequeña relativamente a la altura del volcán para dar buenos resultados, y nos contentamos dándole la misma que Fitz Roy le asignó, 2.302 metros. La latidud y longitud del punto en donde estaba nuestra carpa, habían sido determinadas por Muñoz Gamero; el término medio de cuatro de nuestras observaciones nos dio 41°10′. Al sur se halla el llano pantanoso, del cual he hablado más arriba, que, del pie del volcán, se extiende hasta el Calbuco y el río Petrohué.

Al norte se encuentra un llano estéril de un aspecto horrible que Döll llamó el paso de la Desolación, porque toda la superficie está cubierta de escorias negras de un tinte siniestro. En la falda hay cinco cráteres de erupciones laterales; nosotros sólo hemos visto el que está situado al sudeste, pero lo que podemos decir es que estos cráteres no alteran la regularidad de la forma general del cono, como tampoco las numerosas quebradas que divergen del centro a la circunferencia, y cuya anchura va también aumentando de arriba abajo, como lo diremos de dos o tres muy notables que vienen a concluir en el lago de Todos los Santos y que describiremos al tocar estos puntos.

Todas estas quebradas son debidas a las aguas del invierno y a las producidas por el derretimiento de las nieves en el verano. El cráter del pico era pequeño cuando le visitó Döll, y en 1852 despedía una débil columna de humo.

En el lado meridional se notan dos corrientes de lava y dos bancos de escorias muy grandes: todas esas escorias tienen el mismo aspecto y parecen tener las misma composición: consisten en una masa negra, un poco rojiza, en que se encuentran diseminados pequeños cristales de *feldespato*. Las lavas tienen la misma composición, pero se distinguen por un color gris más o menos oscuro, según la proporción de *feldespatos* que contienen. La última erupción ha tenido lugar en 1836. Otros dicen que en 1837.

Lo que hay de notable, es que todos los árboles que separan la bahía del llano pantanoso, son nuevos. La existencia de esos pantanos, junto con la formación de la localidad y la edad poco avanzada de los árboles, nos conducen a creer, que el lago de Llanquihue comunicaba en otro tiempo con el lago de Todos los Santos, formando un solo cuerpo; comunicación que fue violentamente interrumpida, o por un solo levantamiento del terreno durante una erupción del volcán, o por la corriente de lava, que se extiende en el lado sur, de oeste a este, sobre un largo de más de doce kilómetros y que vino a formar un dique, obligando al lago de Todos los Santos a contentarse solo con el río Petrohué para vaciar sus aguas.

A las tres de la tarde llegaron algunos de los hombres que se habían despachado en la mañana: no habían alcanzado al lago de Todos los Santos, y llegado solo a las orillas del Petrohué, en donde depositaron sus cargas: a las cinco llegaron los demás. El tiempo era bueno en la noche.

12 de diciembre. Buen tiempo, por la mañana salieron los peones llevando víveres. Nos hallábamos rodeados de bandadas de torcazas que nos proporcionaron una abundante caza. Se recogieron algunas plantas y musgos para el herbario, y en la tarde llegó la gente.

13 de diciembre. Por la mañana el sol estaba bastante débil, el cielo medio nublado, el Chucao nos aturdía con sus cantos; si se debe creer a los chilotes supersticiosos, era un mal presagio; los peones les tiraban piedras y acompañaban su huida con maldiciones. La gente debía volver al día siguiente, temprano. Cinco torcazas, víctimas de nuestro plomo mortífero, variaron un poco nuestra comida. En la tarde, viento violento del noroeste y un poco de lluvia.

14 de diciembre. Domingo por la mañana, el tiempo no se decidía, nos encontrábamos aislados de todos los otros bípedos de la familia humana: era el primer domingo en el desierto. Íbamos a conocer si es verdad lo que cuentan ciertos viajeros, que han atravesado inmensos desiertos. ¿En dónde? La crónica se calla aquí. ¿Era en las ardientes arenas del Africa o en las heladas estepas de la Siberia? ¿Eran acaso hombres animados por el fuego sagrado de los viajes, yendo en busca de un Tombuctu cualquiera, u honrados comerciantes que iban caminando del norte al sur de la Rusia? La crónica es más discreta todavía sobre este punto. Pero ¿qué importa? Eso no nos impide referir la siguiente historia.

Estos viajeros habían notado que durante sus largas peregrinaciones se aburrían periódicamente en ciertos días y resolvieron apuntarlos; viajaban sin calendario como honrados viajeros o marinos, que teniendo que hacer una larga travesía, les importa poco diez o doce días de más o de menos. Llegaron a un lugar en donde pudieron consultar el almanaque, y vieron con no poca sorpresa que todos los días en que se habían aburrido eran precisamente domingos.

La gente de ciudad ha hecho esta observación desde mucho tiempo; pero en donde el hecho es más digno de ser observado es en un desierto, y entiendo por desierto todo lugar en donde uno se encuentra privado de comunicación con sus semejantes. Nosotros, en nuestra posición, podíamos haberlo verificado, pero debo decirlo, corriendo el riesgo de desagradar a los viajeros citados, que, ni este domingo ni los siguientes nos aburrimos más que los otros días de la semana. Puede ser que haya sido porque teníamos una vihuela y un flageolet, y que nuestros colegas en peregrinaciones estaban privados de estos dos armoniosos instrumentos.

A mediodía levantamos el campo Lenglier y yo llevábamos cada uno una mochila militar con unas veinte libras de peso, y unas diez libras más entre instrumentos y armas; con esta carga emprendimos la marcha y entramos en el llano pantanoso ya citado. Figuraos un vasto anfiteatro, cuyos gradientes estuviesen formados por las crestas de diversas alturas de montañas, teniendo una prueba sobre el lago de Llanquihue, puerta cuyos pilares monumentales serían el volcán Osorno y el cerro Calbuco, y otra puerta menor en el fondo, que es la abertura del lago de Todos los Santos, abertura por la cual pasa el río Petrohué que lleva las aguas del lago al seno de Reloncaví. Sobre uno de los costados del anfiteatro, es decir, al pie del volcán de Osorno, se extiende el campo de lavas, verdadera mar de escorias, enteramente parecida a una barrera destinada a proteger a los espectadores contra los caprichos de las bestias feroces, si es que hubiesen bestias feroces para animar este círculo de nueva especie.

El suelo es una tierra esponjosa, muy húmeda, formada por la descomposición de las lavas del volcán. Atravesamos estos pantanos directamente de oeste a este; después de cuatro kilómetros de marcha penosa, porque nos sumíamos en el fango hasta las rodillas y al retirar el pie se formaba un vacío como el que se hace con el émbolo de una bomba, entramos en un pequeño bosquecillo de avellanos y otros árboles enfermizos, sobre un terreno más seco; atravesamos un quebada profunda, en donde había agua estancada; bordeamos el campo de lava, y al fin bajamos a la gran quebrada en donde el Petrohué ha abierto su lecho, y por el cual corren bramando sus aguas espumosas.

La playa del lugar en donde debíamos pasar la noche, está formada de una arena fina y negra, que parece provenir de la trituración de las escorias. Un torrente que viene del Osorno hasta echarse en el río, ha cavado violentamente su pasaje, cortando unas barrancas a pico; troncos de árboles gigantescos se encuentran desparramados en el lecho. En el punto en donde se junta al Petrohué, las aguas del torrente han desnudado rocas basálticas perpendiculares, y del otro lado del río se levanta una cuchilla de 500 metros de elevación, que, bordeando el torrente, sigue para el lago de Todos los Santos. En la tarde tuvimos lluvia.

15 de diciembre. Lunes por la mañana, levantamos el campamento, y nos encaminamos hacia el lago de Todos los Santos. El tiempo estaba nublado, anduvimos primero como cinco kilómetros por una playa formada de esta arena fina, negra y compacta, después otro tanto por sobre trozos de lava.

El valle del Petrohué se va angostando más y más, se estrecha de tal manera que nos vimos obligados a tomar a la izquierda, por el lecho de otro torrente que baja del volcán; caminamos como un kilómetro y volvimos a tomar por un terreno árido la dirección del lago; bajando hacia el sudeste, después de haber atravesado un bosquecillo, nos encontramos a dos o trescientos metros más arriba de la salida del Petrohué, en el lugar en donde, algunos años antes, había acampado el desgraciado Muñoz Gamero. Allí encontramos su embarcación, pero completamente dislocada; mandé cortar un pedazo, con la intención de enviarlo a su madre; triste recuerdo, pero precioso para el corazón de una madre que fue privada de su hijo de una manera tan trágica. Hallé en buen estado el bote usado en mi expedición anterior que había dejado en la orilla.

En el momento de llegar caía la lluvia con fuerza; el lago estaba de un verde brillante y el poco viento que había levantaba pequeños penachos blancos; se asemejaba a un manto de un bello color verde, sembrado de perlas argentinas. El primero que llamó a este lago el de las Esmeraldas tuvo suerte en la elección del nombre. Su aspecto es bastante triste, quizás débese esta apariencia a las altas montañas de un verde sombrío que lo ciñen; al medio se ve una islita, tapizada de árboles, y detrás de la isla, el camino que debía conducirnos a la cima de los Andes.

Ya se oía el ruido del trueno, producido por la caída de los hielos del Tronador: después, nada turba el silencio de estas soledades, sino el canto melancólico de los *hualas* de plumaje sombrío. Los pocos tiuques que se ven revoloteando en las orillas, han perdido ahí su carácter bullicioso y pendenciero que en otros lugares los hacen tan insoportables. Si Chateaubriand hubiese conocido este lago, no dudo que lo habría considerado como un cuadro más digno para su melancólico René, que las comarcas de la América del Norte en donde hizo soñar a este gemelo de Werther.

A doscientos metros del campamento, vacia sus aguas el lago; en su boca tiene el Petrohué unos treinta metros de ancho; corre bastante despacio sobre una longitud de cien metros, después como un discípulo que se ve fuera del alcance de su maestro o como un chiquillo lejos de las miradas de su madre, principia a hacer un grandísimo ruido, azota sus aguas contra las peñas que le impiden el paso, hace saltar la espuma, y se aleja con fuertes bramidos por el lecho de lava; el ruido y la espuma van creciendo al avanzar hacia el sur.

Cuando las aguas de los torrentes que bajan del Osorno aumentan su volumen, debe presentar un espectáculo magnífico de devastación; peñas y árboles gigantescos, arrastrados al medio de las espumosas olas por la violencia de la corriente. Entonces debe el cauce tomar una anchura mucho mayor; lo que nos lo hace creer, es que, en nuestro camino desde el último campamento hasta el lago de Todos los Santos, a unos cien o doscientos metros del lecho actual del Petrohué, hemos visto el efecto evidente de la acción destructora de las aguas, en unas especies de arcos de piedra cavadas en la orilla, y en las raíces desnudas de los árboles riberanos.

En la salida, la orilla opuesta del Petrohué, está cortada a pico, pero en donde nos hallabamos hay una playa de arena poco inclinada, en la cual las creces del lago han dejado huellas de sus alturas sucesivas, dibujando con pedazos de leñas, curvas horizontales perfectamente regulares.

Nos atrasamos en nuestra marcha, por los hombres que llevaban las cargas, y se comprende la dificultad con que avanzábamos, porque llevábamos no solamente los víveres con que diariamente se alimentaba la gente en la marcha, sino también los que se iban a usar cuando hubiese dejado en Nahuelhuapi a los hombres que debían volver atrás con Vicente Gómez, para aventurarme con mis seis compañeros en busca del desagüe, y alcanzar al Puerto del Carmen, bajando el río Negro. Quería tener al separarnos dos meses de víveres para siete personas.

Las cargas de cada individuo eran pesadas, de allí resultaban los atrasos, pero eso no nos quitaba el ardor que en toda empresa asegura el buen éxito. Es increíble cómo estos peones soportaban la fatigas; los turcos son hombres de una fuerza proverbial, pero creo que se confesarían vencidos en presencia de nuestros chilotes; tomaban éstos por la mañana un puñado de harina tostada con agua, llevaban otro puñado para fortalecerse en el camino, calzaban sus *hojotas* de cuero fresco y luego se ponían en marcha con el pie ágil, el corazón alegre y un peso de setenta y cinco libras en el hombro. Los que llevaba no eran indignos de su reputación; por eso llegando a las orillas del lago, para recompensarles su buena voluntad y al mismo tiempo darles fuerzas nuevas con la carne fresca, hice matar el ternero que me había regalado don Francisco Geisse. Las cabras se reservaban para más tarde. A la noche cesó un poco la lluvia.

16 de diciembre. Por la mañana llovió mucho. Las nubes que cubrían el lago, no permitían distinguir el más pequeño pedazo del horizonte; habíamos dejado una porción de carga en la mitad del camino desde el último campamento; fue preciso mandar a todos los hombres en busca de ella antes de pasar más adelante. Salimos a las cinco de la mañana. Este día, nos vimos obligados a pasarlo en la inacción; cuando digo inacción, se debe entender respecto de caminar adelante, porque, aun cuando acampábamos, teníamos siempre algo que hacer aquí mismo, si no hubiésemos tenido necesidad de mandar a la gente, siempre habría sido preciso esperar que los carpinteros construyesen los remos para los botes de gutapercha y para la embarcación de mi última expedición que hallamos en bastante buen estado, es verdad, pero privada de todos sus útiles.

La escopeta también estaba muy sucia, la había mandado limpiar al armero de la Colonia antes de mi salida, pero era tan húmedo el clima, que con esos ocho o diez días de viaje y de misión en unos focos tan grandes de humedad, ésta se hallaba toda mohosa. Teníamos grande interés de conservarla en buen estado porque para el viaje que hacíamos, los víveres que nos podían venir del cielo en forma de plumas o del suelo en forma de pelos, no eran despreciables.

Cada vez estaba más contento con la dirección del buen Vicente Gómez, solamente nos incomodaban mucho los gritos de cólera y el olor fétido del jefe de nuestro género cabrío, el chivo, que se irritaba al ver rechazadas sus solicitaciones amorosas por sus compañeras de cuernos largos.

A los once y media llegaron los peones; a mediodía armé los botes de gutapercha; eran muy livianos y no obstante se comportaban bien en el agua; se componían de un sistema de curvas articuladas entre sí, sobre una quilla de ocho pies de largo que, al plegarse, les permitía juntarse unas con otras, y ocupar un espacio muy reducido; el forro exterior de gutapercha, era la mitad de una elipsoide; se aplicaba al esqueleto, y se sujetaba por medio de cuerdas que pasaban por unos ojales y unos agujeros abiertos en la extremidad de las curvas. Hice amarrar juntos dos de estos botes; un bogador colocado en cada uno, manejaba un remo y hacía avanzar el sistema que era muy liviano y poco celoso a causa de los tubos de aire que tenían a los lados. El ensayo nos satisfizo, y esperábamos sacar un gran partido de estos botes para acelerar nuestro trasporte al otro lado del lago.

La lluvia continuaba, y sin ella y algunas ráfagas de vientos contrarios que se sucedían sin interrupción, podríamos haber comenzado el embarque; la sola ventaja que traía esa lluvia, era que los mosquitos que habían principiado a incomodarnos en las orillas del lago de Llanquihue, y que aquí se habían hecho intolerables, cesaban de picar, y disminuía su número cuando la lluvia aumentaba.

Procurábamos tener paciencia en la carpa, esperando el buen tiempo; era entonces cuando la guitarra nos prestaba grande utilidad; se había quebrado, pero mediante algunas ojotas viejas de que hicimos cola, se pudo componer; yo tocaba al flageolet, Vicente Gómez me acompañaba con la guitarra y Leuglier unía su voz al sonido de los instrumentos; concierto era este que bien podría ofender los oídos delicados de un *dilettanti*, pero para nosotros, menos escrupulosos en la armonía, tenía la ventaja de hacernos olvidar la lluvia y el mal tiempo.

Nuestro pasatiempo fue interrumpido por la fuga de las cabras que dispararon al monte. Mandé en su busca, temiendo que fuese a encontrarlas como en la Biblia, algún león devorador. Los peones volvieron sin haberlas encontrado. Al fin nos acostamos, esperando hallarlas al día siguiente.

En la noche, truenos y relámpagos.

17 de diciembre. Miércoles por la mañana lluvia y viento; unos se ocuparon en buscar las cabras, otros en hacer leña, porque era probable que pasásemos todavía el día ahí. La temperatura bajó mucho en la noche, el nivel del lago subió como cinco centímetros; piedras descubiertas el día antes estaban ahora ocultas por el agua; con este hecho pude explicarme la causa de la existencia de varios árboles muertos que sumidos en el agua de las orillas, se ven en varios puntos del lago, los que mantienen su posición natural y parecen haber crecido en donde se hallan; ha habido pues grandes variaciones de nivel.

La boca del Petrohué no es suficiente para dar salida a las aguas del invierno, y los grandes trozos derrumbados del volcán, estrechándolo más, han originado estas variaciones. El viento arrastraba de tiempo en tiempo los nublados y a cada instante, como uno es llevado a creer lo que desea, esperábamos que el tiempo cambiase. A mediodía, mejoró, y lo aprovechamos para estopar el bote; se recogió todo lo útil entre los restos del de Muñoz Gamero y se hicieron los remos necesarios.

Las cabras llegaron, faltaba solo una oveja; talvez el leon se la comió.

Los leones de estas tierras no son tan terribles como los de África, pero tienen el mismo gusto pronunciado por la carne de oveja, el puma (Félix Catusleo) se sube a los árboles como el gato doméstico, cosa que jamás ha hecho el Sultán de la montaña, como le llaman los árabes, también este es uno de los medios de tomarlo, se le persigue con perros, y una vez que se ha subido, se le echa el lazo.

Llovió toda la noche hasta el otro día.

18 de diciembre. Jueves por la mañana, disminuyendo los víveres a causa de nuestra prolongada permanencia en ese lugar, Vicente Gómez envió seis hombres en busca de provisiones, principalmente de papas que había dejado para su vuelta enterradas en la orilla de Llanquihue; pensamos embarcarnos y dirigirnos hacia la bahía en donde desemboca un pequeño río que trae las aguas de la laguna de Calbutué. El deseo de comer carne fresca y de ahorrar nuestros víveres de viaje, nos decidió, porque hay en este punto dos o tres potreros limítrofes y los animales vienen a saciar su sed a las orillas del lago. Llevé pues, mi rifle con esperanza de usarlo.

Después de haber navegado dos horas y media, tuvimos que volver sin haber desembarcado.

Döll, en su mapa, hace figurar como ininsignificante al estero Calbutué; pero una vez pasada la isla que hay en la entrada, nos encontramos con una gran bahía como de doce kilómetros de largo y uno de ancho. La falta de tiempo nos hizo volver. A las ocho de la noche llegó la gente, trayendo tres sacos de papas y uno de harina cruda. Su viaje no había tenido otro incidente que el pánico ocurrido a un simplón, que iba un poco atrás de los demás con un saco vacío, y se asustó a la vista de un zorro, que tal vez tuvo más miedo que él, dejó caer el saco y huyó. Sólo hubo que deplorar la pérdida de ese saco. Lo peor era que no se había hallado rastro alguno de la oveja; tal vez ya reposaba en paz en el estómago de algún león; nos era sensible si la pérdida menor de víveres.

En la noche, tiempo variable.

19 de diciembre. Viernes por al mañana; había apariencias de buen tiempo, pero éstas eran engañadoras. La cima del Osorno, que, al levantarse el sol, era de un blanco deslumbrador, se cubrió poco a poco de nublados. Su aspecto, de este lado, es decir, visto desde el este, no es lo mismo que del lado del campamento de Llanquihue. Dos cerros de un color oscuro bien marcado, que mirados del otro lado, parecían ser parte integrante del cono, aparecen desde aquí distintamente separados de él por una gran quebrada, dirigida del oeste al este, y entonces la parte más baja de la nieve cubierta por estos cerros, desaparece detrás de ellos y parece que principiase mucho más arriba. En la falda oriental es accesible y en poco tiempo se puede llegar a las primeras nieves.

El lago estaba siempre cubierto de nublados, pero en ese día se hallaban más altos, y pudimos percibir las crestas de los altos cerros que al este forman su fondo y en el cual se dibujaba una línea blanca como chorro de agua producido por las nieves derretidas, que caía perpendicularmente de las cimas al lago.

A mediodía, se armaron los botes de gutapercha, y compusimos una flotilla con la embarcación de madera y cuatro botes remolcados por la primera. Como el viento era favorable, se iban a ayudar los hombres con la vela clásica de los chilotes: tres o cuatro ponchos, unidos por agujas de palo. Despachamos casi todos nuestros víveres y todas las cabras y deseamos buena travesía a nuestros marineros.

Con el teodolito, situamos la isla y algunos puntos cerecanos de las dos riberas.

El tiempo seguía bueno.

20 de diciembre. Había niebla, aunque el viento viniese del sur, viento que en la Colonia siempre traía buen tiempo.

Lenglier salió para reconocer las orillas del lago situadas entre el norte y el noroeste. Anduvo como trescientos metros por una orilla cortada a pico y guarnecida de raíces tortuosas y de troncos de árboles; después encontró una playa

131

de arena, larga como de 1.500 metros, donde vienen a desembocar tres o cuatro grandes lechos de torrentes que bajan de la cima del Osorno; uno de ellos es particularmente notable; formado de paredes verticales, principia muy arriba en el volcán, para venir aumentando su ancho, y concluir en el lago. Las cimas de sus paredes están cubiertas de árboles verdes; pero lo más curioso eran unos árboles verdes situados en el medio del lecho que se hallaban enterrados en la arena hasta una altura de tres o cuatro varas; probablemente, esos árboles brotaron entre dos grandes avenidas del torrente y fueron después cubiertos por la arena, producto de la trituración de las lavas arrastradas por las aguas en el último derretimiento de las nieves.

Estos lechos sirven también de caminos a los leones que viven en las faldas del Osorno y que vienen a apagar su sed en las aguas del lago; Lenglier encontró muy frescos en la arena los rastros de un león, es decir de una leona, porque detrás se distinguían los rastros más pequeños de un leoncito. Se paseaba tal vez por gusto o por higiene con su cachorro, dándole a conocer los rincones y escondrijos de sus dominios futuros.

En la noche, cuando volvía Lenglier de esta expedición, llegaban también los hombres que habían ido al otro lado del lago: el viaje se había verificado sin accidente; tres de ellos habían quedado en el Peulla para hacer el sendero.

Nos preparamos a levantar el campamento. Al día siguiente, debíamos transportar todo al otro lado, las personas y los víveres.

21 de diciembre. El domingo por la mañana el tiempo era bueno. Salimos a las nueve; al cabo de dos horas, nos hallábamos en la isla que los precedentes exploradores han llamado la isla del Chivato; por unas especies que dejó en ella Muñoz Gamero; es una isla cuya longitud (es más larga que ancha) tiene la direccion oeste-este; está situada enfrente de la bahía de Calbutué, tiene al lado unas islitas pequeñas, está toda cubierta de bosques; la orillamos toda y nos desembarcamos en una ensenadita en donde los hombres se refrescaron con pangues; de allí nos dirigimos a la orilla norte, al este de una punta arenosa, formada por los aluviones de un río torrentoso que baja del pico de Bonechemu.

El día anterior, volviendo del otro lado del lago, los hombres habían creído divisar una vaca en esa orilla; desembarcamos, pero en vano; desde allí vimos que el banco de arena se prolongaba mucho hasta formar un canal muy estrecho entre la isla y el continente. El río corriendo por entre juncos y yerbas, venía a echarse en el lago. En sus orillas había algunos canqueñes y patos. Saliendo de allí enfilamos derecho sobre la punta que del campamento habíamos divisado en la otra orilla diseñándose sobre el fondo de los cerros; este fondo es formado de masas elevadas de rocas a pico;

dos o tres cascadas perpendiculares se dibujan como rayas blancas; aquí el lago se estrecha y forma un canal profundo, de unos cien metros de ancho; canal en semicírculo, que torna su concavidad hacia el norte. En la mitad del canal, divisamos una abra en donde debe probablemente desembocar algún estero.

A las seis de la tarde, llegamos a la boca del río Peulla el que instantes antes ya se conoce su presencia. El agua del Peulla proviniendo del derretimiento de los hielos salidos del ventisquero, es de un blanco turbio, que mancha las aguas verdes del lago.

Desembarcando, hallamos a los hombres, que se había dejado la víspera y además tres cabras muertas. ¿Era esto el resultado de la mala voluntad de la gente, para seguir la expedición, o bien del mareo que habían esperimentado estos animales durante la navegación? Nunca pude averiguarlo. En fin, hicimos un buen fuego, porque el aire estaba muy frío, y dejamos para el otro día, la tarea de visitar los alrededores.

22 de diciembre. Antes de dejar el lago de Todos los Santos, completaremos su descripción.

Se extiende de este a oeste por espacio de veintiocho kilómetros, tiene por límites al oeste, el volcán de Osorno, y el valle pantanoso en donde desemboca el Petrohué; al sur una cadena de cerros que se abre en un punto en donde pasa el río Calbutué; al norte, una serie de picos redondos, unidos al volcán y que se ven desde la ciudad de Osorno y a los cuales Döll ha dado los nombres con que se les designaba en el país; notemos de paso que la línea de picos no es continua; se interrumpe a la derecha del volcán y parece formar un portezuelo por el cual se podría ir de Todos los Santos a Osorno, sin atravesar el lago Llanquihue. Estos picos son la Picada, el Puntiagudo, el Bonechemo, y el Techado, aunque éste más bien hace parte del límite oriental se halla justamente dominando la desembocadura del Peulla, y sus costados perpendiculares forman la muralla septentrional que estrecha el río en este lugar.

De todos estos picos el más notable es el Puntiagudo; es un cono perfecto de unos 1.800 metros de elevación cubierto de nieve hasta su base; del centro de la cima se eleva una punta aguda y acanalada como un tornillo.

Las aguas del lago tienen una temperatura media de 12 grados centígrados, siendo la del aire 18 o 20; se hallan a una altura de 214 metros sobre el nivel del mar, y la elevación mayor de la lengua de tierra encerrada entre Todos los Santos y Llaquihue es de 300 metros. Varias observaciónes dieron una latitud de 41°10′ al lado occidente del lago.

Por la mañana, Vicente Gómez salió con toda la gente para hacer los senderos, conduciendo una carga liviana; nosotros tomamos la latitud del punto en donde nos hallábamos (40°5′). En la tarde volvió Vicente Gómez con toda la gente;

había ido hasta el pie del boquete, de donde se percibe el Tronador, y había dejado tres carpinteros con sus herramientas que, hacha en mano, debían continuar su viaje hasta Nahuelhuapi y emprender inmediatamente la construccion del bote.

La noche fue magnífica.

Capítulo II

Río Peulla. El Techado. Viaje de los peones al pie del Boquete. Combate singular. Marcha por las orillas del Peulla. Boquete Pérez Rosales. Tronador. Ventísquero. Altura del Boquete. Calor sofocante. Contrariedades. Paso de la cordillera. Panorama. Arribo a Nahuelhuapi. Construcción del bote. Vestigios de expediciones anteriores. Superstición de los chilotes. Bote. Excursión al río Frío.

23 de diciembre. Martes al rayar el alba, los hombres se pusieron en marcha, cada uno con su carga, para trasportarla hasta el punto a donde habían llegado el día antes. El tiempo era bellísimo, y del pie del árbol en donde escribía estas líneas, veía resaltar sobre el azul del cielo la cabeza calva del Techado, de la cual se desprendían blancos chorros de agua. El Peulla corría a mis pies con un agradable murmullo; preciosos picaflores con el pico agudo sumido en el cáliz de las flores para chupar su jugo hacían oír el ruido de sus pequeñitas alas.

De repente me interrumpieron los gritos de un peón que había ido en busca de agua, ¿qué es lo que podía detener al honrado Pedro, mi camarero privado, en las funciones de su cargo? porque, como el maître Jacques de Moliére, unía a las funciones de cocinero, las de camarero, sin tener como este último un traje particular ni señal alguna de cada oficio; corrimos a la orilla y por las indicaciones de Pedro, vimos flotar sobre el agua dos bolas negras, que parecían pertenecer a seres anfibios; eran cabalmente las cabezas de dos nutrias que habían sido perturbadas en su cita acuática por el honrado Pedro, y que habiéndose echado al agua se dejaban llevar por la corriente. Con una sangre fría y una intrepidez digna de elogios, Pedro se echó al agua, armado de un palo; una de las nutrias salió para descansar en una pequeña lengua de arena; allí se trabó entre el animal y Pedro un combate singular, de nuevo género, que mostró toda la intrepidez que puede abrigar el pecho de un isleño chilote. La nutria quería morder las pantorrillas de Pedro, Pedro le daba de palos; al fin el animal aturdido quedó sin movimiento; entonces, Pedro sin contenerse, dotado de tanta sagacidad como de valor, se quitó la chaqueta, envolvió delicadamente al animal para evitar sus moderduras y nos lo trajo triunfalmente.

Una oda épica habría sido de rigor en ese momento, pero la dejamos para más tarde, cuando estuviésemos en vena poética y principiamos la inspección del animal. El pelo era gris ceniciento, medía de la cabeza a la extremidad de la cola, 80 centímetros, la cola sólo tenía 25; las patas eran con membranas, y las mandíbulas guarnecidas de varias hileras de dientes. Pedro la ató a un árbol a menera de trofeo para mostrarla a sus compañeros que debían llegar al día siguiente y probarles así su valor.

En la noche, buen tiempo.

24 de diciembre. El miércoles desde muy temprano, principiamos a hacer los preparativos para levantar el campo y transportarnos al pie del Boquete Pérez Rosales. A las diez llegó la gente; después de un almuerzo en que probamos la carne de nutria asada, debíamos ponernos en marcha; mientras tanto se entabló una discusión muy acalorada entre nuestros hombres para decidir si la nutria era una nutria o un huillín. El huillín tiene la cola pelada como el ratón, y la nutria la tiene con pelo. Sobre este asunto dijeron cosas muy buenas, que siento no recordar, y que aunque no esclarecen la ciencia, por lo menos revelan el espíritu perspicaz de mis chilotes. Como el tiempo apremiaba, fue preciso interrumpir sus disparates y ponernos en camino.

Dejamos el campo a las once y media. Caminamos como cuatro kilómetros por un bosque espeso y bajamos en seguida al valle por donde corre el Peulla, que tiene en este lugar como 500 metros de ancho. Todo este espacio debe ocuparlo el torrente en las avenidas del invierno; pero, en el mes de diciembre, el Peulla se encuentra reducido a su más simple expresión: serpentea en su variable lecho; lo atravesamos dos o tres veces, ya entrando con el agua hasta la rodilla, o pasando por encima de troncos de árboles, puentes ligeros que los hombres habían echado con el hacha: el agua era turbia y muy fría.

Cuando caminábamos por el lecho del torrente, avanzábamos con trabajo, porque el terreno se compone de piedras rodadas que nos hacían tropezar a cada paso, con un calor sofocante, y deslumbrados por el color blanco del suelo que reflejaba los rayos del sol: la temperatura subió hasta 34 grados a la sombra. A derecha e izquierda del valle, se elevan rocas a pico, unas enteramente cubiertas de árboles, otras mostrando la desnudez de sus cimas cubiertas de nieve; aquí y allá cascadas de agua deslizándose perpendicularmente por las paredes y que de lejos parecen inmóviles. Muchas veces dejamos el lecho del torrente para entrar en el bosque del aluvión derecho, bosque cubierto de coligües que entorpecían la marcha; unas veces, nos resbalábamos en algunos tendidos, otras, era un pedazo que cortado cerca de la raíz, hería nuestras piernas; troncos muertos derribados nos servían también de estorbo; los tábanos nos perseguían y con sus frecuentes ataques aumentaban la sofocación de la marcha.

En fin, llegamos al lugar del campamento, en la orilla de un riachuelo, derivación del Peulla. El camino hecho puede calcularse en doce kilómetros; en la mitad hay un grande trozo de piedra aislado, de volumen de ocho metros cúbicos. Enfrente de esta piedra, cae un hilo grueso de agua que produce el efecto óptico de que ya les hablé con ocasión del lago de Todos los Santos: de lejos parece una columna de mármol blanca y la ilusión sería completa si no se oyese el ruido que hacen las aguas al caer.

Nos acampamos justamente enfrente del Boquete Pérez Rosales: esta garganta se halla muy oculta; y sin conocerla, es difícil encontrarla. A nuestra derecha, teníamos el Tronador que saludó nuestra llegada con un ruido semejante al del trueno.

25 de diciembre. El jueves por la mañana salieron los hombres para traer las cargas del último campamento; nosotros medimos la altura del boquete, tomando una base en el valle del Peulla; hallamos una elevación de 333 metros, que agregada a los 214 metros de la altura del lago de Todos los Santos, sobre el nivel del mar, y los 300 metros que habíamos subido desde este lago hasta el punto en donde nos encontrábamos, da al Boquete Pérez Rosales una altura total de 877 metros. Tomamos una base más grande para medir la del Tronador, y le hallamos al pico mayor una elevacion de 3.000 metros poco más o menos; si no se ve de lejos como el Osorno, que tiene menos altura, es porque se halla encerrado en medio de una porción de cerros elevados, mientras que el Osorno es un cono aislado.

Intentamos también medir la altura de las nieves eternas: pero era difícil determinarla en esa época del año porque no se podían deslindar desde lejos las nieves permanentes de las invernales. Pero según mis recuerdos de las excursiones anteriores en los meses del otoño época del mínimun de las nieves, el límite inferior de las constantes era entre 1.600 y 1.700 metros.

El calor era insoportable; alcanzó a 35 grados a las dos de la tarde.

Habíamos instalado nuestra carpa en medio de un grupo de árboles, al lado del riachuelo: a mediodía veo llegar con disgusto a los hombres que creía a las orillas de Nahuelhuapi, trabajando en el bote, me dijeron que en la cima de la cordillera, se habían visto detenidos por la nieve de que se hallaba toda cubierta, y varias otras disculpas que me hicieron temer por el éxito de la expedición; pero lo que supe inmediatamente era, que el peón Francisco Gómez, uno de los tres hombres mandados, animado de mala voluntad, y más baqueano que sus compañeros, porque había servido en la expedición del Dr. Fonck y había estado en Nahuelhuapi, los acobardó con exageraciones y se volvieron. Entonces me decidí a marchar yo mismo al día siguiente, a fin de averiguar lo que hubiese.

Empleé el resto del día en visitar el Tronador. Subí el Peulla, acompañado del peón Juan Soto; la pendiente del valle aumentaba al acercarse al origen y las sinuosidades del torrente se multiplicaban. Encuentro en medio del valle una isla cubierta de árboles verdes, que la violencia de las aguas del Peulla parecía haber respetado, a pesar de lo poco que sobresalía del lecho del río. Casi al fin del valle percibí sobre la Cordillera del Este, tres avalanchas (*lavines*) que separadas de la cima y detenidas entre los árboles, a la sombra de ellos, se conservaban intactas en una posición perpendicular; atravesamos una punta de bosque de este lado, y entonces vimos el lado occidental del Tronador que va a perderse en una quebrada; desesperaba ya de poder ver el ventisquero que debía dar nacimiento al torrente, mi vista se hallaba obstruida por un espeso bosque que hacía punta en el valle, cuando rodeándolo llegamos al frente de una pared vertical; teníamos entonces a la derecha la falda que vista del campamento, dibuja una línea verde bien marcada sobre el fondo blanco de nieve del Tronador, y a la izquierda, una colina amarillenta formada de arcilla y de piedras; no habíamos descubierto todavía el origen del Peulla, y sin embargo parecía salir de la colina amarilla.

En efecto, rodando varias hileras de piedras sobrepuestas unas en otras, y después de haber pasado algunos riachuelos amarillos, me hallé enfrente del extremo de la colina cortada a pico. Vimos entonces en la base una abertura, semicircular de 20 metros de ancho y 10 de alto; enormes trozos de hielo puntiagudos guarnecían la abertura en forma de dientes, e hilos de agua cayendo de lo alto, que parecían una melena; de la caverna por entre los dientes, salía con estrépito una columna de agua; era el Peulla.

Mientras que yo consideraba este espectáculo curioso, de la cima de la colina se desprendió un enorme pedazo de hielo y dando repetidos botes sobre las piedras, hizo resonar todo el valle con un horrible estruendo. Colocad aquí un hijo del cielo risueño de la Grecia y su imaginación habrá pronto inventado una historia aterrante sobre este asunto. La abertura que da salida al Peulla sería la boca de un monstruo horrible, los dientes, las puntas de hielo que la guarnecen, y la melena, los hilos de agua que caen de la cima. La colina amarillenta sería el lomo y los grandes ruidos, los rugidos rabiosos del monstruo, que teme se le arrebate su presa. En las historias de la Grecia, es siempre una doncella encerrada en el fondo de la caverna. En la edad media, sería una princesa esperando al caballero andante que ha de libertarla, yo, sin mezclar nada de maravilloso, me sentí muy impresionado con lo horrible e inesperado de este espectáculo, pero no había visto todo, quería comprender lo que veía; mirando con más atención la colina, vi que era una inmensa mole de hielo, y la tierra amarilla, una capa ligera que la cubría.

Algunos fragmentos enormes, amenazando desprenderse, otros esparcidos en el suelo y el que había visto caer me hicieron comprender pronto la causa de esos grandes ruidos que habían herido nuestros oídos y que repetidos por los ecos de las montañas parecían descargas

144

de artillería: me encontraba delante de un inmenso ventisquero con sus morrenas[16] laterales. Algunos metros solamente me separaban de uno de esos poderosos agentes de destrucción que trastornan la faz del mundo que habitamos. Al principio, como que estábamos poco familiarizados con estas cosas, temía la caída de algunos pedazos de hielo, pero me determiné sin embargo a subir hasta la cima para examinar la estructura, tomar un croquis y recoger algunas plantas.

Principiamos a avanzar por la morrena de la izquierda, compuesta de varias hileras de rocas sobrepuestas que ciñen en arco todo el frente del ventisquero. Luego remontamos por la falda de la colina, marcha bastante difícil, a causa de la pendiente, y temiendo a cada paso el derrumbe que podía producir la caída de una sola piedra, arrastrando consigo muchas otras.

Seguimos sin embargo, nos sumíamos en una especie de barro delgado que cubre todo el hielo, y que nos impedía resbalar, en otras partes, marchando sobre el hielo desnudo, dábamos tres o cuatro pasos para avanzar uno; ayudándonos con las manos y con los pies, rasguñando el hielo trepamos el primer escalón, tomamos aliento y continuamos, enterrándonos hasta las rodillas, y cubiertos de barro llegamos a la cima, después de haber cambiado de dirección varias veces; y al finalizar una marcha penosa

[16]Piedras que arrastra un glaciar delante suyo.

pude contemplar al ventisquero en toda su extensión. Serpentea al pie del Tronador, mide tres millas de largo y media de ancho. Se halla encajonado entre la falda y una cuchilla formada de picos dentados que vienen a concluir en el boquete; la cima del ventisquero es de ondulaciones irregulares con varios grupos de piedras sobrepuestas, y que como en línea forman un lomo.

Su extremo principia en las nieves del Tronador; de las piedras que forman las morrenas laterales, algunas son un conglomerado compacto de varias rocas, pero la generalidad son sienitas. Pangues y un coigüe[17] pequeño nacen en la cima. El hielo de enfrente en donde está la caverna, es estratificado en ondulaciones horizontales de una vara de ancho: las morrenas se avanzan en diversas curvas hasta como dos cuadras de la colina: su posición demuestra claramente las antiguas dimensiones del ventisquero que ha disminuido poco a poco a medida que se ha ido destruyendo la cumbre nevada del Tronador, y por consiguiente reduciéndose la cantidad de nieve.

Apagamos la sed con un pedazo de hielo y nos retiramos. A las 7 de la tarde llegué al campamento encantado de mi excursión.

26 de diciembre. El tiempo seguía bellísimo, el calor sofocante; a pesar del espeso follaje a la

[17]Fagus alpina (Paep).

sombra del cual habíamos colocado la carpa y del verde recinto de pangues que permitía circulase el aire libremente, respirábamos con trabajo. Ya he hablado de las dimensiones colosales de las hojas de pangue, algunas tienen hasta siete y ocho metros de circunferencia y forman magníficos parasoles; el tallo es refrescante, apaga la sed. La naturaleza, como buena madre, tiene reservados consuelos y sorpresas agradables para los que la visitan en sus desiertos.

Nuestros peones caminando con la carga al hombro hacían de tiempo en tiempo cortas paradillas al pie de los montecitos de pangues y chupaban con mucho gusto el jugo un poco ácido que contienen las raíces. El tallo, despojado de su corteza, manifiesta un bello color purpúreo. Es una suerte encontrar los que están enterrados en la arena, entonces el tallo ya no es colorado sino blanco y de un sabor mucho más delicado.

En la tarde hicimos transportar todos nuestros bagajes al otro lado del torrente, a fin de que por la mañana todo estuviese listo para pasar el boquete, en este lugar, el torrente tenía bastante corriente y profundidad; para atravesarlo, nuestros hombres habían cortado un gran árbol que, atravesado servía de puente, pero el agua lo cubría en parte.

Todos pasamos sin dificultad, pero quedaban Pedro y sus cabras, porque además de sus funciones de camarero y de cocinero del Estado Mayor, Pedro tenía que cuidar las cabras, y sus animales no dejaban de darle alguna ocupación. Pasó una con mucha intrepidez, estuvo contento Pedro, creyó que todo andaría bien, y se volvía ya para animar a sus cabras por medio de un discurso apropiado a las circunstancias como hacían los generales antiguos, cuando con grande sorpresa vio a su lado la misma cabra que acababa de pasar, la cual no queriendo estar sola en el otro lado se había vuelto. Entonces enojado el buen Pedro toma otra de los cuernos y por fuerza la hace pasar el puente, las otras siguieron; el chivato solo, que en calidad de jefe de la banda hubiera dado el ejemplo, volvió las espaldas como un cobarde, un cabrito viendo pasar a su madre, y arrastrado por el amor filial se lanzó encima del puente, pero el torrente lo derribó; por fortuna, aunque de tierna edad, sabía nadar y volvió a tomar pie un poco más lejos en la orilla. Entonces el cabro avergonzado de su cobardía y electrizado por el ejemplo del joven héroe, paso también.

Levantamos la carpa a la orilla del torrente, algunas observaciones dieron por latitud al boquete 41°9'.

27 de diciembre. Al amanecer, el sol se asomó brillante; me decidí a partir adelante con V. Gómez; y de toda la gente, sólo debía quedar atrás un hombre para guardar las cabras, y Lenglier que debía tomar un croquis del Boquete.

Seguimos entonces un poco la orilla donde habíamos alojado en la noche; y principiamos la marcha en columna de a uno en fondo subiendo por una pendiente muy suave de 25 grados; perdimos de vista el firmamento, tan espeso es el bosque en estas montañas, no debíamos volver a verlo sino en la cima del boquete. Las quilas[18], poco tupidas, nos permitían fácilmente el paso; troncos caídos se presentaban de cuando en cuando, pero los saltábamos o pasábamos por debajo de ellos: atravesamos algunas vertientes bulliciosas y sin grave inconveniente en tres horas llegamos a la parte plana del boquete. Aquí quedaban todavía los restos del alojamiento del doctor Fonck. Bien podíamos seguir el boquete y en poco tiempo llegar al río Frío; pero este río no es conocido y no se sabe tampoco si es navegable hasta Nahuelhuapi.

Ir orillándolo no era posible, porque el punto en donde llega a la laguna Fría, las orillas pendientes del cerro Doce de Febrero están cortadas a pico: y por otra parte debía bajarlo en botes de gutapercha, y troncos de árboles o palos verticales en el cauce podían romperlos. Todo esto bien considerado, nos resolvimos a tomar el nordeste, directamente hacia el lago.

Principiamos a ascender la peinada cuesta de los Reulies, así llamada a causa de las hayas antárticas que en ella crecen y que los primeros exploradores equivocaron con los reulies[19]. Nada

[18]Chus-quea quila (Kunth).
[19]Fagus procera.

149

más penoso que esta ascensión; el declive era casi a pico, todos los arbustos, peinados en sentido de la pendiente por las nieves del invierno, como bayonetas, nos estorbaban la marcha, torrentes profundos nos detenían a cada paso. Llegamos como a las dos de la tarde adonde cesa este declive, y en donde principia otro con mucho más pendiente. Este lugar forma como una meseta sembrada de planchones de nieve. Aquí nos detuvimos para respirar, el bosque era menos tupido; había más aire.

Media hora después, continuamos. Esta vez ya no andábamos, sino que nos izábamos tomándonos de las ramas. Las del canelo acostadas en el suelo y humedecidas por la nieve hacían resbalar los pies a cada paso y por tres o cuatro que dabamos, avanzábamos sólo uno; nos deteníamos a cada diez varas, unas veces para desenredar la carga, otras para descansar. La vegetación iba disminuyendo considerablemente en cantidad, calidad y tamaño; plantas de papas silvestres crecían en medio de los coligües[20]; este hecho confirmará el origen chileno de esta planta. La haya antártica había principiado. El único árbol que le acompañaba era el coigüe para concluir inmediatamente; el canelo, árbol grande en el pie, aquí no era más que una planta de ocho a diez pulgadas de largo.

[20]Chusquea valdiviensis (Desvaux).

150

De esta manera, subimos otro escalón semejante al primero y llegamos a la cima que estaba toda cubierta de nieve. Algunas hayas, más pequeñas que las de abajo, mostraban sus tortuosas ramas. Pude explicarme entonces la diferencia de aspecto que hay entre las ramas de las hayas de la cima y las de abajo; éstas crecen al principio debajo de la nieve, arrastrándose por el suelo; se elevan algo en los meses de febrero y marzo; pasan así tres o cuatro años antes de sobrepujar a la nieve que aprieta y peina a las demás ramas que se pronuncian, y entonces desviadas de su dirección, se inclinan hacia el suelo formando una especie de quitasoles de verdura.

Marchando por encima de la nieve, llegamos al espacio situado entre el cerro de la Esperanza y el Doce de Febrero, llamados así por los primeros exploradores. En este lugar tuve un espectáculo magnífico: me hallaba a la altura de unos 1.500 metros sobre el nivel del mar; mirando hacia el valle del Peulla, tenía a mis pies el boquete ciñendo la base del cerro en que me hallaba y resaltando como una ancha cinta de un verde claro sobre el verde oscuro de los árboles que tapizaban las montañas vecinas: más al oeste, engastada entre cerros, una parte del lago de Todos los Santos sobre la que reflejaba su cabeza la nevada cumbre del volcán Osorno; densas nubes cubrían la cima del Calbuco: a mi izquierda, el pico imponente del Tronador

151

con sus nieves eternas, dejando escapar los ventisqueros que forman su pie, de un lado el Peulla y del otro el río Frío que serpentea en el llano con sus aguas de un blanco turbio, descansa de su rápido curso en la laguna Fría, mancha blanca sobre el verde de la vegetación y va en seguida a perderse en numerosas vueltas al lago de Nahuelhuapi.

Tenía delante de mí dos cursos de agua tributarios de oceanos distintos: el Puella corriendo por el lado oeste de los Andes hacia el Pacífico, y el río Frío dirigiéndose al Atlántico. Cerca de la laguna Fría, pero más elevado, otro lago pequeño proyectaba como azulado espejo sus cristalinas aguas: era el de los Canqueñes: con cuyo nombre lo bautizaron los primeros exploradores. Haciendo una media vuelta y mirando en una direccion opuesta, tenía a mis pies el lago de los Huanacos, cubierto casi enteramente por la nieve, y más abajo se divisaba el lago de Nahuelhuapi. Más al este, el horizonte de un azul claro sobre el que dibujaban sus crestas las montañas que rodean el lago, diadema de agua azuleja colocada en la sien de los Andes por la mano poética de la naturaleza. Tenía, pues, delante de mí el camino que debía conducirme por el Río Negro a las orillas del Atlántico. Tenía a la vista el lado oriental cuya exploración era desde algunos años el objeto de mi pensamiento y el fin de mis deseos.

Atravesamos los campos de nieve que asustaron a los hombres que habían venido anteriormente: yo caminaba adelante para darles el ejemplo; en algunos puntos nos sumíamos en la nieve hasta los muslos, pero luego nos familiarizamos con este ejercicio y con grande algazara principiamos a bajar dirigiéndonos hacia el lago de los Huanacos situado entre el cerro de la Esperanza y del Doce de Febrero: su forma es triangular, estaba cubierto de nieve, sólo un pequeño espacio desnudo en el que nadaban algunos patos, indicaba lo que era. Orillándolo por la izquierda, llegamos a su desagüe que se echa en el de Nahuelhuapi. En una protuberancia pequeña alojamos, se cortó bastante leña para neutralizar con un buen fuego el frío de la nieve que nos rodeaba.

28 de diciembre. La noche fue sumamente fría, y llovió un poco; entumidos principiamos otra vez el descenso, luego entramos en la región de las quilas, después, aparecieron los coigües, atravesamos tres pantanos en donde crecía un poco de yerba y que nuestros hombres luego decoraron con el nombre pomposo de "Potrero de los Huanacos"; nos detuvimos varias veces para buscar las macheteaduras antiguas que nos servían de guía, atravesamos varias quebradas difíciles, bajamos a una profundidad por donde corre el desagüe de la laguna de los Huanacos, subimos con mucha dificultad una barranca escarpada para entrar en un terreno con menos declive, sembrado de alerces, y como a las once del día llegamos a las orillas del deseado lago de Nahuelhuapi. A la una devolví la gente para el Peulla, y los carpinteros se fueron al bosque en busca de los materiales necesarios para construir el bote.

29 de diciembre. Los carpinteros se pusieron a la obra y principiamos el bote. El mal tiempo no interrumpía el trabajo. La orilla en donde nos encontrábamos acampados, se llama Puerto Blest, este nombre le dio el doctor Fonck en honor del Intendente de Llanquihue que en la época de su expedición era don Juan Blest. Este puerto es la extremidad más occidental de la larga ensenada del lago: tiene una forma circular, su diámetro mayor es de unos quinientos metros. El cordón que sale del cerro de la Esperanza lo limita al norte y pronunciándose en un elevado peñón casi desnudo cubierto de nieve en la cima, viene a estrechar la ensenada formando al prolongarse hacia el este la muralla norte del lago.

Una meseta formada de terreno de acarreo cubierta de alerces, coligües y coihues rodeando todo el círculo del puerto concluye en el río Frío. Un cordón que sale del Tronador forma la pared oriental del río Frío; llega al lago y sigue al oriente formando la muralla sur de la ensenada. En todos estos cerros, las cimas estaban cubiertas de nieves que los dominan durante la mayor parte del año. Lo demás del cuerpo desnudo; la vegetación sólo se manifiesta en los declives suaves, en muchos de los cuales se ven masas de arcilla y piedras redondas.

Nada hay más triste que este lugar; las elevadas cumbres apenas permiten penetrar durante algunos momentos la luz del sol: así es que la humedad es excesiva y los cambios de temperatura tienen lugar en una escala muy reducida, a causa de la forma del puerto. Hay un eco muy notable, de día los martillazos del carpintero se multiplicaban de un modo extraordinario, y de noche el canto melancólico de la huala duraba algunos segundos. A la izquierda de la ensenada se vacia con ruido el desagüe del pequeño lago del Cántaro.

30 de diciembre. Los carpinteros continuaron el trabajo, la gente no llegó.

31 de diciembre. Por la mañana llegó Lenglier con Pedro y dos peones.

Me contó que la víspera, viendo la obstinación de la gente para no ponerse en marcha, había salido solo con Pedro y uno de los peones, y que habiendo acampado al pie de la laguna de los Huanacos, otros dos le habían alcanzado, y respecto del resto, no sabía decir si se habían puesto en marcha.

Como la construcción del bote avanzaba, creíamos poder salir en tres días más. Nuestra carpa estaba cerca del lugar en donde acampó el doctor Fonck. Recorriendo la orilla hallamos vestigios de nuestros predecesores en la carrera del buen Padre Meléndez, el franciscano, y del doctor Fonck. Llegábamos cuando ya no existía Meléndez, tampoco econtrábamos sus cenizas, puesto que había muerto en Calbuco o Chiloé, pero sí, los rastros de sus virtudes; y sin exageración, la palabra virtud no es demasiado, porque para venir por estos caminos con el solo objeto de evangelizar a unos pobres diablos, era preciso tener más que una fe ardiente. Pero también en cambio ¿qué de goces no tendrían esos corazones sencillos y creyentes? goces de que estamos privados nosotros, hijos de un siglo de escepticismo. La más pequeña prueba de buena voluntad que les daban los indios les hacía olvidar al momento todos sus sufrimientos. Con que satisfacción nos refiere el padre Filope Lagunas de que sus salvajes compañeros en el viaje que hicieron de Nahuelhuapi a Chiloé, junto con caminar aprendían el catecismo, y andaban por caminos tan horribles que yo para dar un paso necesitaba toda mi atención, y creo que si al mismo tiempo se me hubiera obligado a aprender el catecismo, jamás habría podido llegar a Nahuelhuapi, porque aquí no se camina, sino que se escala. Para escalar esas montañas tan escarpadas, erizadas de coligües, de troncos y con una vegetación tan espesa, no serían demasiado las garras de un gato, ni las seguras patas de un cabro.

Todo esto que decimos es a propósito del padre Meléndez cuya piedra de moler encontramos cerca de los restos de su piragua, y también al lado de estas venerables reliquias, estaba la canoa del doctor Fronck, el primero que mostró a las sorprendidas orillas del lago de Nahuelhuapi el rostro rubio de los hijos de Arminio.

¡Buen doctor! que sólo sueña expediciones, que se parecían con la nuestra. Pero desgraciadamente para la ciencia, una numerosa posteridad le liga a las playas de Puerto Montt. Cumplido este deber de buena educación, y derramada una lágrima a la memoria de los misioneros, vamos a volver a hablar de nosotros.

Llovió todo el día para concluir el año. En los días nublados, reparamos que la temperatura del día era poco distinta de la de la noche, y en los días de sol había una diferencia notable entre ambas temperaturas.

1.º de enero de 1863. Saludamos la aurora de este primer día del presente año con bastante buen humor, porque el termómetro de nuestro buen humor era allí el tiempo, y no se nos pueden acriminar estas prevenciones atmosféricas, cuando se piensa que en las ciudades, la lluvia sólo moja a caras mal ajestadas. En las poblaciónes uno puede proporcionarse un gran número de diversiones y entretenimientos bajo techo, pero allí la lluvia nos privaba de todo; pasear era imposible, no podíamos dar dos pasos en el bosque sin quedar mojados como patos. Nos veíamos pues obligados a encerrarnos en nuestra casita de tela y tocar constantemente la guitarra.

No sé quién ha dicho como en chanza que en el paraíso y siempre solo paraíso, sin el más pequeño pedazo de infierno para variar, al fin se aburriría; ¿qué sería de él si se hubiera visto condenado a tocar siempre la guitarra? Luego no nos quedaba otro arbitrio sino permanecer en la carpa o bien ir cerca del fuego a calentarnos oyendo conversar a la gente. Es verdad que contaban historias bastante curiosas, hablando del peón que se había quedado atrás en el Peulla, para cuidar las cabras, y de la repugnancia que había manifestado para esa comisión; se pusieron a discutir sobre lo que podía infundirle temor; dijeron que cirtamente este hombre no podía temer a los leones, atraídos por el perfume del cabro y de sus amorosas compañeras, pero sí, a los brujos y duendes que parece se complacen en atormentar a los pobres seres humanos.

Como estábamos en el primer día del año, a falta de otras diversiones, y no teniendo en la vecindad ninguna bella a quien poder ofrecer, como es la moda, nuestra fotografía, fuimos Lenglier y yo, a sentarnos al vivaque de la gente. Uno de los peones que había trabajado mucho tiempo como maderero refería muchas cosas muy interesantes de los Peuquenes o genios de la montaña.

Dejemos a un lado por un momento las palabras de hoyas, portezuelos y todos los términos geográficos y oigámosle hablar.

Los Peuquenes son unos hombrecitos que llevan vestidos hechos con hojas de avellano, con costuras, o sin costuras, el cronista no nos dice nada a este respecto; no nos dice tampoco si son impermeables, o no. Estos pequeños leñadores tienen un sombrero de corteza, una hacha y su mango, hechos de palo de avellano; es el avellano que da todo el material del vestido, como la hoja de parra lo dio a nuestros primeros padres. Lo pasa el Peuquén, paseándose en el bosque, derribando árboles con solo un golpe de su hacha de palo, no para alimentar su fuego, porque, como lo veremos más tarde, le gusta al Peuquén calentarse en el fuego del vecino. Lo que hay, es que el Peuquén derriba árboles, y como muchos honrados chilotes se ocupan en eso, sucede que el Peuquén encuentra colegas. Pero ¡ay de estos últimos si tienen la desgracia de volver la cara para examinar al Peuquén! se quedan con la cabeza torcida hasta el fin de su vida. Luego no es bueno ser demasiado curioso ni tampoco volver la cara cuando se oyen hachazos en los bosques.

¡Qué útil historia! Si yo tuviera una explotación de alerces alrededor de la Colonia, la haría imprimir a mi costa con grandes carácteres a fin que todos pudiesen leerla, niños y grandes, madereros e hijos de madereros, desde el abuelo hasta el nieto, y una vez que la supiesen de memoria, estoy convencido de que, al fin del año, haciendo la suma de los árboles derribados en 365 días y 366 por los años bisiestos, hallaría un aumento notable sobre los años en que nuestros madereros no estaban penetrados del peligro que hay en volver la cara al oír hachazos en la vecindad y de la poca ventaja que se saca con ver al Peuquén.

Este poder fascinador, lo ejerce el Peuquén no sólo sobre los hombres, sino que también sobre las mujeres, aunque de otra manera, como se ve por la historia siguiente que cuenta el vecino del narrador: he conocido, o al menos mi abuelo, dice, ha conocido una honrada pareja, cuya paz fue turbada por un Peuquén. El Peuquén había talvez, encantado por medio de algún filtro una donosa chilota, casada con un honrado maderero, y venía ilegalmente a tomar parte en el fuego y en el lecho nupcial a vista y paciencia del marido, que embebido en las creencias generales del país, no se atrevía ni a moverse, tampoco a respirar temiendo encontrar la mirada penetrante y tan funesta del brujito.

Grandes eran pues, las confusiones del pobre hombre, ya hacía un mes que el Peuquén venía sin pudor ni vergüenza a entregarse a sus amorosos pasatiempos y era tanto que al fin la familia podía muy bien aumentarse con un vástago que no habría sido sino medio chilote. A grandes males, grandes remedios dijo el buen hombre y se fue a contar sus penas al capuchino, cura de su parroquia, que había heredado junto con la larga barba, distintiva de su orden, el humor alegre de sus antecesores. El capuchino aconsejó al chilote que ungiese todo el cuerpo de su mujer con cebollas y ajos, y que le sirviese una comida que tuviera muchas de estas legumbres. El chilote ejecutó tan puntualmente la receta, que después de comer, ni a diez pasos de la mujer, se hubiera visto revolotear una mosca, y a la noche cuando vino el Peuquén para celebrar sus orgías acostumbradas, se sintió tan apestado, que se puso a vomitar imprecaciones contra la mujer, y contra el marido, el cual las escuchaba con los ojos cerrados. Le dijo a éste las injurias más grandes llamándole: chilote, comilón de papas; al fin, de rabia se fue y no volvió más.

El bueno del marido pudo entonces vivir tranquilo pero algunos meses después la mujer dio a luz un pequeño ser muy singular; en vez del cutis que tienen todos los cristianos, éste al nacer, tenía corteza de avellano; era evidentemente el hijo del Peuquén. El buen maderero se consoló pronto, porque al fin ya no venía más el Peuquén, y cumpliendo con sus deberes conyugales, nueve meses más tarde la mujer dio a luz otra criatura; esta vez no era ya un pequeño monstruo, como el otro, sino un niño gordote, que al nacer gritaba: papas, papas. Este sí que era bien chilote, y chilote hasta la punta de las uñas, el grito ese le denunciaba.

¿Qué tal el cuento? y principalmente el remedio

recetado por el buen padre capuchino. Esta historia, referida en la cima de los Andes, cerca de un fuego magnífico y en medio de los espesos bosques ¿no tiene acaso un perfume y un color local de que carecen todos los cuentos ilustrados de los keepsakes? Si Charles Nodier lo hubiese oído habría dicho que era una falsificación de su Trilby, y no obstante mi narrador chilote jamás había leído nada del autor de los Siete castillos del rey de Bohemia.

Pedro, el honrado Pedro, animado al oír estas historias para no quedarse atrás, se puso también a referir otras. Pero Pedro había nacido en las orillas del mar, sus historias son todas de sirenas y caballos marinos. La sirena hace un gran papel en la imaginación de nuestros paisanos del bajo pueblo. ¿Sabéis dibujar o pintar un poco? preguntad a un hijo del pueblo lo que quiere que le dibujéis y contestará una sirena. En Santiago mismo ¿cuántas chinganas y bodegones tienen por rótulo la sirena con su inevitable cola de pescado? Pedro conocía las sirenas, o si no las había visto, había conocido un hombre que le había dicho que había visto unas sirenas y sobre este asunto, refirió la historia de un joven chilote, que a punto de casarse, casi había caído en las redes de una de esas encantadoras, y no escapó del peligro sino invocando la asistencia de la Santísima Virgen.

Nosotros le preguntábamos si él, Pedro Oyarzún, chilote de nacimiento y católico por el bautismo, había visto sirenas en carne y huesos o por mejor decir en carne y escamas, y contestaba que no, pero que, caballos marinos, había visto y palpado esos anfibios. Estos caballos marinos, a la voz de un brujo cualquiera, salen del agua ensillados y listos, y se ponen a su disposición; el brujo, si no es el diablo, es uno de sus parientes, que se disfraza con la figura de un honrado cristiano, pero siempre se le alcanza a ver la extremidad de la cola; estos brujos son numerosos en los alrededores de Chiloé. Al tío de Pedro le había sucedido una aventura muy curiosa, aventura de la cual nunca quiso hablar sino a la hora de su muerte. El tío de Pedro se había casado pocos meses antes; y habiendo ido a Castro, volvía al lado de su joven esposa, se apresuraba, pero tenía mucho camino que andar todavía, cuando pasando por las orillas de un lago del interior, ve de repente cerca de él a un hombre vestido como los chilotes, es decir con poncho, calzones estrechos de lana, y sin ninguna clase de calzado. En todo esto nada había de extraordinario, sino lo imprevisto de la aparición: el aparecido cambió algunas palabras con nuestro chilote, y en seguida le propuso conducirle a su casa en media hora (cinco leguas en media hora) bajo la condición que le regalaría media libra de yerba y un centavo de cigarros; no necesitaba fósforos porque todos saben que para prender su cigarro, le basta al diablo restregar con las uñas la extremidad de su cola que es de materia muy inflamable; luego vio el chilote que trataba con el diablo o uno de sus parientes: sabía muy bien que a ningún cristiano le conviene tener relaciones con esta clase de gente, pero era recién casado, y por supuesto tenía prisa de volver a ver su cara mitad, aceptó. Silbó el individuo y salió del lago, relinchando, un caballo de anca relumbrosa, de pelo fino y adornado de una larga crin; el desconocido montó y a sus ancas el chilote; caminaban como el viento, ya el esposo divisaba su casa, cuando en una vuelta del camino, se siente deslumbrado de repente, se desmaya, y se desliza del caballo.

Cuando volvió de su letargo, y entró a su casa, después de haberse restregado los ojos, su mujer le abraza, y le cuenta que pocas horas antes un individuo, de figura extraña, de voz ronca, había entrado y por señas la había hecho que le siguiese y le mostró en la puerta a su marido durmiendo, a su lado el caballo bañado en sudor, y la hizo comprender que debía pagar el precio de la carrera. Sin decir nada, la mujer, con el gusto de ver a su marido le entregó la media libra de yerba y el centavo de cigarros. El individuo, que era el diablo, tomó una especie de cuerda negra, que colgaba a su cintura, la restregó en la pared, y salió una chispa, la mujer se sorprende, y habiendo dicho Ave María, hombre, caballo, yerba, cigarros, todo había desaparecido. Jamás quiso el tío de

Pedro que se hablase de esta historia; sólo en el lecho de muerte, habiendo reunido a sus hijos, les dijo que siempre podían hacer pagarés a los comerciantes de Ancud que compran por la mitad de su precio el fruto del trabajo de los pobres, pero que jamás debían tener relación alguna con gente, que al silbar hacía salir del agua caballos ensillados y enfrenados, y para corroborar su historia, agregó Pedro que una mañana, habiendo bajado al mar para mariscar, con otro amigo suyo; entregándose a este noble ejercicio, encontró muerto un caballo marino que talvez había servido a algún brujo, el caballo tenía la boca lastimada con el freno, manchas blancas y negras, pero las patas muy cortas como las de un lobo marino; ¿qué hizo entonces el buen Pedro: se alejó acaso santiguándose? ni tal, Pedro como buen chilote, era comerciante hasta la punta de las uñas, ayudado de su compañero, encendió fuego, e hicieron aceite con el caballo del diablo; que después vendieron muy bien.

A propósito del espíritu calculador de Pedro, voy a contar otra historia. Pedro era mi fiel Acates cuando pasábamos el boquete, yo abreviaba el fastidio del camino, sacando de tiempo en tiempo un salchichón de mi bolsillo; cortaba un pedazo y preguntaba a Pedro si deseaba comer. Pedro me respondia siempre "más tarde señor". En fin, después de haber llegado al campamento, habiendo renovado por última vez

165

la misma operación y hecho a Pedro la misma pregunta, me contestó: sí señor, y viendo su sorpresa al darle una sola tajada, le pregunté la causa, y me contestó con el aire más ingenuo del mundo, que en el camino había contado, que yo le había ofrecido cinco tajadas de salchichón, que en resumidas cuentas yo se las debía, y que descontando la que le daba, faltaban todavía cuatro. Este razonamiento me pareció tan estrambótico, que regalé a Pedro el resto del salchichón: quien cortándolo en pedazos iguales a los que le había dado sacó siete u ocho.

Si le hubiéramos dejado a Pedro, con sus narraciones no había concluido nunca; dejaba atrás a la sultana de las Mil y una noches, y sin embargo, no tenía, como ella, una espada de Damocles sobre la cabeza. Nos dijo que los brujos no solamente eran aficionados a los caballos que salían del agua, sino que también cuando tenían necesidad de una embarcación, con un silbido, se le presentaba una, y lo que les hacía falta era el poder escribir español para hacer sus negocios, y que hace como diez años, uno de sus primos hermanos que había aprendido a leer y escribir en Ancud, yendo con su padre en un bote; pasaron cerca de una embarcación de brujos; éstos que conocían de reputación la buena letra del joven, se pusieron a silbar; el hijo se echa al agua, y vuelve a aparecer algunos instantes después en la embarcación de los brujos, que a la fecha deben mantenerlo encerrado en una caverna, teniendo por ocupación el arreglar la contabilidad comercial de estos caballeros.

El oír estas historias, que revelan la clase de supersticiones de los chilotes era una manera de pasar las vigilias y de tener paciencia mientras que nuestros carpinteros avanzaban en la construcción del bote, mientras tanto yo arreglaba las rocas, y las plantas que había recogido para mandarlas a Puerto Montt con la gente que debía volver atrás.

2 de enero. Era una chalupa según todas las reglas la que construíamos: no podría quizás rivalizar por su volumen con el Leviathan, gigante de los mares, construido en Inglaterra, ni por su aspecto formidable, con un navío de línea de cien cañones de la marina Británica, pero estábamos tan orgullosos con ella como podían estarlo los constructores de los otros, y nuestra embarcación bastaba para lo que la necesitábamos.

La construcción avanzaba a grandes pasos, la bahía resonaba todos los días con el ruido de las hachas y de los martillos; los pájaros estaban sorprendidos al ver turbadas sus soledades y los árboles debían maldecir a los profanos que sin ninguna consideración, venían a hundir el hacha en sus troncos.

La embarcación tenía iguales, la proa y la popa; a fin de que pudiese maniobrar en los dos sentidos, y aunque tenía quilla, el fondo era casi plano, para que calase poca agua. Las dimensiones principales eran 25 pies de quilla, 7 pies de manga y 2 de puntal. Según la previsión de los carpinteros, debía sólo calar un pie. Se componía de 22 curvas, guarnecida de cinco bancos para los bogadores, y uno pequeño en la popa para el timonel. Las maderas empleadas en su construcción fueron: el alerce para la quilla, las tablas y los bancos; la roda y la obra muerta eran de haya antártica, las curvas de robles, raral y una madera colorada que los carpinteros no conocían; el mástil era hecho de mañío así como los remos. El alerce y las demás maderas se encontraban en las mismas orillas del lago. Hacía sólo cuatro días que se había principiado, tres carpinteros solamente trabajan y ya el 2 de enero, el quinto día, todo el esqueleto se encontraba hecho, no faltaba más que entablarlo. La gente no llegó y sin embargo teníamos necesidad de todos para calafatear el bote.

3 de enero. Principiamos a poner en orden las provisiones que debían servir durante el viaje; consistían en harina y charqui. Rindamos aquí un justo tributo de reconocimiento al charqui y a la harina tostada. La harina tostada es un alimento que se puede poner a toda salsa. En el camino tiene uno calor, y no quiere tomar agua sola que en estas regiones está casi helada, la mezcla con un poco de harina tostada y se tiene una bebida refrescante y agradable; por la noche, en el vivaque, antes de dormir al aire libre, desea uno echarse alguna cosa caliente al estómago; pone entonces agua al fuego, se le echa azúcar tostada, dos o tres puñados de harina; en seguida se toma y duerme uno tan bien como si se hubiera engullido una taza de chocolate: desea uno hacer una comida más en regla, un cocinado por ejemplo, como dicen los chilotes, entonces en una taza, olla o paila, si la sociedad es numerosa y según los utensilios que se tengan a la mano, se hace hervir agua, se echa grasa, dos o tres ajíes, y harina tostada; todo esto bien cocido, y cuando el palo que sirve para revolver todos estos condimentos, se mantenga clavado en la mazamorra, entonces se sirve caliente, y tan exquisito es este plato, que cualquiera que coma, se chupará los dedos, como lo veía hacer a mis gargantúas chilotes, cada vez que se entregaban a esta delicada operación. Honor pues a la harina tostada, y para no exitar los celos, asociemos en este tributo de elogios al modesto charqui.

El charqui al principio se presenta con un aspecto que no previene en su favor. Se diría que eran pedazos viejos de zuela; pero no debe uno fijarse en lo exterior, el hábito no hace al monje; uno puede estar malvestido y dotado sin embargo de buenas cualidades. Preparado con cuidado, el charqui puede figurar con ventaja en la mesa de una gastrónomo. Ensartado en un palo que sirve de asador, hace un excelente roastbeef para el viajero que no tiene tiempo que perder en su cocina. Mascado mientras uno camina, sirve de distracción. El charqui tiene pues muchas ventajas, sin contar con la de ser fácilmente trasportable e incorruptible a toda temperatura, y no tiene, como la carne salada, el inconveniente de ocasionar el escorbuto.

En la mañana me fui a visitar el río Frío, que sale de un vestisquero del Tronador para desembocar en el lago de Nahuelhuapi; sus aguas son de un blanco turbio como las del Peulla: en su curso se detiene para formar la laguna Fría, y después corre por un lecho bastante estrecho pero profundo, hasta el lago de Nahuelhuapi. El doctor Fonck había dicho que era navegable hasta una legua de su desembocadura, quise ir en él aguas arriba, subí como quinientos metros adentro, pero como tenía un bote de gutapercha que era demasiado liviano para andar contra la corriente, me desembarqué para seguir por las orillas; avancé como hora y media, pero lo espeso del bosque me detuvo, y tan espeso era, que una rama enredose en la cadena del reloj, lo sacó del bolsillo y lo perdí. Volví sin haber podido averiguar las aserciones del doctor; lo único que puedo decir, es que no habiendo oído ningún ruido, el río Frío no debe tener cascadas.

Mientras tanto la gente se ocupaba en calafatear el bote y hacer los remos: la estopa es la materia filamentosa que se extrae del alerce. Este árbol es como el camello entre los animales; produce la mejor estopa incorruptible y una resina olorosa. Con la carpa hicimos una vela y a las tres de la tarde, con grande alboroto echamos el bote al agua y le bautizamos con el nombre de *Aventura*. La celebración fue digna de nuestros recursos, un tiro de escopeta reemplazó a las descargas de artillería, acompañamiento indispensable de estas fiestas, la música militar fue la guitarra y el flageolet.

A las tres, cinco minutos, treinta y seis segundos P.M. según cronómetro, el *Aventura* se lanzó al agua haciendo olas de espuma.

Dios te dé larga vida, modesta pero útil embarcación, que las rocas del Limay te sean blandas.

CAPÍTULO III

Preparativos. Despedida. Lago de Nahuelhuapi. Temporal.
Botes de gutapercha. Bahía del Noroeste. Primer accidente.
Punta de San Pedro. Isla Larga. Segundo accidente. Puerto
del Venado. Camino de Bariloche. Tercer accidente. Vesti-
gios de indios. El desagüe. Emociones. Excursión. Retratos
de los peones. El perro Tigre. Arribo a la boca del río Limay.
Antigua misión. Preparativos. Navegación del río. Sec-
ción transversal. Accidente. Dificultades. Gran rápido.
Naufragio. Crítica situación. Indios. Marcha a los Toldos.

4 de enero. El 4 de enero por la mañana, ama-
necimos llenos de ardor, pero el tiempo era
malo y fue preciso esperar. Los que se iban a
la colonia con Vicente Gómez hacen sus preparativos de marcha. Éramos siete los que íbamos
adelante, yo, Lenglier, el carpintero Mancilla,
que debía cumplir con el cargo importante de
timonel, y cuatro bogadores: José Díaz, Juan
Soto, Séptimio Vera, y Antonio Muñoz que tenía
el sobrenombre de "gordo". Antes de separarme
de Vicente Gómez, que se comportó muy bien
en la ejecución del contrato que habíamos hecho,
le hice entender delante de todos, que la embarcación en que iban a pasar al otro lado del
lago de Todos los Santos, debía permanecer allí:
que no quería bajo pretexto alguno, que se
tomase ninguna determinación para saber de
mí, que en todo caso se debía suponer el feliz
éxito de la expedición. De esta manera cortaba

toda comunicación; era imposible pues pensar en volver atrás. En una palabra, había quemado mis naves. Por este medio, aunque aventurado, me aseguraba la resolución de mi gente: haciéndoles ver, al mismo tiempo, que delante teníamos la esperanza de llevar a cabo la empresa, la gloria de realizarla; y en caso de ceder a la falta de resolución o a los peligros que pudiésemos encontrar, retrocediendo, una muerte segura con todos los horrores del hambre nos aguardaba. A las doce del día, calmó un poco el viento y concluimos de embarcar los víveres y bagajes. De las cabras que traíamos, ya no quedaban más que los cinco cabritos, el resto había llenado el objeto de su venida. La despedida fue tierna: Vicente Gómez y algunos de los peones que volvían tenían las lágrimas en los ojos; era natural, el adiós podía ser eterno: íbamos a lanzarnos en lo desconocido: ademas, durante el viaje habíamos vivido tan familiarmente que las afecciones reemplazaron a la disciplina. Nos embarcamos y nos alejamos bogando. Estábamos en el camino del Este. *Alea jacta erat.*

La embarcación estaba cargada al exceso y la carga mal estivada como pudimos verlo algunos instantes después. De la cordillera venía por ráfagas desiguales un viento helado, sin embargo, izamos la vela; navegábamos en la larga ensenada que es la punta más avanzada al oeste de la laguna de Nahuelhuapi; las orillas están cortadas a pico, y el viento oprimido en este canal estrecho, tomaba a cada momento mayor fuerza. Las aguas azotándose en las altas murallas que le sirven de barrera, producían un ruido imponente y tenían una agitación inesperada en un lugar de tan poco espacio. Andábamos bien, a pesar del gran balance que había. Como a ocho kilómetros encontramos una isla pequeña cubierta de árboles. Crecía la agitación de las aguas, y dos veces la proa del bote se sumergió enteramente. Principiaba a ser crítica la situación; pero el piloto Mancilla era hábil en su oficio y nos hacía evitar las olas con suma destreza y suerte. De repente, habiendo querido tomar la escota de la vela que se le había escapado, el timón abandonado por un momento se descaló y se fue al agua sin que pudiésemos pensar en recogerlo. Hubo un momento de confusión y de temor, el bote arrastrado por el viento y por el embate de las olas que reventaban sobre nosotros, iba a estrellarse contra las rocas; pero no se turbó Mancilla; en el acto tomó un remo y gobernando con él, nos apartamos del peligro. Sin embargo, no había seguridad en medio de la borrasca que a cada instante era más fuerte; era preciso buscar un abrigo. No había que pensar en encontrar el más pequeño pedazo de playa; las paredes de la ensenada eran perpendiculares. Todo lo que podíamos exigir de nuestra buena estrella, era una punta pequeña, aunque no tuviese detrás de ella más que un rinconcito de algunas varas de profundidad, en donde pudiésemos asilarnos y tomar aliento. Caía una lluvia helada como el viento que soplaba; estábamos casi muertos de frío. Veíamos delante, al Este, un horizonte sin nubes, mientras que nosotros nos hallábamos bajo un cielo negro como tinta. Tuvimos bastante suerte para alcanzar una puntilla; pero siempre era preciso que cada bogador tuviese listo su remo, para impedir que el bote se golpeara contra las rocas. Calmóse un poco el viento, pero no podíamos pasar la noche en donde estábamos, porque más adelante había otra punta un poco más prominente; resolvimos doblarla y lo conseguimos. Detrás de ella, había un corto espacio desnudo de vegetación en donde pudimos encender fuego para calentar nuestros miembros entumidos por el frío. Desde allí, ya veíamos disminuir lo escarpado de las pendientes en las cordilleras que teníamos al frente, que hasta esos momentos habían sido sólo elevadas paredes cortadas a pico: las líneas culminantes suavizaban su declive y en varios puntos, trechos desnudos de vegetación, manifestaban que estábamos cerca de parajes menos salvajes. Por esta razón, era preciso avanzar y mientras tanto no se podía pensar en eso hasta el día siguiente. Tanto más que estando claro el cielo al otra día, veríamos distintamente el horizonte, cosa indispensable para nosotros que navegábamos en aguas desconocidas: ¿quién podía asegurar que en un momento cualquiera no encontrásemos un escollo, cuya presencia no podíamos sospechar, y contra el cual viniesen a fracasar todas nuestras esperanzas sin contar con la pérdida de la vida?

Alimentamos el fuego y cocinamos, después envueltos en nuestras frazadas, nos entregamos al sueño confiando en la Providencia y en nuestra fortuna.

5 de enero. Por la mañana, el tiempo parecía un poco mejor. La primera cosa que hicimos fue repartir de una manera conveniente la carga en el bote, y aun aliviarla; para esto armamos dos de los botes de gutapercha, juntándolos bien sólidamente por medio de un marco de coligües, y con un cabo los pusimos a remolque del bote grande. Habría sido mejor colocar un hombre en cada uno de ellos para gobernar su marcha; pero era exponer demasiado sus vidas. Nos hicimos a la vela; el remolque se comportaba bien.

Antes de salir habíamos discutido con Lenglier sobre el rumbo que se debía tomar para hallar pronto el desagüe. Inspeccionando el horizonte que se extendía delante de nosotros; he aquí lo que presentaba: al frente, a la izquierda, un canal formado por el continente o lo que parecía el continente y una isla; a la derecha, en el punto más avanzado, una punta que presumíamos fuese la punta San Pedro del doctor Fonck, teniendo a su lado una bahía o canal bastante profundo: más lejos de la isla situada al norte, divisábamos a lo lejos otra boca que se extendía en línea recta del punto en donde estábamos. El camino más corto era en la dirección de los dos estrechos, pero el menos seguro. Apenas lo hubiéramos intentado, teniendo a la vista un mapa detallado del lago; con mayor razón en las circunstancias en que nos hallábamos, navegando en un mar en miniatura, cuyos escollos nunca se habían reconocido; tal rumbo hubiera sido una locura; me resolví entonces a tomar un término medio dirigiéndonos en línea recta a la Punta San Pedro; y desde allí, teniendo a la vista un panorama más extenso, podría decidirme respecto del nuevo rumbo que seguiríamos: hicimos eso. El viento era en popa: como a cuatro kilómetros del punto de salida pasamos a la derecha y como a 500 metros de la isla septentrional, en donde bajó en otro tiempo el padre Meléndez, y de donde se había dirigido al canal que rodea la Punta San Pedro, al frente de este canal, se concluye la larga ensenada que principia en Puerto Blest. Teníamos a la izquierda una gran bahía cuya dirección general era noroeste y a nuestra derecha la Punta San Pedro. Pero apenas habíamos llegado a la altura de esta punta, cuando los dos botes remolcados se sumergieron: tuvimos sólo el tiempo necesario para refugiarnos en una ensenadita situada en la misma punta de San Pedro. Allí nos ocupamos en reparar el desastre, habíamos perdido solamente algunos sacos de harina y de charqui.

Mientras que los peones remediaban la avería, pudimos nosotros contemplar el panorama que teníamos a la vista. Al frente se extendía al noroeste la gran bahía, de la cual hemos hablado, bahía guarnecida de siete islas: la mayor de ellas se extendía también al noroeste y estaba pegada a la orilla oriental. Las islitas que se divisaban en el fondo tenían un aspecto encantador; el fondo mismo de la bahía parecía formado de tierras bajas; y de lejos se hubiera dicho, al ver los árboles que la adornaban, que en las orillas había alguna habitación y campos cultivados. La ilusión era completa, los arbustos, cuya altura disminuía con la distancia, parecían de lejos campos de trigo verde, y algunas manchas amarillentas, pintadas en las cordilleras situadas atrás, mieses de una madurez más avanzada.

En el punto en donde desembarcamos, notamos ya algún cambio en la vegetación: había un pino que no conocieron los marineros y algunas plantas espinosas.

El doctor Fonck, llama a la isla grande, isla del Padre Meléndez. Creo que esta denominación es errónea. En efecto, con la relación del Padre Meléndez a la vista, podemos seguirle en su marcha: sale del mismo punto que nosotros, encuentra a dos leguas una isla pegada a la orilla meridional, más lejos otra vecina a la orilla septentrional, entonces dice que se dirige derecho al fondo del canal; en el fondo encuentra tan poca agua que su priragua apenas tiene la suficiente para boyar: de allí, después de haber salido del estrecho, continúa su camino orillando, y al fin baja a tierra detrás de dos islas; dice que desembarcó en una grande isla ¿sería la grande isla longitudinal? Evidentemente no; porque en este caso hubiera dicho que, una vez pasada la isla chica pegada a la orilla septentrional de la larga ensenada del principio, se había dirigido derecho al Este; pero no dice eso. Además, una vez pasada la Punta de San Pedro, no hay otro canal que como éste concluya en cola de ratón.

El último de esta clase es el que ciñe a la punta de San Pedro antes de doblarla; luego hubiera sido preciso que volviese atrás desde la isla larga, por un camino ya recorrido para entrar en el canal: cosa en contradicción con el objeto de su viaje que consistía en buscar los restos de la misión de Nahuelhuapi.

El padre Meléndez no ha tocado pues en la isla larga, pero sí, en la punta de San Pedro, que con justa razón él llama isla, habiéndola reconocido como tal por la vuelta que dio por detrás de ella: también los indios que he visto después de mi naufragio, me dijeron que la punta de San Pedro solía estar habitada, y que hacía poco vivía en ella una familia Tehuelche. Añade el padre Meléndez que en la isla grande encontró siembras de nabos, papas y otras legumbres. ¿Cómo hubieran podido ir a sembrar en la isla larga los indios de ese tiempo que no usaban canoas, sin las cuales no se puede atravesar el canal profundo que separa la isla Larga del continente?, pero podían muy bien los naturales abordar la isla de la Punta de San Pedro por el bajío en donde faltó agua a la piragua del padre Meléndez.

Para concluir esta discusión, la isla Meléndez del mapa de Fonck cambiará su nombre: se llamará con más razón la isla Larga, y con más razón también llamaremos a la punta de San Pedro, isla de San Pedro; de esta manera, conservará algo del nombre que le dio el doctor, su padrino.

Las embarcaciones de gutapercha estaban compuestas y también arreglado lo que contenían; nos pusimos otra vez en camino, conservándonos siempre a la misma distancia de las dos orillas: la orilla de nuestra derecha estaba bordeada por rocas, y como a 700 metros, se dirigía al sur en ángulo recto con su primera dirección. Un poco más adelante, pasamos la isla Larga, de que ya he hablado, dejándola como a seiscientos metros a nuestra izquierda: vimos entonces que todas nuestras presunciones eran justas: la costa que terminaba la bahía grande volvía a dirigirse al este. Un poco más lejos se nos presentó una boca formada por una isla, era angosta, y no obstante, resolvimos pasar por este canal, para tener siempre más cerca la costa septentrional e hicimos bien, porque apenas habíamos pasado por entre el continente y esta isla rodeada de varios arrecifes, cuando los dos botes, que embarcaban ya alguna agua, se sumergieron de repente y quedaron entre dos aguas; no había que pensar ya en seguir adelante; pero justamente en ese momento, como si hubiera sido hecha para nosotros, veíamos a la izquierda una pequeña bahía, cuyas aguas en perfecta calma nos invitaban a entrar. Doblando la punta, vi al fiel Tigre, nuestro perro, en honor del cual reservo para más tarde un interesante artículo; ojalá no sea su oración fúnebre, que apuntaba con el hocico de una manera que no era natural; seguí la dirección de su nariz, y divisé en la orilla un animal de la especie de las gamuzas, que, con sus dos grandes ojos negros y admirados, nos examinaba con atención; bajé a tierra para perseguirlo con mi rifle, pero no lo hallé, había huido. En este puerto que llamaremos el Puerto del Venado, el terreno, aunque adornado de algunos bosquecitos, tenía un aspecto en todo diferente al que habíamos pisado hasta aquí. Su color amarillo descansaba nuestra vista del verde color de los bosques de las cordilleras; hasta el sol, parecía no ser el mismo. Se hubiera podido decir que había dos soles, uno blanco, pálido, frío que habíamos dejado atrás, al oeste del lago, teniendo como vergüenza de mostrar su disco: el otro, áureo, deslumbrador, en cuyas olas de luz y rayos de calor estábamos como embebidos. La vegetación también había mudado de aspecto; teníamos a la vista lomas suaves enteramente desnudas en las cuales un millar de flores de varios colores resaltaban sobre el fondo amarillento de las pampas.

Las horribles cordilleras, con su aspecto verde y sombrío habían quedado atrás. La esperanza, este último don de la Divinidad que Pandora tuvo la suerte de retener en su caja, entraba en nuestros corazónes; estábamos como prisioneros, que saliendo de la atmósfera fétida de los calabozos se encuentran de repente en medio de una aire puro y brillante.

Nos demoramos una hora en esta bahía, aunque resueltos a seguir adelante: éramos tan felices respirando con toda la fuerza de los pulmones, el aire puro que nos enviaban los campos vecinos.

Al sur, al frente concluía la cordillera, que terminaba en suaves ondulaciones; transición de las formas abruptas de los Andes a los terrenos llanos de la pampa. Un poco antes de su fin, la cresta haciendo una inflexión formaba una obra notable. ¿No sería esta abra la abertura que daba paso al famoso camino de Bariloche, por el cual los sacerdotes españoles traficaban desde Chiloé a su misión de Nahuelhapi? Tengo fuertes presunciones para creerlo, y lo que me confirma en esta opinión es lo que me refirió más tarde un indio Pehuenche llamado Antileghen (Blancura del Sol). Me dijo que cada año venían los indios a las orillas de Nahuelhuapi a recoger animales extraviados, que él mismo hacía poco había recogido más de cincuenta animales vacunos con marcas: provenían evidentemente de los alemanes de la colonia de Llanquihue, que tienen potreros hasta el pie de la cordillera; sin duda alguna estos animales habían pasado por la abra en cuestión.

Seguimos el camino para doblar la otra punta del puerto del Venado; ya la habíamos doblado cuando otro accidente nos obligó a ir otra vez a tierra: los botes volvieron a sumergirse, pero la dirección oblicua de la orilla nos abrigaba del viento. Allí resolvimos esperar la puesta del sol, momento en que se calma el viento, para ir a pasar la noche detrás de otra punta, distante ocho kilómetros, loma detrás de la cual presumíamos encontrar el desagüe. Mientras tanto encendimos fuego, pasamos revista a las provisiones, extendiendo al sol el charqui de los sacos mojados, recogimos un sinnúmero de plantas para el herbario y a las siete nos hicimos a la vela; pero esta vez sin remolque: con los víveres perdidos en los varios accidentes que habían tenido lugar, la carga de la embarcación había disminuido: nos favorecía un viento suave. La luna era espléndida; sin embargo, después de haber doblado la punta de la loma, resolvimos esperar al día siguiente, bajamos a tierra en una playa en donde un buen fuego y un ulpo caliente nos puso en estado de pasar una buena noche, agregando a lo confortable la esperanza que teníamos de encontrar el desagüe al día siguiente; entonces olvidaríamos inmediatamente nuestras fatigas y tendríamos la satisfacción de haber obtenido el fin propuesto. Que se atribuya a la buena fortuna o a la precisión de nuestras previsiones; el buen éxito coronaba la primera parte de nuestra empresa.

6 de enero. Por la mañana el tiempo era magnífico, el sol resplandeciente. Resolvimos dirigirnos a una abertura que divisábamos al este, aunque yendo siempre con mucha precaución, porque desde la víspera íbamos encontrando palos quemados, tizones, restos de fogones estinguidos, así como estiércol de caballo, manifestándonos que los indios frecuentaban esos parajes: la abertura a que nos dirigíamos tenía un aspecto enteramente particular; el carpintero nos dijo que al alba había divisado encima de esta abertura una lijera neblina que anunciaba la presencia de un río, ¿sería pues el desagüe? pero por otra parte, a medida que nos acercábamos, por una ilusión de óptica, que es preciso haber presenciado para figurársela, la línea que representaba la separación de las dos lomas amarillas horizontales de la boca, se borraba.

¿No sería entonces el desagüe? yo ocultaba los varios sentimientos que me agitaban a cada presunción favorable o desfavorable que se presentaba a mi espíritu; pero Lenglier, de una naturaleza más impresionable y menos acostumbrado a dominarse, se hallaba en un estado de grande agitación; porque, como me lo decía después, suponiéndonos en el caso desfavorable, el resultado hubiera sido la pérdida de cuatro o cinco días más; y teníamos víveres para dos meses; pero lo que había de desagradable en el error, era el disgusto que habría tenido y de que yo mismo hubiera participado, disgusto parecido al de jugador que ve fracasar el resultado de sus combinaciones, o al de un teórico, que habiendo hecho bellas especulaciones, ve de repente un hecho brusco como un cañonazo, que le derriba su armazón. Para saber de una vez a qué atenernos, y como teníamos el viento contrario para ir a la presunta boca, y por otra parte era poco prudente penetrar en el desagüe, cuya entrada podía contener algunos escollos, desembarqué a uno de los peones, Juan Soto, individuo de un carácter particular, pero de un valor a toda prueba; al mismo tiempo de una grande perspicacia. Empleó como media hora en ir y volver, mientras tanto Lenglier estaba silencioso como un reo a quien se ha hecho salir del tribunal para esperar en una pieza vecina la sentencia que va a decidir su suerte. Al fin Soto llega, estamos pendientes de sus labios, y cuando a nuestra pregunta ¿es el desagüe? contestó un sí, fuertemente acentuado, Lenglier, apesar de su nacionalidad, exclamó "viva Chile".

Entonces resolvimos ir a reconocer por tierra los alrededores del desagüe y entrar en él solamente a la noche.

Volvimos a desembarcar cerca del lugar del cual habíamos salido; con Lenglier me fui por tierra hasta el río; cada uno se interesaba tanto en la empresa, que aunque era preciso caminar como dos kilómetros bajo el sol de fuego, nuestro carpintero y sus compañeros nos imitaron; orillamos la cuesta y vimos que la entrada del río era bastante fácil; en una pequeña punta de arena, situada en la otra banda, había un rincón en donde la corriente era poco sensible; en él fijamos el alojamiento de la noche; allí debía anclarse la embarcación. Recogí muchas plantas y volvimos satisfecho de la excursión; el carpintero y sus compañeros volvieron un poco después con sus gorras llenas de frutillas cogidas en las lomas: convinieron con nosotros en que el lugar que habíamos escogido para anclar la embarcación a la noche era muy a propósito. Todos descansaron esperando la tarde.

Pensando en el desagüe, me acordé de lo que me había dicho el viejo Olavarría, abuelo de Vicente Gómez, que en otro tiempo había acompañado al Padre Meléndez; cosa increíble que después de setenta años, este anciano tuviese la memoria tan fresca: me había dicho que el desagüe se encontraba como a seis o siete leguas del punto en donde había desembarcado, y al pie de un morro notable. Según la relación del franciscano, había desembarcado detrás de dos islas, después de haber pasado el canal: teníamos estas dos islas al frente en la orilla meridional, y siguiendo en la orilla el espacio de seis o siete leguas, dábamos precisamente en el desagüe. El morro de forma extraña no faltaba tampoco, porque encima del desagüe se dibujaba en el azul del cielo una montaña, representando perfectamente el perfil de una de esas estatuas que se ven tendidas sobre las tumbas de la Edad Media; bautizamos este cerro con el nombre de cerro de la Estatua.

Mientras que esperábamos la tarde, daré una corta idea de los individuos que me acompañaban. Juan Soto, citado más arriba, había tenido una existencia bastante borrascosa, había sido soldado, después vaquero de un potrero cercano de Valdivia. Su conducta en Puerto-Montt, antes de venir conmigo, no era irreprochable, pero a pesar de todo lo que se me dijo de él, su carácter decidido me gustó, y le traje conmigo.

Francisco Mancilla, el carpintero, era un hombrecito flaco y delgado, pero hábil en su oficio; tenía un carácter débil. Antonio Muñoz, el gordo, tenía las formas de un toro: cuello grueso y corto, miembros desarrollados, pero su coraje moral no correspondía con su fuerza física; además, era un hablador insoportable. José Díaz, carácter frío y reflexivo, hombre leal; y el más joven, Séptimio Vera, con algunos elementos de instrucción y que parecía dotado de un buen carácter completaba el número de mis peones. Concluiré esta serie de retratos con el de Tigre, el perro, nuestro fiel compañero: nos le habían prestado en el Arrayán para acompañarnos hasta Nahuelhuapi. Tigre muy vaqueano para descubrir y arrear animales, podía sernos de gran utilidad; debía volver a sus penates con Vicente Gómez, pero por sus buenas cualidades le habíamos retenido y no tuvimos que arrepentirnos de esta determinación. Tigre era un perro que podía servir de modelo a los perros de buena crianza. Apesar de haber recibido una mala educación, a causa de la gente que había frecuentado en su juventud, su buen genio había triunfado. En el calendario de su vida, los días de ayuno y de abstinencia debían haber sido más numerosos que los de abundancia; sin embargo, debo decir en su honor que nunca pensó reparar el tiempo perdido en perjuicio de nuestros víveres. En nuestra carpa, tenía todo al alcance de su boca; charqui, salchichones, chicharrones, pan, galleta; pero nunca tocaba nada, si no se le había dado antes; una sola cosa se le podía acriminar y era su enemistad encarnizada para con el cabro. Quién sabe si le hería al olfato el olor poco agradable que exalaba este animal; pero debo confesar que esta enemistad nunca pasó de algunos mordiscos a las patas del cuadrúpedo de barba larga. Además era poco entrometido; observador rígido de las conveniencias, Tigre era realmente un tipo perfecto de perro *gentleman*.

A las seis de la tarde nos pusimos en marcha para penetrar en el desagüe: nos hicimos a la vela y a unos setenta metros antes de llegar orillamos la punta derecha; entonces un peón saltó a tierra con un cabo y lo ató a una piedra; en el primer instante, la corriente arrastró la embarcación, pero en seguida vino a replegarse poco a poco a la orilla, solicitada por la tensión del cabo y por medio de esta feliz maniobra, la pusimos en donde deseábamos.

Examinando el lugar, hallamos en la orilla un huanaco muerto, lo botamos al agua en medio de la corriente, y medimos el espacio recorrido y el tiempo empleado en recorrerlo; 80 metros en 26 segundos. Volvimos a hacer el experimento con un trozo de madera; para recorrer el mismo espacio empleó 24 segundos. Tomando el promedio 25 segundos y dividiéndolos por los metros recorridos, resultó haber una corriente de trece kilómetros por hora o diez millas poco más o menos.

Extendiendo la vista por los alrededores, vimos al sur, como a un kilómetro distante, un estero dibujado por los arbustos verdes que lo bordeaban: allí debía ser sin duda alguna el lugar que el padre Meléndez, en su relación, señala la antigua misión fundada por los Jesuitas en 1704. Allí también nos dijo que era la mujer del cacique Huincahual, descendiente de los antiguos Limaiches que vivieron en las orillas del Limay y de los cuales me comunicó algunos detalles. Como a cuatro kilómetros más lejos, entraba un río que parecía grande: de él habla también el padre Meléndez. La falta de luz no nos permitió visitar esos puntos.

Como los cabritos nos incomodarían para navegar en el desagüe, ocupando mucho espacio en el bote, los hice matar y asar: una porción sirvió para la cena; el resto iba a servir como fiambre para el día siguiente, en que calculábamos tener poco tiempo para cocinar.

Después de haber restablecido nuestras fuerzas con esta carne fresca, nos echamos a dormir en nuestras frazadas, cerca de un buen fuego, a fin de estar bien dispuestos para el gran día siguiente. Íbamos ahora a navegar en el Limay: habíamos recorrido el gran lago de Nahuelhuapi en toda su extensión, siendo como de setenta kilómetros de oeste a este y como de unos veinte en su mayor anchura.

7 de enero. El día siguiente, al alba, ya todos estábamos en pie y tomando todas las precauciones necesarias para asegurar el buen éxito del descenso. Las cargas se estivaron con esmero: hice colocar debajo de los bancos los botes de gutapercha, bien arrollados, de manera que ocupasen el menor espacio posible, pero con los tubos inflados, para que la embarcación pudiese flotar en cualquier evento. Como dejábamos el palo de la vela que no nos iba a servir más, lo planté en el sitio del campamento y le amarré al extremo un frasco que contenía un papel con nuestros nombres y la fecha del día. En seguida inflamos los salvavidas de goma elástica y cada uno ató el suyo a la cintura; para la clase de navegación que ibamos a emprender, esto era una precaución indispensable; no sabíamos si encontraríamos algunas cascadas, rápidos o rocas que pudiesen causarnos alguna seria desgracia: Francisco Mancilla debía quedarse en la popa para gobernar con la bayona; cada remero en su puesto para bogar si fuere necesario, y un hombre de pie en la proa con los ojos fijos en el río, para avisar en caso de ver algunos obstáculos; Lenglier y yo, debíamos apuntar las direcciones con la brújula fijada en el último banco, los espacios recorridos por medio del cronómetro y tomar algunos lijeros croquis de las orillas y de las particularidades que se presentasen.

A las siete todos estábamos listos: al salir, el agua estaba bastante agitada, agitación inevitable en un caudal de este volumen, que saliendo de un lago grande por una abertura relativamente estrecha, encuentra obstáculos y no puede tomar inmediatamente un curso regular. El río se presentaba así: en un espacio de quinientos metros, hasta una vuelta en donde hay un rápido, que pasamos bastante bien, el curso es regular y no carece de cierta majestad: la superficie es lisa como un espejo, el agua perfectamente clara, se divisa el fondo compuesto de piedras redondas de unas veinte pulgadas de diámetro: tiene como ochenta metros de ancho, y tres o cuatro de profundidad, la corriente rápida, de unas siete millas. En este punto la sección transversal es muy notable: a la derecha hay colinas bastante elevadas de las cuales hemos nombrado una: el cerro de la Estatua; el río corre al pie mismo de esas colinas, mientras tanto que a la izquierda una especie de dique natural le mantiene en su lecho, y el fondo del valle está cincuenta metros más a la izquierda; de modo que el Limay no corre por el fondo del valle, sino que a media cuesta: su lecho parece un acueducto formado por la mano de la naturaleza para transportar una masa de agua desde un punto a otro del mismo nivel, haciéndola pasar más arriba del fondo de un valle más abajo. El río sigue rápido pero uniforme dando algunas vueltas, conservando sin embargo su dirección general al norte. Así, orillando siempre la ribera izquierda, encontrando varias islas bajas con algunos arbustos, navegamos sin accidente hasta las diez de la mañana. El fondo de lo recorrido había variado entre uno y cuatro metros, la corriente de seis a siete millas por hora.

A las diez llegamos a un codo bastante desarrollado y en vez de orillar la concavidad, lo que no tenía inconveniente, visto el gran radio de la curva, y lo que hubiera sido mejor, porque en este lugar la pendiente se dirigía hacia el fondo del valle y debía ser allí mayor el caudal de agua, tuvimos la desgraciada idea de seguir la cuerda del arco para cortar derecho. De repente sentimos tocar el fondo; algunos minutos de fricción contra las piedras bastaron para quebrar una de las tablas del bote; por la hendidura entró el agua, pero despacio, alcanzamos la orilla derecha que estaba cerca, en un punto cómodo para bararlo. En pocos momentos habíamos sacado todo lo que contenía, y vimos que en efecto una de las tablas del fondo se había quebrado; era la tabla del medio e inmediata a la quilla. Armamos un aparejo e izamos el bote a la orilla que sólo estaba a una vara sobre el nivel del agua; como habíamos tenido el cuidado de traer estopa y tablas de alerce para reemplazar las que pudiesen ponerse fuera de servicio, emprendimos en el acto la compostura.

A pesar de un calor sofocante y a pesar de los mosquitos, cuyo crecido número y las picaduras eran capaces de volverle a uno loco, a las doce todo estaba concluido; echada al agua la embarcación y embarcadas todas nuestras provisiones y bagajes. Esto puede llamarse obrar con velocidad y sangre fría: velocidad, porque habíamos perdido solamente dos horas, y sangre fría porque a cada momento podían echársenos encima los indios atraídos por los martillazos del carpintero, y que no habrían sido bastante escrupulosos para echar una mano profana sobre todo lo que nos pertenecía sin hablar de nuestras personas.

Después de este pequeño accidente, bien se nos puede criticar de no haber emprendido un reconocimiento a ojo del curso del río, orillándolo por algún tiempo para imponernos de los obs-

193

táculos que pudiésemos encontrar más adelante; la prudencia aconsejaba esta medida; pero estábamos en tierra enemiga y nuestras fuerzas eran demasiado débiles para intentar una cosa semejante.

En fin, a las doce, estábamos otra vez en el agua. Hasta ese momento habíamos hecho como unos treinta y dos kilómetros. Al principio, todo se pasó como antes; pero a la una, encontramos el río dividido en tres o cuatro brazos iguales. Antes habíamos encontrado también algunas islas, más la gran diferencia de anchura que aparecia entre los brazos, no permitía la indecisión, era fácil escoger entre ellos; pero aquí la cosa era diferente; los brazos iguales, vistos de lejos, tenían el mismo aspecto: durante algún tiempo escogimos con bastante suerte, pero, una vez, engañados por la apariencia de la superficie, tomamos un brazo de poco fondo; la embarcación tocaba, había muy poca agua, todos por un movimiento instintivo, saltamos del bote para aliviarlo, lo arrastramos algún tiempo levantándolo; y llegando a un lugar en donde había bastante fondo, saltamos todos adentro. Si no hubiésemos ejecutado esta maniobra, como había poco fondo, podía el bote haberse atravesado y llenado de agua.

Apenas embarcados, nos esperaban peligros de otra clase. El río, en vez de ser como antes, bordeado de lomas a derecha e izquierda del dique citado más arriba, corría por entre rocas desnudas y perpendiculares, dando numerosas vueltas que se sucedían sin interrupción; la mayor profundidad estaba siempre en la concavidad, pero temíamos encontrar rocas en ella, mientras tanto que siguiendo la cuerda, teníamos menos fondo, es verdad, pero evitábamos los escollos y los remolinos que eran de temer, y en vez de seguir por las curvas nos resolvimos a cortar derecho, bogando con toda fuerza.

Al principio salimos bien obrando de este modo, porque los codos no estaban muy cerca unos de otros, pero cuando dos codos se seguían inmediatamente, teniendo sus curvaturas dirigidas en sentido contrario, la maniobra era muy difícil, porque pasado un peligro era preciso cambiar bruscamente de rumbo para evitar el siguiente.

Todas las caras estaban serias, no de esa seriedad, que revela el miedo, pero de aquella que demuestra que uno comprende lo grande del peligro, aunque mirándolo fríamente cara a cara. Cada uno sentía que la salvación común dependia de todos y que una falsa remada podía decidir la suerte de siete personas. En esos codos, la violencia de la corriente era grande, casi todos los pasamos con bastante suerte.

En uno de ellos, estuvimos a punto de estrellarnos contra una piedra situada a la izquierda, cuando los bogadores de babor, no pudiendo remar con bastante fuerza para virar la proa a la derecha, movidos todos por una idea espontánea, esclamaron "sia fuerte a estribor"; el bote dio una vuelta completa, pero al msimo tiempo fue lanzado a la derecha y evitada la piedra: con facilidad nos pusimos otra vez en el hilo de la corriente y la proa del lado por donde íbamos.

Yo mismo, dotado de mayor fuerza física que Lenglier, había tomado el cuarto remo para animar a la gente con mi ejemplo, dejando a éste el cargo de observar los cambios de dirección con la brújula y apuntar con el cronómetro los espacios recorridos, porque, no quería, a pesar de la gravedad de las circunstancias, perder ningún elemento que pudiese servirme más tarde para trazar el curso del río. A las cuatro y media, el lecho del río era más estrecho, la situación más crítica, las piedras no eran como antes, una, dos, a flor de agua, y todas cerca de la orilla, sino que algunas había en la orilla, y otras al medio, aquellas mostrando su cabeza encima de la superficie, éstas ocultas, pero indicada su presencia por violentos remolinos y grandes penachos de agua.

Un último esfuerzo, fuerte, sobrehumano, nos saca de estos malos pasos, y después de pasado un rápido, viendo una pequeña ensenada en donde podíamos hacer alto para descansar un poco, y estivar en el bote los objetos cuyo arreglo había sido descompuesto por los violentos choques que habíamos experimentado, penetramos en ella. Algunos hombres bajan a tierra, como para adquirir nuevas fuerzas pisando el suelo; se amarra al perro que quería seguirlos y nos preparamos para ponernos en camino; por una feliz idea lo desatamos cuando se hubieron embarcado los hombres: esto lo salvó algunos momentos después. En este punto el río era mas ancho, la corriente, entre seis y ocho millas, en los rápidos era incalculable, porque sólo nos ocupábamos de la maniobra cuando los pasábamos: la profundidad general había variado entre uno y cuatro metros. Veíamos delante la superficie del agua que bajaba y subía, produciendo olas marcadas; pero eso no nos infundía temor, porque ya habíamos visto que a pesar de una profundidad considerable, una piedra, aun pequeña, situada en un fondo liso, producía olas sensibles en la superficie.

A las cinco, nos pusimos otra vez en medio de la corriente: navegamos como un cuarto de hora; la corriente aumentaba poco a poco: según nuestros cálculos debíamos hallarnos a corta distancia del punto adonde habían alcanzado los españoles en 1782; contábamos unas 75 millas navegadas: cuando al doblar una punta, el río se declara en un impetuoso torrente, luego se presentan grandes olas y remolinos: enormes penachos blancos en todas direcciones dan a conocer la presencia de grandes piedras. Salvamos las primeras con alguna dificultad: pero la corriente nos arrastra y la reventazón ahoga al bote que apenas obedece a la bayona. En un claro intentamos ganar la orilla ¡imposible!; hacemos mayor fuerza de remos para que tenga acción la bayona: todo es inutil: resolvimos entonces lanzarnos al medio del peligro y cortar valientemente por la cresta de las olas.

En ese momento todo era confusión y movimiento, apenas nos podíamos tener en los bancos: a grandes voces nos animábamos mutuamente: algunos instantes más y escapábamos pero ¡o desgracia! de repente, el bote experimentó un violento choque, el agua entró por el fondo y en un espacio de tiempo inapreciable nos alcanzó a la cintura, mandé que se continuase bogando para tratar de dirigirnos a la orilla, pero ya el agua hacía flotar los remos sacándolos de los toletes. En el mismo momento, una gruesa marejada toma el bote de costado, y lo da vuelta poniendo la quilla al aire.

Yo tenía mi salvavida a la cintura pero viendo otro a mi lado, lo cogí, y junto con Lenglier y el marinero Vera, que nos hallábamos en el lado opuesto al de donde vino la marejada, fuimos cubiertos y sumergidos bajo del bote: fuime a pique; el salvavida me hizo subir, pero sentí que mi cabeza topaba en los bancos de la chalupa, no podía respirar, hago esfuerzos para safarme y no lo consigo: sofocado y desesperado sin comprender mi situación, ya me sentía ahogar, cuando un ruido de espuma hirió mis oídos; me sentí girar violentamente dos o tres veces, toqué el fondo y salí a la superficie.

Vi entonces a mi lado, a Lenglier pálido y desfigurado que luchaba en medio de las olas: a unas pocas varas más el bote con la quilla al aire sostenido a flote por los tubos inflados de los botes de gutapercha, y montados encima, a cuatro de los peones: ofrecí a Lenglier el salvavida que llevaba en la mano; pero lo rehusó prefiriendo confiarse a su destreza de nadador y se dirigió al bote: los peones le pasan un remo y sube a la quilla, hacen otro tanto con Vera: yo más lejos del bote, seguí nadando algunos remolinos me empujan a la orilla, toqué en una piedra, me apoyo en ella y llego luego a la revesa, me tomo de unas ramas y me icé a la tierra.

El bote siguió por algún tiempo arrastrado por la corriente: pero al fin se detuvo como acuñado entre dos piedras cerca de la orilla; los peones entonces se echaron al agua y salieron a tierra. El ancho del río era como de ochenta metros en ese lugar, la profundidad como de unos cuatro metros.

En este momento soplaba un viento helado de cordillera; ¿con qué encender fuego para secarnos? teníamos los vestidos empapados: todos teníamos los elementos necesarios para sacar fuego, uno un pedernal, otro un mechero, otro fósforos, pero el agua los había echado a perder y sin embargo no podíamos pasar la noche sin fuego; para calentarnos, no tuvimos otro recurso que correr registrando las orillas, en busca de los objetos del naufragio, que la corriente podía echar a tierra. Asi salvamos algunos sacos de charqui y harina, mi mochila, la de Lenglier, todo lo que nos permitió cambiar de ropa, y también dar alguna a nuestros peones cuyos efectos se habían perdido en el descalabro.

El sombrero de Lenglier vino también a la orilla, no volvi a ver el mío; salvamos igualmente una caja de lata que contenía el café y el chocolate, todo eso era muy bueno, pero faltaba el fuego, cuando ¡oh fortuna!, registrando mis bolsillos hallé una cajita de cobre en donde había cuatro o cinco fósforos secos, era un auxilio de la Providencia, sin eso hubiéramos pasado una noche terrible. Pronto se encendió un gran fuego, y nos extendimos en el suelo alrededor.

Entonces pensamos en el perro ¿qué había sido de él? me acordaba que antes de salir del puertecito en que tocamos a las cinco de la tarde, lo había desatado del cordel que lo amarraba a un banco, de otro modo hubiera sido sumergido dentro del bote, lo corto del cordel no le habría permitido salir a la super- ficie. Felizmente nada sucedió, allí cerca estaba el pobre Tigre; se habría dicho que comprendía la desgracia que nos había sucedido, con el hocico entre las patas, abatida la cara, los ojos fijos al suelo, ni aun quería acercarse al fuego: ¡oh admirable instinto del perro!, conocía muy bien que no era por pura diversión que habíamos ejecutado ese baile acuático en que él había tomado parte y que no era común la desgracia que nos hería: desde ese momento aumentó la afición que teníamos a nuestro buen Tigre.

Habríamos podido pasar muy bien la noche en la orilla sin fuego, sin vestidos secos, sin nada para comer; pero la Divina Providencia había permitido que se hubiesen conservado secos, dos o tres fósforos, y que las primeras cosas que la corriente arrojase a la orilla, fuesen sacos de víveres y las mochilas con la ropa que necesitábamos para poder cambiar de vestido: hasta la guitarra y el flageolet se salvaron.

Algunos podrán reírse al oír estas palabras; pero nada hay casual en este mundo; dos días después, la guitarra que regalé al hijo del cacique me sirvió para conquistar su buena voluntad y su protección. Mis compañeros durmieron bien, yo poco había por qué desvelarse: ¡fracasar cuando ya llegábamos al puerto! No obstante, traté de hallar consuelo; según mis cálculos, cuya precisión me confirmaron los indios al día siguiente, no distábamos más de diez o doce kilómetros de la confluencia del Limay con el Chimehuin o Huechun, espacio del cual Villarino había remontado ocho kilómetros: luego el reconocimiento se podía reputar como completo, debíamos agradecer a la Providencia que hubiésemos podido alcanzar hasta ese punto.

8 de enero. Por la mañana el sol estaba resplandeciente absolutamente como si el día antes
no hubiésemos naufragado. Hay una cosa digna
de notarse y que talvez observa todo el mundo;
cuando le sucede a uno alguna grande desgracia;
por ejemplo, la pérdida de sus padres, de un
pariente o de sus bienes; en virtud de ese yo
que es el rasgo más característico del ser humano,
se figura uno que todo el mundo debe afectarse
con el suceso, que el orden establecido va a ser
trastornado y al día siguiente se admira uno
de que todo marcha como antes, tanto en la
naturaleza como en la sociedad. El sol se asoma
ni más ni menos brillante, los vecinos continúan
su vida de todos los días, y sorprendido comprende uno que la desgracia que le hiere pasa
desapercibida para el resto de la creación. Ya
había notado esto con la ocasión de la pérdida
de personas queridas, volví a notarlo en nuestro
descalabro. El sol se asomaba radiante, cantaban
las aves en el aire, y el Limay corría bullicioso
lo mismo que si el día antes no hubiese hecho
fracasar todas mis esperanzas.

Luego me puse a reflexionar en el partido
que debía tomarse. Lo primero que debía hacerse
era evidentemente tratar de salvar todo lo que
pudiésemos del naufragio, tanto en el interés
de nuestras personas como del porvenir, porque
mientras más cosas salvásemos, tanto más numerosos regalos podíamos hacer a los indios,
bien fuese que ellos nos encontrasen primero,

202

o que nosotros fuésemos en su busca. Acabábamos de tomar un ligero almuerzo para dirigirnos en seguida al bote, cuando de repente en la cima de una loma que había cerca, aparecieron dos indios a caballo; se detuvieron y quedaron como petrificados al vernos. Ya el día antes, habíamos visto unas ramadas en las orillas del río; en el lago habíamos encontrado señales evidentes de su vecindad, bien podíamos esperar su encuentro, pero ellos no podían imaginarse hallar extranjeros cerca de un bote roto, y que habían bajado el curso del Limay, río que sabían era demasiado torrentoso para que alguien se atreviese a navegar en sus aguas.

Me adelanté hacia ellos y se apearon, lo que sabía de indio se reducía a poca cosa; sabía decir *peñi* (hermano), les dije *peñi*, me contestaron *peñi*, les ofrecí tabaco, algunas *chuyuiras* y cuentas, que contenidas en mi mochila habíamos salvado, les di charqui y harina que comieron con mucho gusto, y sabiendo yo que había existido un cacique en el Limay llamado Llanquitrué; solté la palabra Llanquitrué; los indios se quedaron sorprendidos al ver que conocía el nombre de ese cacique, se pusieron a hablar y comprendí por sus gestos que me invitaban a ir con ellos a los toldos de Paillacán, a cuya reducción pertenecían.

Les hice entender por señas que antes íbamos a tratar de salvar lo que se pudiese y que después les acompañaríamos. Vinieron a presenciar la operación, profiriendo a cada momento palabras de conmiseración: el carpintero Mancilla, Juan Soto y los otros se botaron al agua y subieron a la quilla del bote, quebraron las tablas del fondo y sacaron algunos sacos de harina y de charqui, en seguida uno por uno todos los forros de los botes de gutapercha, los útiles del carpintero y otras cositas; por lo restante debíamos hacer duelo, se había ido al fondo del río. Ensayamos de sacar el bote de entre las piedras, pero estaba tan acuñado que se rompieron todas las cuerdas sin que se moviese. Solamente tuvimos un consuelo: el saco que contenía todos los papeles de la expedición, había salido a la orilla, y tuve la suerte de alcanzarlo con un remo: me oculté entonces y quemé todos aquellos papeles que pudiesen comprometerme. Después volvimos al alojamiento de la noche e hicimos los preparativos de marcha.

Los indios traían consigo además de los caballos que montaban, otros dos y un potrillo: tercié mi mochila y con la bolsa de la guitarra hice una gorra para preservarme la cabeza de los rayos del sol, y monté en uno de los caballos. Entre los indios, como entre los niños, no es la paciencia su principal cualidad; a cada rato decían *amui, amui,* y no era preciso ser muy entendido en la lengua, para comprender que querían decir *vamos, vamos;* por otra parte, la pantomima era muy significativa. El caballo no tenía montura de ninguna clase; pero mi situación no era para preocuparme de pormenores tan insignificantes, así es que obedeciendo a las señas de los indios me puse en marcha con ellos.

La figura que hacía era de las más curiosas, figuraos un jinete con sólo camisa, pantalones, la mochila a la espalda y por tocado la gorra que había confeccionado, que parecía un turbante con punta, semejante al que usan los circasianos del Cáucaso. Al verme en la sombra no podía contener la risa. La gente me seguía a corta distancia: la marcha de los caballos indios, bella raza de caballos, es bastante ligera: en poco tiempo me seguía solo uno de los peones y Lenglier con su mochila al hombro que gustándole más caminar a pie, había hecho montar en el otro caballo al peón Vera que estaba algo maltratado con un golpe recibido en el naufragio. Orillamos el Limay como seis kilómetros: a cada instante los indios miraban para atrás, expresando en sus caras el disgusto al ver a mis compañeros distantes unos de otros en el sendero que seguíamos.

En esta parte del río que recorríamos, el valle iba tomando mayores dimensiones y la superficie del agua era más mansa: a algunas cuadras más abajo del naufragio no se veía ninguna piedra: pequeñas islas que dividían el río de cuando en cuando, formaban canales mansos en algunos de los cuales se divisaban pescados como de

205

un pie de largo: las islas eran bajas con unos matorrales de arbustos pequeños: en las orillas principiaban a manifestarse algunos sauces. En tan excelentes circunstancias para navegar el Limay, desgraciadamente nos veíamos obligados a despedirnos de él y renunciar a la gloria de recorrer su curso. Llegando a un pequeño estero, los indios se apearon, pusieron cuatro piedras en cuadro y encima colocaron un pellón con la lana para abajo; luego, de la harina que les habíamos dado echaron unos puñados, en seguida tomando agua con las manos y la boca la vaciaron en la harina, revolvieron con el dedo y se pusieron a comer.

Lenglier habiendo notado que la forma de sus cachimbas no era a propósito para fumar a caballo, les ofreció un poco de tabaco y cebó la suya invitándoles a fumar para dar tiempo a la gente que llegase: Lenglier que es un encarnizado fumador me decía que desde ese instante tuvo mala idea de los indios, porque no sabían fumar: dieron dos pitadas, medio se embriagaron, guardaron silencio por algún tiempo, escupieron viente veces, apagaron la cachimba (tenía sólo una para los dos), y montaron a caballo diciendo *amui, amui.*

Como había comprendido que distábamos sólo un corto trecho de los toldos, no trepidé en seguirlos; deseando por otra parte satisfacer yo sólo a las preguntas que debían hacer los indios. Dije a Lenglier que esperase a los otros y después que me siguiesen si podían; en caso contrario, aguardase a que yo enviara por ellos, contando con verlos en pocas horas más.

Capítulo IV

Marcha con los indios. Llegada a los toldos. Entrevista con
el Cacique Paillacan. Argomedo. Quintunahuel. Convenio
con Paillacan. Manda en busca de la gente. Labrin. Codicia
de Pascuala. Llega la gente. Relación de lo sucedido después
de mi separación. Antileghen. Embriaguez. Partida. Río Ca-
leufu. Aspecto de la caravana. Cacique Huincahual. Quem-
quemtreu. Costura de cueros. Jacinto. Una carta. Partida.
Antinao. Mancilla, Muñoz y Tigre se quedan con él. Indios de
Huechuhuehuin. Trureupan. Parlamento. Partida. Huentru-
pan. Lago de Lacar. Queñi. Chihuihue. Arsquilhue. Dollin-
go. Malo. Arique. Valdivia.

Mientras tanto, yo seguí con mis dos indios: el
sol era abrasador; la gorra hecha con la bolsa
de la guitarra llenaba bien el objeto, pero no
sucedía así con mis demás atavíos, que sólo
consistían en la camisa y el pantalón, porque
éstos no eran suficientes para ablandar la dureza
del lomo del caballo. Mientras acosaba yo a los
indios con preguntas de todo género y de diversas
maneras para hacerme entender, no sentía lo
pesado del camino; pero después cuando principiamos a subir y bajar lomas de arena y
piedras a un paso que dolorosamente me hacía
sentir la falta de montura, entonces conocí que
era de carne y huesos, y de un material mucho
más blando que los del caballo que me aserraba
con su flaco espinazo.

Las riendas eran de un lazo duro, tiezo, que

208

jamás se había enroscado, de manera que me veía obligado a forzar el rollo con las dos manos; cuando acosado por el dolor, apoyaba una de ellas en el anca del caballo para suspender el cuerpo y aliviarme un poco, se me iba de la otra una larga lazada que pisaba el caballo y se encabritaba al sentirse contenido. Los indios al ver en mi cara la expresión de tormento que revelaba, para inspirarme paciencia, se reían y me hacían señas para que apurase el paso.

Caminando hacia el noroeste llegamos a una quebrada que por su verdura debía contener alguna humedad; el sol, la falta de aire y el excesivo polvo me tenían sediento; comprendiéronlo los indios y echamos pie a tierra: uno de ellos cavó el suelo con su cuchillo y pronto el agujero se llenó de una agua turbia y negra; apagamos la sed y nos pusimos otra vez en marcha, pero más despacio.

Entonces el que parecía mayor de los dos indios principió a galopar y pronto lo perdimos de vista: esta maniobra me dio algún cuidado, a lo que se agregaba el aire preocupado que tomó entonces mi otro compañero que ya no contestaba a mis preguntas sino con un monótono *mai, mai* y sin comprenderme.

Las horas corrían y los toldos no se divisaban; habíamos dejado a un lado algunos senderos y caminábamos siempre por valles y lomas interminables. Preocupado, silencioso, iba yo, cuando el indio me llamó la atención señalándome una loma elevada como a cuatro kilómetros adelante; fijándome bien, divisé un bulto pequeño que se dibujaba en el horizonte: era el otro indio que a galope llevaba esa dirección. Una tropa de guanacos en ese momento nos hizo volver la cara; los animales confiados en nuestro inofensivo número, pasaron cerca de nosotros, apurando un poco más el paso con los salvajes gritos de mi *cicerone*: subimos la loma y bajamos por un valle pastoso en donde había algunos caballos; el indio me dijo entonces: Paillacan cahuellu, amui, nos pusimos al galope; media hora después, al concluir el valle que se unía en ángulo recto a otro más ancho, divisé en éste unos cuatro toldos amarillos con alguna gente; como a unos doscientos metros antes de llegar se me presentó un jinete vestido a lo español que me habla en castellano diciéndome que uno de los dos indios que me conducían se había adelantado y avisado al cacique de mi llegada, al mismo tiempo se puso a compadecerme por haber caído en manos del indio más alzado y más pícaro de la pampa: no dejó de infundirme algún temor esta introducción tan poco de acuerdo con mi situación.

Algunas indias y varios niños desnudos se presentaron a examinarme con estúpida curiosidad; pregunté por el cacique y serenándome cuanto pude penetré en el toldo mayor.

De pie, envuelto en un cuero se encontraba el viejo cacique con los ojos colorados y el pelo desgreñado; le saludé dándole la mano, y él, escondiendo la suya no me contestó. Atemorizado con esta manifestación tan poco urbana me quedé de pie, confundido, sin saber qué decir; transcurrieron así algunos segúndos; ninguna de las indias se movía; se sentó luego el cacique; quitéme de los hombros la mochila e hice lo mismo; a una seña del viejo se sentó el español cerca de mí; entonces con una voz ronca y colérica principió el cacique un largo discurso. Mientras él hablaba, yo pensaba en las contestaciones que le iba a dar; no era posible decirle cuál era mi nacionalidad ni el objeto de mi viaje, porque era lo suficiente para perderme; las relaciones de esos indios con los Araucanos son bastantes para que participen del odio que éstos tienen por los chilenos, y celosos como son de su independencia, era un atentado directo contra ella el intentar reconocer uno de sus rios: me decidí, pues, a no decir la verdad.

Al transmitirme el lenguaraz las preguntas sobre quién era y de dónde venía, le contesté que era inglés, marino, en viaje para Patagonia (así llaman ellos al Carmen) y después a Buenos Aires con el objeto de dar un poder a un hermano que allí tenía para cobrar de Inglaterra un dinero heredado. Díjome que habiendo una mar grande por donde andaban los ingleses ¿por qué no me había ido embarcado para Buenos Aires? o que habiendo camino en las pampas ¿por qué no había hecho el viaje por tierra? A estas razónables objeciones contesté que los buques ingleses tocaban en Chile y seguían para el norte, tardando dos años hasta Inglaterra, viaje demasiado largo para emprenderlo; y si yo me había venido por el Limay y no por tierra, era porque mi profesión me lo había exigido así; no estando como marino que era, acostumbrado a andar a caballo, y que por los libros de los antiguos españoles había sabido la existencia de ese río y el poco tiempo que se necesitaba para ir a Patagónica navegando sus aguas.

El cacique hizo mención entonces con los recuerdos de su padre de la expedición de Villarino por el río Negro y de la misión de los jesuitas en Nahuelhuapi después en un tono el más enojado me dijo que si no sabía que merecía la muerte por haberme venido a sus tierras sin permiso alguno, tratando de pasar escondido como andaban los hombres malos, que eso probaba lo poco amigable de mis intenciones: le constesté que las aguas por donde había navegado eran de las nieves de Chile y pertenecían a ese Gobierno que me había dado el permiso necesario para recorrerlas; que no era la primera vez que trataba con indios, que había visitado a los Huaicurúes de Magallanes (tribu que entre ellos tiene gran reputación de ferocidad), que había vivido con los indios negros del Brasil, indios que tenían ocho hileras de dientes, una larga cola y que comían carne humana, y en medio de esa gente tan temible había hallado la más amistosa hospitalidad; esa misma persuasión me asistía para con los indios pampas y al venir solo, a reclamar su protección, demostraba la confianza que tenía en el buen corazón de los habitantes del desierto: que muy lejos de haber querido pasar ocultamente por el Limay, mi intención había sido detenerme en su confluencia con el Chimehuin para tratar con los indios y esto lo atestiguaban los regalos que traía con ese objeto; y diciendo esto, saqué de la mochila los prendedores, cuentas y demás chicherías, y extendí todo a su vista, agregándole que eso era bien poco, pero que si hubiera venido de Valdivia con mulas y no a pie como había venido hasta Nahuelhuapi, habría traído mucho más.

Al mismo tiempo le hice entender que no dudaba me permitiría seguir mi viaje para el Carmen y antes de continuarlo iria yo a Valdivia para buscar los caballos necesarios; entonces, no serían pocos los regalos que de esa ciudad le iba a traer para recompensar su buena voluntad.

Callóse y principió a registrar todas las cosas junto con los chiquillos y las sirvientes: en ese momento entraron varias indias a grandes gritos revelando en sus ademanes el estado de embriaguez en que se hallaban. Aprovechándome de la confusión, saqué de la mochila el flageolet y me puse a tocar: sorprendida la gente y principalmente el cacique, me escucharon un poco y luego el viejo me pidió el instrumento y lo hizo sonar; en seguida me hace señas para que vuelva a tocar.

Esta familiaridad establecida por medio del flageolet me da más confianza, los temores se me disipan y toqué el *Sturm Marsch Gallop*. Por la satisfacción con que me oía el cacique y por la diferente expresión que tomó su cara comprendí que me había salvado.

Algún rato después, los regalitos se desbarataron, indias y niños ya no se ocuparon más que en el examen curioso de los objetos que a cada uno le había regalado el cacique y en comparar su importancia. Sereno ya, principié a estudiar con escrupulosidad mi nueva compañía. Por el lujoso atavío de una de las indias y por la mayor cantidad de aguardiente que había bebido, conocí que era la mujer principal del cacique (tenía dos mujeres) india de elevada estatura, de nación Tehuelche, con un cinturón de cuentas coloradas y azules; las demás eran de los toldos vecinos.

De pie, cerca de mí había un individuo rubio, de ojos azules, vestido de español, con el traje todo roído y sucio; la cabeza atada con un harapo; le creía inglés; pero conocí pronto su nacionalidad al dirigirme la palabra en español; era un joven Argomedo y Salinas de Chile: emigrado político en 1851, una serie de circunstancias lo habían llevado al Carmen, se había casado allí y deseando ver a su familia de Chile, juntóse con unos indios pampas que habían ido a vender cueros a esa ciudad y que le aseguraron la facilidad de llegar a Chile por esa vía.

Engañado con sus promesas, pasó el desierto en veintiséis días y al llegar a las tolderías de Paillacan, éste lo había detenido y lo guardaba con el cargo de ovejero, consolándose con falsas promesas de libertad que le hacía el indio. Pocos días antes de mi llegada, había intentado asesinarlo y sólo debió su salvación a la fuga y a la mediación del hijo del cacique: llevaba, pues, una existencia sumamente pesada, aunque el servicio no era mucho; consistía sólo en el cuidado de las ovejas, en ensillar el caballo del cacique y encender el fuego para cocinar; pero la ignorancia del idioma le mantenía en un triste aislamiento, amargado con la inseguridad de su persona y la remota esperanza de salir de esa situación.

Me dijo que yo había tenido alguna suerte en medio de mi desgracia, porque talvez otra cosa me habria sucedido si el cacique no hubiese estado tan solo; los indios de las tolderías andaban en las cacerías al sur de Limay hacía ya tres meses y el cacique se consolaba de su ausencia con la compañía de un barril de aguardiente. Esta circunstancia realmente me iba a favorecer, porque el cacique solicitado por mis ofertas, bien podía tomar una resolución favorable, sin tener que oír las objeciones ni los comentarios de su gente. Era preciso entonces tratar de salir lo más pronto, antes que viniesen los indios de las demás tolderías atraídos por la noticia y que pudiesen servir de obstáculo a los buenos deseos del cacique.

El viejo siguió bebiendo y las mujeres entonando sus monótonos alaridos: el joven Argomedo me procuró un pedazo de carne de caballo; iba a comerla por primera vez; satisfice el hambre que era mucha con la caminata, la carne me gustó poco, mejor es la de *ave*.

Un poco más tarde el cacique envió a dos muchachos en busca de mi gente; pero volvieron sin haberla encontrado. A la misma hora divisé en una loma del valle a un indio que apenas podía tenerse a caballo y dando grandes gritos se dirigía a los toldos: era Quintunahuel, el hijo de Paillacan que venía de una fiesta de la vecindad; su mujer le salió al encuentro, recibió las riendas y el indio al desmontarse cayó al suelo cuan largo era; se levantó y bamboleando entró a su toldo, quedando la mujer ocupada en desensillar el caballo.

Como una hora después, me mandó llamar diciéndome que fuese a saludarlo, que él era el hijo del cacique. El bribón impuesto ya de todo y de que había salvado alguna harina y otros artículos del naufragio, al mismo tiempo alucinado con la esperanza de que yo le podía traer también algunos regalos si su padre me dejaba ir a Valdivia, se manifestó muy amable, diciéndome que había celebrado mucho mi llegada y que le sería muy agradable mi compañía cuando fuésemos juntos al Carmen; y otros cumplimientos por el mismo estilo. Luego me retiré y llegó la noche; dormí en la misma cama de Argomedo que era compuesta de algunos cueros de oveja y una frasada rota.

9 de enero. Al otro día el cacique con la cabeza fresca, me hizo llamar a parlamento: el sol principiaba a levantarse; él iba a ser el testigo de mis promesas. Se sacaron algunos cueros fuera del toldo y nos sentamos: la conversación principió casi con las mismas palabras de la víspera; yo imitando la elocuencia de los indios, elevaba cuanto podía la voz y contestaba con toda la entereza posible; al fin triunfó la codicia, el indio me dijo que otro cacique me habría dado la muerte sin escucharme, por el solo hecho de haber venido por el Limay; pero él como tenía buen corazón me perdonaba y me iba a dar la libertad para ir a Valdivia y traer muchos regalos para recompensar con largueza sus buenos sentimientos; y a mi vuelta, podría seguir mi camino en compañía de sus indios que iban a vender cueros al Carmen.

El mozo Cárdenas me ayudaba en esos momentos, asegurando al cacique que yo iría hasta Valdivia en su compañía para traer lo que se me exigía. Este muchacho había sido, por espacio de dos años, prisionero del cacique y después de haber recobrado su libertad, venía todos los años desde Valdivia a comprar caballos por aguardiente: el cacique tenía fe en sus palabras.

Convino en todo, pero quedé yo obligado a dejar de rehenes a dos de mis peones, para asegurar el cumplimiento del convenio; hízome jurar por el sol y se levantó la sesión. En seguida ordenó a Quintunahuel que se preparase para ir en busca de la gente, y a las once salió acompañado de un mozo chileno Labrin que también se hallaba detenido en los toldos, del mocetón que me había acompañado desde Limay y otro más.

Este mozo Labrin se encontraba entre los indios por circunstancias las más peregrinas: enamorado de una niña de Río Bueno, en Valdivia, se huyó con ella; para ponerse a salvo de las persecuciones de la justicia, vínose a buscar la seguridad entre los indios: la compañía que traía fue suficiente para ser perfectamente recibido; el cacique principalmente se esmeró en atenderlo. Labrin temeroso de la interesada protección del indio, quiso volver sobre sus pasos.

Grande fue su sorpresa cuando el cacique le contestó que podía marcharse, pero dejando en su poder a la muchacha para darla a su hijo mayor en matrimonio; no quiso Labrin recobrar a tan duro precio su libertad y prefirió correr la suerte de su querida: desde entonces fue muy duro el tratamiento que recibiera del cacique, pretendiendo de ese modo forzarlo a que aceptase sus condiciones. El futuro novio de la niña debía llegar pronto; andaba en lo de Calfucurá;

en esta situación se encontraba Labrin cuando nosotros llegamos.

Durante el resto del día estuve casi esclusivamente ocupado en contener la excesiva codicia de Pascuala, la favorita de Paillacán: a cada rato me fastidiaba con sus importunas preguntas, ¿qué me trajistes?, ¿qué me vas a dar? dámelo todo a mí, ahora Quintunahuel se va apropiar de todo. A todo le contestaba con paciencia, para no disgustarla y para que con la esperanza de mis regalos me diese ella lo necesario para comer, que no era lo que más abundaba en el toldo. Esta india se había criado en las vecindades del Carmen y hablaba muy bien el español.

10 de enero. El sábado a las doce llegó la gente con Lenglier que me refirió lo que había sucedido desde nuestra separación. Se expresó en estos términos:

A las doce, cuando me separé de Ud. esperé algún tiempo al resto de la gente; viendo lo que distaba (solamente como un cuarto de legua) y que Ud. y los indios iban a tomar por un valle lateral a la izquierda, no queriendo tampoco perderle a Ud. de vista, a fin de penetrarme bien del camino en caso que un accidente de terreno los ocultase, me puse en camino con el peón Vera y el caballo, caminando al paso a fin de conservarnos a igual distancia de Ud. y de los que quedaban atrás; pero llegado al punto donde Ud. cambió repentinamente de dirección a la izquierda, me demoré a la entrada del valle, hasta que los otros me hubiesen alcanzado.

En este valle corría un riachuelo, le seguí a Ud. con la vista y como había creído entender que los indios estaban cerca, no dudé que los toldos estuviesen en las orillas del riachuelo, a dos o tres horas de camino a lo más, como que no era natural creerlos colocados en esa pampa árida y privada de agua; esperé a la sombra y me alcanzaron los peones. Había tenido la precaución de poner en mi mochila, charqui, café chocolate del que habíamos salvado; la gente estaba muy cansada, como era natural después de las emociones y fatigas del día precedente y una marcha descalzos, bajo un sol ardiente y por un terreno erizado de espinillas que lastimaban los pies, me resolví hacer un alto de media hora en este lugar.

Antonio Muñoz, el gordo, manifestó entonces el deseo de montar en el caballo, y como se había herido un pie en la mañana cuando estábamos trabajando en el bote, tenía más derecho a esta comodidad que Vera, que solamente tenía dolor al pecho. Orillamos el estero y llegamos al vado en donde crecían algunos arbustos.

Saliendo de allí, el sendero era bastante bien marcado, pero no era así un poco más lejos: se alejaba sensiblemente del estero; esto trastornaba completamente las ideas que había sentado en mi espíritu; hice marchar de frente a la gente; de esta manera, no podíamos perder los rastros; pero al llegar a una cresta que debíamos encimar nos hallamos indecisos, no había mas rastros. En la cresta lejana a la derecha, veía dos formas que parecían pertenecer a dos hombres a caballo.

No dije nada, pero mandé a Soto a pie que fuese a hacer un reconocimiento adelante. Me paré con el resto de la gente y al hacerles reparar lo que divisaba el gordo, sea a consecuencia de la debilidad, resultado de las fatigas y emociones que había experimentado o sobrecogido de un terror pánico o que se atribuya a una congestión cerebral debida a su temperamento apoplético, cayó del caballo como una masa inerte. Le transportamos cerca de unos charcos de agua, y luego bañándole la frente con agua fresca recobró sus sentidos. Soto volvió, y montando en el caballo se dirigió a la cresta.

Media hora después volvió y me contó que lejos, muy lejos, y siguiendo la orilla del Limay, se le veía ir a juntarse con otro río, y que cerca del confluente había divisado toldos. Era ya tarde y demasiado peligroso aventurarse en esas pampas privadas de agua, sin estar cierto de llegar antes de la noche; nos replegamos al punto en donde habíamos rodeado el estero y allí resolví esperar noticias de Ud., y en el caso de no recibirlas, retirarnos a las orillas del Limay, en donde habíamos dejado las provisiones.

Encendimos fuego, dividí en seis partes iguales el charqui, y distribuí a cada uno su porción, no sabiendo lo que nos reservaba el porvenir, dejando a cada uno la libertad de economizar sus víveres.

En la noche, en la cresta que no habíamos encimado, divisamos dos hombres a caballo; no vieron probablemente nuestras señales, porque dieron vuelta y desaparecieron. *Eran los que Ud. había mandado en busca nuestra. No creí prudente pasar la noche en donde nos hallábamos; podían pasar indios por allí; fuimos a acamparnos a quinientos metros, a la derecha del sendero, en una quebrada grande en donde quedábamos bien escondidos. El fiel Tigre fue puesto de centinela encima de las rocas que la dominaban; allí amarramos el caballo, y para mayor precaución, dormimos sin fuego. Al amanecer, fuimos otra vez a la orilla del estero; no teniendo noticias de Ud. y convencidos que el lugar más conveniente para nosotros en todo caso, era cerca del bote y de las provisiones, me marché con la gente hacia el lugar del naufragio.*

De esta manera si venían por nosotros, sin duda alguna vendrían los mismos dos indios que nos hallaron primero, pasarían por el mismo camino del día precedente y nos encontrarian. Nos pusimos en marcha, y al llegar al Limay, seguimos el sendero, pero mandé a Soto que a caballo registrase paso a paso las playas del río; así podíamos, recoger las cosas que la corriente hubiese arrojado a las orillas.

No fue infructuosa esta medida; Soto recogió el paquete con las frazadas y dos sacos de harina muy poco mojada. Al fin llegamos al campamento del 7. Apenas habíamos encendido fuego, cuando vimos desembocar por el sendero que acabábamos de recorrer, unos hombres a caballo. Llegando se apearon; a su cabeza venía Quintunahuel hijo de Paillacan; nunca había visto a un Pehuenche, no podría decir a Ud.

222

la impresión que me causó cuando para bajar del caballo, dejó caer su huaralca y vi salir del cuero, un cuerpo desnudo, flexible como el de una culebra y de un color cobrizo.

Los compañeros de Quintunahuel se echaron con voracidad sobre los víveres; yo ofrecí tabaco y una cachimba a Quintunahuel. Cargamos en los caballos que traían los sacos de harina y charqui, y nos pusimos en marcha. Quintunahuel me dio un caballo, los otros se fueron en ancas de los indios; pasamos la noche en el lugar en donde habíamos pasado el día anterior y por fin llegamos a los toldos.

Aprobé todo; había tomado el partido más conveniente en esta circunstancia y le presenté al cacique. La gente tenía hambre; Pascuala, la favorita, les sirvió en un plato de palo, caldo y carne de oveja hervida.

Yo quería ponerme en camino el mismo día, pero como los peones estaban cansados, esperé la mañana. Esa noche llegó un indio Antileghen a los toldos de Paillacan, venía de cazar, traía consigo un barrilito de aguardiente. El ilustre Paillacan celoso partidario del culto del agua de fuego, se sentó en el suelo, teniendo a Antileghen a su lado: al frente de ellos me coloqué yo con mi flageolet; Argomedo tocaba la vihuela; entonces comenzó el concierto y las libaciones.

Al principio, Paillacan tomaba solo y aun no pasaba el jarro de lata a su querida Pascuala que estaba sentada a sus espaldas, pero desarrollándose su generosidad a medida que el aguardiente le subía al cerebro, convidó a sus vecinos. A la noche mis honrados Pehuenches se hallaban completamente ebrios. Paillacan, loor al coraje desgraciado, había sucumbido, vencido por las libaciones; y Antileghen, que al son de nuestra música bailaba interminables samacuecas, sucumbe también agobiado por el cansancio y cae con un sueño letárgico encima de un pellón. Le cubrimos con un poncho como se hace en la noche de una batalla con el cuerpo de un general vencido, pero valiente, cuya intrepidez se ha admirado durante el combate.

Quintunahuel había resistido mejor que sus mayores, y un poco después me mandó buscar para que bebiese en su compañía y la de su interesante esposa, un poco de licor que había guardado para él. Pascuala más fuerte que su noble esposo, o quizá no habiendo bebido tanto, vista la avaricia del cacique en materia de su licor querido, se hallaba también en el toldo de Quintunahuel; su embriaguez tomaba un aspecto triste; lloraba, repitiendo en un tono monótono y cansado: "yo soy la mujer de Paillacan, el cacique de los Pehuenches; la hija del cacique francés de los Tehuelches, la hermana del caciquito francés; mi padre tiene muchas yeguadas, etc., etc.". Esa salmodia, dicha con un tono gangoso, interrumpida por los hijos de la embriaguez, no tenía nada de agradable, y bendije el momento en que se resolvió a salir del toldo para ir a ocupar el lecho de su viejo marido.

Poco rato después, me despedí de Quitunahuel y me fui a dormir.

11 de enero. El domingo por la mañana, el tiempo era bueno, nos favorecía al principio de nuestro viaje; no salimos al alba porque Antileghen que debía acompañarnos, necesitaba algún tiempo para sacudir los vapores del aguardiente.

Convenida nuestra partida, presenté a Soto y a Díaz al cacique: estos dos hombres se habían ofrecido espontáneamente para quedarse como rehenes hasta mi vuelta. Poca sangre española tenían en sus venas, de manera que cuando los vio el cacique, me dijo que eran tan *mapunches* como el que más de sus súbditos y que prefería le dejase a Vera que era bien parecido y blanco como español.

El muchacho me había ya manifestado su repugnancia para quedarse con los indios y mucho más desde que había notado en él una especie de entorpecimiento en todas sus ideas con la emoción del naufragio y los indios. Le dije entonces al cacique que ese muchacho se encontraba muy enfermo de resultas de un golpe que había recibido en el naufragio, que botaba sangre por la boca y debía ir a curarse a Valdivia: en seguida me fui a buscarlo al toldo vecino, le hice tomar en la boca un poco de sangre de cordero que había en un plato y lo conduje a la presencia del cacique; satisfizo algunas de sus preguntas y al rato después comenzó a toser, concluyendo con botar la sangre:

esto convenció al cacique y convino en quedarse con los otros dos.

En seguida nos despedimos y montamos a caballo. La caravana se componía de Cárdenas que nos prestaba sus caballos mediante una retribución pagadera en Valdivia, de Argomedo que obtuvo su libertad gracias a la intercesión de Quintanahuel, de Lenglier, los tres peones, Antonio Muñoz, Vera, el carpintero Mancilla y yo; nos acompañaban también dos mozos de Cárdenas, un tal Villarroel y un cholo de Ranco, llamado Guaraman. Antileghen debia conducirnos hasta los toldos de Huincahual en donde vivía.

La orgullosa comitiva que un mes antes había salido de Puerto Montt perfectamente bien provista de equipajes, víveres e ilusiones, volvía ahora en el más prosaico esqueleto. Los tres peones iban a pie, casi desnudos, Lenglier y yo a caballo, con un cuero y una frasada por montura, y como riendas un lazo: gracias a un poncho que había cambiado a Quintanahuel por harina, tenía con que cubrirme; lo demás del traje consistia en la camisa y pantalones: en la cabeza seguía sirviéndome de tocado, la elegante bolsa de la guitarra: los víveres eran un poco de harina y una oveja que me había regalado la cacica en la esperanza de ser retornada generosamente a mi vuelta. Las frasadas y los cueros del aparejo de la mula nos iban a servir de cama.

Saliendo de Lalicura, así se llamaba ese lugar, subimos a una meseta de grande extensión; estábamos apenas en el medio de la meseta cuando nos alcanzó el viejo Paillacan; tenía muchas ganas de poseer el sombrero que Lenglier había salvado del naufragio y venía a hacer una última tentativa para apropiárselo. Le di a entender que mi compañero, teniendo la cabeza enferma, no podía exponerla a los rayos del sol; y para distraer su atención me saqué una camisa y se la regalé; con esto se retiró medio satisfecho.

Atravesada la meseta y bajando a una quebrada, nos hallamos en las orillas de un río bastante caudaloso, llamado Caleufu, en donde un mes después hemos vivido algún tiempo y del cual hablaré más tarde con pormenores. Allí nos alcanzó la hija de Antileghen que había acompañado a su padre durante tres meses de cacería. Para montar a caballo las indias se fabrican con muchos pellejos y cojines de lana, una especie de trono de forma cilíndrica y bastante elevado; sentadas encima, apenas alcanzan sus pies al pescuezo del caballo. Llevaba además un sombrero redondo de paño azul con una semiesfera de bronce en la cima, y en vez de una concavidad para la cabeza tenía una almohada redonda; todo el aparato sujeto por un fiador de cuentas en la barba y una cinta por detrás, una caballada completaba la comitiva.

Atravesamos el río con el agua hasta el pecho de los caballos; entramos en una quebrada, y encimamos una meseta mucho más grande que la otra, en donde caminamos como veinte o treinta kilómetros sin encontrar el menor accidente de terreno: teníamos delante un gran pico nevado, que más tarde supimos era el volcán Lagnin. Llegados a la extremidad de la meseta, bajamos a un valle en donde corría un río; extensos pastales bordeaban las orillas y en la más cercana estaban los toldos del cacique Huincahual.

El cacique me recibió bien y alojé en su toldo. Antileghen, a quien había regalado alguna harina no quiso quedarse atrás en generosiad y me retornó una oveja muy gorda que luego hice matar. Huincahual tenía más mocetones que Paillacan y muchos entendian el castellano. Aquí encontramos a un dragón de Puerto Carmen o Patagones, que había traído a los caciques la invitación para ir a esa ciudad, con el objeto de hacer tratados de paz.

Conversé con Huincahual, Antileghen pasaba la palabra y como estábamos cerca de Huechuhuehuin que cita a cada instante Villarino en su diario, le pregunté si no sabía nada de él; me contestó que su padre le había dicho haber conocido a este español cuando subió el río desde el Carmen en unos botes con cañones, trayendo mucho pan duro (galleta); le pregunté también si sabía que había existido antiguamente cerca de Nahuelhuapi una misión de cristianos; me dijo que su mujer descendía de los Limaichées que vivían cerca de la misión y que el lugar de ésta se llamaba Tucamalal.

Sonidos diferentes de los que habían herido mis oídos en los toldos de Paillacan me hicieron preguntarles si no hablaban por acaso el mismo idioma, y supe que además del idioma Pehuenche o Araucano, hablaban también la lengua Tehuelche, porque había muchos de esta raza.

El estero del Quemquemtreu en cuyas orillas se hallan los toldos de Huincahual, corre en un valle bordeado por lomas suaves; todo el fondo del valle es tapizado de un pasto alto, en donde pacen en libertad los caballos. Este valle como lo vimos en seguida, tiene ocho o doce kilómetros de largo y uno de ancho; no lejos está el río Chimehuin, afluente del Limay y que Villarino llama Huechun. La leña es escasa; en unas quince leguas, apenas hemos encontrado uno que otro arbusto, por eso, como también por el poco pasto, no están juntos los toldos, sino desparramados a lo largo del valle.

Por la primera vez allí vi coser a las mujeres; usan nervios de avestruz o caballo en vez de hilo, y por aguja, una lezna de zapatero; apesar de la imperfección de esos útiles, cosen con mucha destreza y velocidad. Dormí en el toldo de Huincahual en la misma cama con el dragón argentino; Lenglier con Argomedo, en el de un indio viejo llamado Jacinto que al día siguiente contestó a Cárdenas un disparate curioso que referiré: Cárdenas le había comprado un caballo por dos botellas de aguardiente; cuando se hizo el convenio, nuestro viejo Jacinto, tenía ya la cabeza encendida, y cuando se trató de pagar, negó todo, pero, le decia Cárdenas, ¿voy a perder entonces mi aguardiente? puede ser, contestó con mucha sangre fría el Tehuelche; pero tú hiciste mal al dármelo cuando estaba ya ebrio.

12 de enero. Al amanecer, Hunicahual me rogó que ántes de marcharme, le escribiese, una carta para don Romualdo Patiño, juez de Quinchilca, misión de la provincia de Valdivia, sobre un pleito que tenía allí un indio suyo. El pehuenche había cometido seguramente alguna picardia en ese lugar y le habían detenido un caballo. Escribí; el lenguaraz de Hunicahual me traducía las palabras del viejo cacique. La carta decía: *que todos los indios en general y los de Hunicahual en particular, eran gente honrada, que mantenían buenas relaciones con los chilenos, y que en el interés de todos debía reinar la paz y la buena fe, que el Hunicahual trataba bien y hacía respetar a los chilenos que venían a comerciar a sus tierras, y era justo que también en la otra banda se respetase a su gente etc.*, y después hablaba del hecho. Concluida la carta, la pasé al cacique para que la firmase; la firma fue muy simple: se contentó con trazar una pequeña línea en forma de caracol.

Iba a despedirme de Huincahual, penetrado y conmovido por los sentimientos de justicia y equidad de este honrado cacique, cuando me hizo una proposición, que después de la carta que había escrito, me dejó estupefacto: quería el buen hombre, que le dejase dos de mis mozos. ¿Cómo, exclamé, tú me mandas escribir una carta en donde haces lucir tu amor a la justicia y a la equidad, y después me vienes con una proposición que quebranta todas sus leyes: quieres que te dé dos de mis mozos? ¿Crees buenamente que estos honrados chilotes son cosas y no cristianos, que se pueden regalar a un amigo, como se regalaría una yunta de bueyes?, me había escuchado Huincahual, mis ademanes le fueron explicados por la traducción de mis palabras que le hizo el lenguaraz; me dijo que sentía lo que había sucedido, que él no tenía la culpa, pero sí su hijo, que le había soplado al oído, la idea de esa proposición. Nos separamos buenos amigos.

Por la mañana había mandado adelante a los tres peones; como a las ocho o nueve nos pusimos en camino. El fiel Tigre, con las patas hinchadas por las espinas que cubren el suelo, nos seguía con trabajo. Caminamos por un sendero en medio del pasto, y anduvimos una hora hasta un estero, tributario del Quemqemtreu, en donde nos refrescamos con agua y harina tostada; un poco más lejos atravesamos un río dos o tres veces y entramos en una quebrada, en lo alto de la cual había una meseta donde soplaba un viento helado. En ese momento pasó cerca de nosotros un indio de cara cobriza, nos acompañó un rato y después seguió adelante: más tarde encontraremos otra vez a este personaje.

La vecindad de las cordilleras, se dejaba sentir ya, tanto por la temperatura, sensiblemente más baja como por los árboles que eran menos escasos. A la bajada de la meseta, entramos en un manzanal silvestre, y galopando algun tiempo llegamos al anochecer a un colina adornada de manzanos, y situada un poco a la izquierda del camino. Alrededor de los manzanos, se veían siembras de habas, arvejas y maíz: este lugar era habitado por un indio rico llamado Antinao. Sus toldos estaban una legua más lejos.

Un gran fuego y un sabroso asado de oveja nos puso en buen estado para pasar la noche. El carpintero y Muñoz, como caminaban a pie, se habían quedado atrás, pasaron sin vernos, alcanzaron a los toldos y hallaron a los indios ocupados en embriagarse; invitados luego imitaron el ejemplo de sus huéspedes, como lo vimos a la mañana siguiente.

13 de enero. Al amanecer, llegaron a caballo Antinao y su hermano Coña; estaban en guerra abierta con las leyes del equilibrio, resultado de la borrachera del día anterior; a pesar de eso, me gustó el primero; tenía la cara despejada, franca, y de color menos cobrizo que los otros indios que ya había visto: me besó la mano en señal de fraternidad, hice lo mismo, nos invitó a ir a sus toldos. Le dejamos partir adelante y le seguimos. Llegando, encontramos a su hijo vaciando el resto del barril de aguardiente. El carpintero y su compañero que se habían embriagado el día antes, no tenían las ideas muy lúcidas. Antinao les había hecho promesas magníficas, si querían quedarse para construirle una casa; creyeron que todos los días se parecerían al precedente, y seducidos por este porvenir con color de aguardiente me pidieron licencia para quedarse hasta mi vuelta: después de muchas observaciones se la di.

El perro Tigre más acostumbrado a la sociedad de ellos que a la nuestra, y como estaba muy despeado, se decidió a compartir su suerte. Regalé *chaquiras* y cuentas de vidrio a las indias, y viendo unos avestrucitos domesticados, como tenía ganas de mandar uno a mi familia en Valparaíso, pedí que me lo diesen como en retorno, y me fue concedido; desgraciadamente murió a los tres días. Nos despedimos de Antinao y nos pusimos en marcha; nuestro batallón sagrado se había disminuido de dos de sus miembros. Caminamos como una legua faldeando colinas, y bajamos a una pradera, a la izquierda de la cual se divisaban algunas casas de paja. Allí, nos dijo Cárdenas, que vivía el cacique Trureupan.

Queríamos seguir adelante, pero habíamos contado sin nuestro huésped, como dice el adagio, o mejor sin el indio que habíamos encontrado el día antes. Éste cuando nos dejó, había alcanzado a los toldos de Trureupan en donde vivía. Allí había esparcido el alarma: tanto más que un individuo llamado Montesinos, chileno de Valdivia, había contado a un Pehuenche que andaba en esa provincia, algunas mentiras sobre nosotros. Cuando estaba en Puerto Montt, había escrito al Gobernador de la Unión, para que me envíase un lenguaraz; me mandó al tal Montesinos, pero este individuo me dijo que no conocía a los indios del Limay, que era casado, padre de familia, en fin, que no podía acompañarme. Volvió a la Unión, le pagué generosamente su viaje, recomendándole bien antes de salir, que no dijese nada de mis proyectos; y el pícaro hizo todo lo contrario. Con el Pehuenche mandó decir: que al sur, iban a bajar de la cordillera por el Limay, unos extranjeros con fusiles, bien armados, y que antes de poco tiempo, tendrían que conocer lo que valían los cristianos, etc., etc.

No se necesitó más, Trureupan, cacique de estos parajes, tipo superlativo de Sancho Panza, se enflaqueció de inquietud, y se puede comprender el alboroto que hizo el indio de la víspera, cuando trajo noticias que parecían corroborar lo que había dicho Montesinos. Trureupan mandó un correo o chasque a Huentrupan, el último cacique en el camino del oeste, y entonces comprendimos porque, saliendo de los toldos de Antinao, habíamos visto bajar de los cerros situados adelante un número considerable de indios con sus lanzas. En el momento que Cárdenas me decía que pasemos sin demorarnos, nos alcanzó al galope un indio que nos invitó, o para hablar más francamente, nos ordenó de parte del cacique, que fuéramos a los toldos.

Este individuo era un indio falsificado, porque era chileno, transfugo de la provincia de Valdivia, como me lo dijo Cárdenas, y cuyo padre desempeñaba el cargo de policial en aquella ciudad. Lenglier que había vivido allí algún tiempo, conocía también al dicho policial. Los ranchos de Trureupan estaban en la orilla opuesta de un riachuelo, y mientras que nos dirigíamos hacia ellos, vinieron varios indios montados, haciendo encabritar sus caballos a nuestro rededor; unos con ademán amenazador, otros con aire de amistad: nuestra seriedad los desconcertó.

Al fin nos paramos en un bosquecito de esa orilla. Villarroel, Argomedo, Guaraman y Vera se quedaron allí, yo pasé al otro lado con Lenglier y Cárdenas, y nos apeamos. El cacique Trureupan era un verdadero hombre globo; nos dijo que era preciso esperar y asistir a un parlamento al cual había convocado a su vecino el cacique Huentrupan.

En efecto, poco después llega Huentrupan con sus mocetones; eran como cincuenta armados de lanzas, teniendo a su cabeza un indio que tocaba la corneta. Ya Trureupan se había sentado en el suelo encima de unos pellejos, Cárdenas y yo a su frente. Los indios de Huentrupan, cien metros antes de llegar, se formaron en batalla, marchando de frente, y arrastrando por el suelo la extremidad de sus lanzas, cuyo hierro tenían en la mano; se apearon, las fijaron en el suelo, y se sentaron de manera a formar círculo completo alrededor de nosotros: iba a principiar el parlamento.

Como se ve, querían intimidarnos; mientras tanto, yo buscaba a Lenglier que desapercibido había desaparecido. Los caciques le mandaron buscar: la causa de su demora era que temiendo, con justa razón, que los indios aprovechándose de nuestra presencia en el parlamento nos robasen lo poco que nos quedaba, había ido a dar una vuelta para cuidar las monturas en la otra orilla; además siendo obstinado como buen breton, se le había puesto en la cabeza que nunca se debían tomar a lo serio las cosas de los indios, a quienes despreciaba (siempre he sospechado que la causa de su desdén era que los indios no sabían fumar una cachimba de una manera decente) y mientras lo buscaban, él se ocupaba en tomar tranquilamente un refresco de harina tostada mezclada con agua.

Los caciques a cada rato me preguntaban si no venía mi compañero: no querían perder sus gastos de escenario; pero Lenglier no venia. Mientras que se entregaba a las delicias de su ulpo, un Pehuenche, pasando al galope, le arrebató su sombrero. ¡Qué atrevimiento! Un sombrero que había tenido el honor de lucir en el lago de Nahuelhuapi y en el Limay, que había tenido la suerte de escapar al naufragio y a las persecuciones de Paillacan: un sombrero que él quería regalar al Museo de curiosidades de Santiago, le era robado, y como por traición. No corrió detrás del indio, porque no hubiera podido alcanzarlo, pero fanfarroneó un largo rato y enojado no quiso venir a la primera indicación.

Me confesó después que no había reflexionado lo que hacía, y que lo sentia mucho, porque su ausencia indicaba una especie de desprecio para con los caciques esta falta de política podía influir en su disposición para con nosotros. Al fin llegó, se sentó a mi lado y comenzó la función. Mientras que todo eso sucedía, llegaba de tiempo en tiempo uno que otro indio atrasado, se apeaba, y principiando por los caciques, dirigía a cada uno de los asistentes la palabra *Eyminai* y a cuyo saludo contestaba cada uno: *he he* y después tomaba su asiento en el círculo.

El espectáculo era imponente para cualquiera que no hubiese conocido el carácter de los indios: el relincho de los caballos, los hierros de las lanzas luciendo al sol, el tric-trac producido por el choque de los sables (sables viejos, enmohecidos), daban a la escena un aspecto guerrero y algo solemne. José Vera, el chileno tránsfugo, de pie, servía de lenguaraz. El sol quemaba, Trureupan, cuya barba se confundía en los pliegues de su monstruosa barriga, sudando la gota gorda principió por la frase de rigor. "Cheu Mapu" ¿de qué tierra? dije que éramos extranjeros, pero no chilenos; lo creyeron sin dificultad, la larga barba que traíamos, no suelen usarlas mis paisanos; por otra parte Lenglier, que había dado la vuelta al círculo saludando a cada uno en castellano, pronunciaba el idioma de Cervantes con tal acento francés, que los indios no pudieron contener la risa, y vieron luego que no era chileno.

Al saber que no éramos *huincas* como ellos llaman a los españoles, y a quienes aborrecen cordialmente, se pusieron menos serios los indios. Les dije en seguida, Vera pasando la palabra, que con mi compañero, viajábamos para conocer el país y trabar amistad con los Pehuenches, que no teníamos ninguna mala intención, y una prueba era el pequeño número de nuestra comitiva; que por otra parte los Pehuenches tenían mucha fama de guapos y hubiera sido locura intentar batirse con ellos, y otras contestaciones iguales a las que había dado ya en los otros toldos. A esto se siguió un momento de silencio; entonces el cacique Huentrupan nos preguntó si habíamos oído hablar de una declaración de guerra entre indios y españoles, guerra cuyo teatro era cerca de una ciudad llamada "Duidal", no entendí bien lo que quería decir y contesté que no sabía nada de eso (¿sería acaso la posesión de Angol en Arauco que había tenido lugar en esa fecha?).

Entonces tuvo lugar un incidente: Lenglier, sentado a mis espaldas, tocaba el círculo de indios; trabajaba para defenderse de las importunidades de los indios que a cada rato trataban de trajinarle sus bolsillos. El saco de tela que contenía nuestros papeles, los croquis y el diario del viaje, lo había escondido terciado bajo su vestido, cuando en un movimiento que hizo, un indio vio el saco y avisó al cacique. José Vera me dijo entonces que el cacique quería ver esos papeles: los tomé y los extendí delante; tomó uno el cacique, lo consideró, lo dio vuelta, mirándolo sorprendido como un puerco que encontraría en el camino un número del *Ferrocarril* o un par de guantes; comparación tanto más exacta cuanto que el venerable Trureupan por su cara, su obesidad y la gracia de sus movimientos representaba perfectamente al animal citado.

Al fin me volvió los papeles, algunos habían desaparecido, pero me fueron devueltos después, mediante un pañuelo que regalé al que los había tomado. Hacía dos horas que duraba la conferencia; Trureupan sudaba como una alcarraza; tenía por delante un cacho de agua fresca y a cada momento se echaba un poco en la cabeza. Después pidió un cacho de harina y me lo pasó; lo tomé con satisfacción porque vi que la batalla estaba medio ganada, y que no costaría ya mucho trabajo con nuestras tropas de reserva, es decir, con las *chaquiras* y cuentas de vidrio regaladas a las chinas; pasé la mitad del cacho a mi compañero. Un poco de paciencia y haciendo su parte el amor propio de los Pehuenches estábamos salvados.

En efecto, poco rato después, nos dijo José Vera, traduciendo las palabras del cacique, que podíamos pasar, pero que debía quedar el peón Vera como rehén para asegurar el cumplimiento de mi promesa de volver trayendo muchos regalos; le contesté que había dejado a dos de los peones en casa de Antinao, y que esos podían satisfacer la condición; los caciques aceptaron y se concluyó el espectáculo.

Levantada la sesión, montaron a caballo los indios y se alejaron con Huentrupan. Nos despedimos de Trureupan después de haber regalado *chaquiras* a sus chinas. Cárdenas se quedó para escribir una carta al cacique y nosotros fuimos adonde estaban nuestros caballos: las monturas estaban por el suelo, las frasadas habían desaparecido: Argomedo que estaba al cargo de todo me dijo entonces que unos indios al pasar, no haciendo caso alguno a sus representaciones, las habían tomado, las habían dividido en pedazos y repartido para sudaderos de sus monturas: estábamos, pues, sin tener con qué abrigarnos para pasar la cordillera.

Irritado con lo que me sucedía, en ese momento habría cometido cualquiera violencia, no perdí la oportunidad que se me presentó: estaba acomodando mi caballo cuando un indio de baja estatura, se me presentó pidiéndome que le hiciera algún regalo: le contesté reconviniéndolo por el abuso que se había cometido con nosotros: él riéndose intentó arrebatarme el gorro de género que yo llevaba: entonces no pude contener mi indignación y tomándole de los cabellos iba a darle un zurra, cuando me dijo en el tono más amistoso: no se enoje compadre: le dejé y no me incomodó más; poco después llegó Cárdenas y nos pusimos en camino. Como íbamos a prisa, por otra parte como debíamos volver, las pocas observaciones que hicimos, las relataremos más adelante. Encimamos mesetas, escalones de la cordillera, pasamos al lado del cerro Trumpul, notable por su forma, y a la noche acampamos en la orilla septentrional del lago de Lacar, cuya descripción daremos también en capítulos posteriores de este libro.

14 de enero. Al alba montamos a caballo, y a las diez llegamos a la chacra de Huentrupan situada como el lago de Lacar en las primeras cadenas de la cordillera: conversamos con él y nos ofreció que comer; me encargó un poco de añil para la vuelta. Ya estábamos en la región de bosques; habíamos dejado la pampa definitivamente. Saliendo de allí, cerca de la casa de un indio cristiano, llamado Hilario, Cárdenas nos mostró los restos de un antiguo fortín español; un poco después llegamos al balseo; Guaraman pasó en una canoa todos los bagajes y las monturas, los caballos atravesaron nadando y nosotros los últimos en la canoa. Ensillados los caballos nos pusimos en camino, orillamos una lagunita llamada Queñi, encontramos una bajada muy difícil que nos obligó a apearnos, y al fin a las seis de la tarde acampamos al pie del boquete.

Allí se nos juntó un individuo de la figura más extraña: era un hombre Hércules, muy bien parecido, vestido con una camisa lacre, un chiripá y una gorra de cuero de zorro; un enorme puñal adornaba su cintura; su idioma era medio español y medio indio. Por el tono familiar con que se dirigió a Cárdenas, comprendimos que debían ser conocidos: luego supe que era su hermano Pedro, conocido en Valdivia con el nombre de Motoco: víctima de su genio iracundo, no podía pisar el suelo valdiviano y vivía hacía dos años en los toldos del cacique Huitraillan con el cargo importante de secretario. Traía algunos caballos para venderlos en los primeros potreros: no podía pasar más adelante. Mucho nos divirtió la relación que nos hizo de algunos episodios de su vida.

En la noche como sólo teníamos el aparejo del macho para dormir, sentimos mucho frío; no obstante que dormíamos tres en la misma cama: hubo mucho rocío.

15 de enero. Al amanecer, salimos del alojamiento y subimos una cuesta de mucha pendiente, hasta llegar a una meseta circular, llamada Inihualhue, rodeada de hayas antárticas y cubierta de manchas de nieve que derritiéndose daban origen a un bonito riachuelo que serpenteaba por el césped. Allí hicimos alto, y vimos pasar varios Pehuenches con cargas de aguardiente; montamos a caballo y bajamos la pendiente oeste por un camino horrible, cubierto de nieve, obstruido por troncos de árboles y lleno de hoyos ocultos por la nieve, en donde hombres y caballos a cada instante corrían peligro de romperse las piernas.

El caballo que montaba yo, era Pehuenche, nunca había andado por esta clase de caminos: acostumbrado a los llanos de la pampa, al bajar el primer escalón de Inihualhue, sintiéndose resbalar, se encabritó de tal modo en la pendiente, que me disparó a más de cuatro varas en el suelo, me azotó la cabeza en un palo y quedé un rato como aturdido; con esa lección principié la marcha a pie; un poco más lejos se apearon todos, era preciso bajar perpendicularmente; los caballos rodaban arrastrados por su peso.

Al fin, después de dos o tres horas de mucho trabajo, encontramos un río muy torrentoso llamado Follill que pasamos siete veces; en una de estas pasadas mi caballo poco diestro, cayó y me echó al agua; me sumergí hasta el pescuezo, corriendo el riesgo de ser arrastrado por la corriente que es muy grande; fue preciso caminar todo el día mojado, no había tiempo que perder, ni ropa que mudar; a la noche alojamos en un lugar nombrado Chihuihue, cerca de la casa de un indio cristiano; una vieja nos regaló un plato de arvejas hervidas en agua que comí con tanto gusto como si hubiera sido un guiso muy delicado y digo regalado porque ya no teníamos que dar en cambio de alimento.

16 de enero. Al alba salimos. Argomedo y el peón Vera caminaban a pie por estar todos los caballos extenuados; atravesamos algunos malos pasos; un río, y llegamos a Maihue: allí encontré a un indio chileno, Juan Negrón, que vivía en la otra banda con el empleo de lenguaraz, y que volverá a aparecer más adelante en esta relación. Pasamos dos ríos muy torrentosos, cuyos nombres y descripción daré a la vuelta, y al fin entramos en un gran potrero lleno de frutillas; nos hartamos con esta fruta delicada y llegamos a la casa, situada en la otra extremidad del potrero; allí fuimos bien recibidos. En la noche llegó el dueño del potrero, don Manuel Florin, de Valdivia, que puso su casa a nuestra disposición.

Allí también conocí a un viejo chileno, Matías González, que había vivido mucho tiempo con los Pehuenches, y cuyos conocimientos de las costumbres e idioma indios aprovecharé volviendo de Valdivia.

17 de enero. El sábado orillamos el lago de Ranco y llegamos a Futronhue.

18 de enero. El domingo por la mañana llegamos a la casa de don Fernando Acharán, que estaba entonces ausente. La mujer del mayordomo, cuñada de Cárdenas, nos recibió bien y nos ofreció leche; quiso detenernos allí para que descansásemos, pero teníamos prisa de llegar a Valdivia y continuamos nuestro camino. A mediodía estábamos en el potrero de Malo, en la casa de don Jacinto Vásquez. Cuando llegamos no estaba en su casa, y como el traje que llevábamos era muy poco decente, su mujer y cuñada, viéndonos de lejos llegar al galope, se asustaron al principio, pero cuando nos acercamos y nos vieron en compañía de Cárdenas a quien conocían, se tranquilizaron. Allí esperamos a Cárdenas que fue a casa de su madre en busca de caballos frescos y que vino a la noche. Don Jacinto Vásquez no quiso dejarnos partir con los sacos de género que a manera de sombreros llevábamos en la cabeza: gracias a la amabilidad de este caballero nuestro elegante tocado fue reemplazado por dos sombreros que nos regaló a Lenglier y a mí.

19 de enero. Al alba salimos del potrero de Malo, nos acompañó don J. Vásquez como dos o tres leguas; pasamos varias veces el Calle-Calle, tomamos un trago de chicha ántes de llegar a Arique en casa de un paisano de Lenglier. En Arique descansamos un rato en la fábrica de aguardiente de don F. Lagise, y a las cinco de la tarde, habiendo andado este día como veinte leguas, entramos a Valdivia, cuarenta días después de nuestra salida de Puerto Montt. Íbamos a descansar algunos días y hacer todos los preparativos para volver a las pampas.

En los capítulos siguientes estarán consignados todos los detalles geográficos sobre el país recorrido a nuestra vuelta. Lo precipitado del viaje no nos permitió, esta primera vez, hacer las observaciones precisas.

Capítulo V

Valdivia. Preparativos. Instrumentos para las latitudes. Don Ignacio Agüero. Huilliches. Sucesos antiguos. Salida de Valdivia. Traje. Calle-Calle. Arique. Huitrí. Camino de Arique a Huitrí. Dollingo. Futronhue. Lago de Ranco. Ríos que lo alimentan. Río Bueno. La Mariquina. Familia Panguilef. Río Caunahué. Salida para Arsquilhue. Rio Cullinmillahue. Llegada a Arsquilhue. Indios. Labrín, Mancilla, Muñoz y Tigre. Falsos rumores. Partida de los peones. Despedida de Tigre. Paseo a Maihué. Juan Chileno. Sus fragilidades.

En Valdivia me ocupé de todos los preparativos para mi vuelta a donde los indios. Cárdenas, que había entrado a mi servicio, con el objeto de acompañarme durante el nuevo viaje, se puso en marcha para comprar en Arique el aguardiente necesario tanto para el rescate de los rehenes, como para procurarme la amistad de los caciques, y algunos caballos para el viaje; al mismo tiempo debía conducirlo a Arsquilhue, última estación en este lado de la cordillera.

Como había perdido todos mis instrumentos en el naufragio, necesitaba a lo menos una brújula para tomar las direcciones durante el viaje y un barómetro para calcular las alturas y hacer algunas observaciones. Encontré fácilmente una brújula de bolsillo para Lenglier: yo iba a usar un reloj de sol portátil, dotado de una buena aguja, que mi buen amigo el doctor

247

Fonck, sabedor de mi determinación, me había remitido de Puerto Montt.

Con este reloj tenía la ventaja de poder determinar bastante aproximadamente la hora para las latitudes que iba a calcular con otro pequeño instrumento que hice construir, semejante a uno que había perdido en el Limay. Este aparato, aunque imperfecto, llenaba el objeto deseado; por su sencillez puede prestar grandes servicios. Se compone de una plancheta cuyo largo varía con la latitud en que se viaja: como nosotros sabíamos que no debíamos salir de los paralelos de Valdivia y Puerto Montt, entre los 40° y 42°, y además como podíamos determinar la duración del viaje, nos era fácil calcular el mayor largo de la sombra para la latitud más alta; así es que nuestra plancheta sólo tenía 30 centímetros de largo; un ancho de 10 centímetros es suficiente, porque fácilmente se puede apreciar la hora en que pasa el sol por el meridiano. Ahora, la aguja que da el largo de la sombra debe estar fija en el medio de un extremo de la plancheta, perfectamente vertical, y en ángulo recto con ella.

La mejor forma que se la puede dar, es la de un rectángulo terminado por un triángulo de menor base que el rectángulo; de esta manera a las doce, la parte horizontal del rectángulo irá acercándose al vértice del triángulo; después se alejará de él: así, a esa hora, será más fácil ver la posición precisa de la sombra. Otra clase de aguja tiene el inconveniente de describir una curva. En nuestra plancheta, la aguja tenía 20 centímetros y obrábamos de la manera siguiente: un poco antes de las doce colocábamos el instrumento en posición; por medio de la brújula teníamos poco más o menos la dirección del meridiano. Para ponerlo horizontal nos servíamos de un pequeño nivel de aire; también puede conseguirse esto, con una bala de plomo, que colocada en un punto cualquiera de la plancheta debe quedar inmóvil; un hilo a plomo aplicado en el extremo de la aguja; manifiesta si se encuentra perfectamente vertical a la plancheta.

Señalábamos con un lápiz los varios puntos de la extremidad de la sombra, y al mismo tiempo las líneas que ella marcaba del lado horizontal del rectángulo; entonces teníamos el mínimum de sombra correspondiente al pasaje del sol por el meridiano. Se tiene luego un triángulo rectángulo, en el cual, el lado b es el largo de la aguja y c el de la sombra: con la fórmula tangente $B = \frac{b}{c}$ se obtiene el ángulo de la altura meridional; ésta se corrige de la refracción y paralaje dadas en las tablas correspondientes y junto con la declinación del sol se obtiene la latitud.

De esta manera, no necesitábamos sextante, ni horizonte artificial, instrumentos que se echan a perder muy fácilmente, y cuyo uso en presencia de gente tan suspicaz como son los indios entre quienes viajábamos, nos hubiera acarreado algunos inconvenientes.

Ahora, con las tablas de logaritmos de Lalande y una copia de las declinaciones del almanaque náutico, se tienen todos los elementos necesarios para calcular una latitud aproximada.

Al caminar, se ha calculado poco más o menos la distancia recorrida y las direcciones por medio de la aguja; se puede entonces obtener la variación en longitud. Por otra parte, en el cálculo de la declinación, un error de veinte minutos en longitud, lo que hace un error de veinte minutos al este o al oeste, altera poco el valor final de la declinación y la altera tanto menos, cuanto más lejos se halla uno del Ecuador, porque se sabe que la longitud de un grado comprendido entre dos meridianos va siempre disminuyendo desde el Ecuador hasta los polos.

Hemos verificado el instrumento en Puerto Montt, cuya latitud nos era conocida, y nunca tuvimos error mayor de tres o cuatro minutos, y aun cuando lo hubiéramos tenido, esta exactitud era suficiente para lo que necesitábamos.

En cuanto al barómetro, debí contentarme con uno aneroide. Dos termómetros de bolsillo completaban la colección de instrumentos.

Los artículos que llevaba para rescatar a mi gente de las manos de los indios, consistían en aguardiente, escopetas, cornetas, pólvora, ropa, cuentas de vidrio, cuchillos, pañuelos, camisas, añil y otras cosas para regalar a las nuevas relaciones que podía contraer.

Don Ignacio Agüero, respetable vecino de Valdivia, que en otro tiempo había estado entre estos indios, y que había dejado entre ellos muy buenos recuerdos, por motivos que expondré más adelante, me ofreció una carta de recomendación que podía servirme y me apresuré a aceptarla.

Los indios de Valdivia, junto con los araucanos, constituían en otro tiempo aquella nación que tan valientemente defendió su independencia contra la invasión de los españoles. Arrojados muchos de ellos de las posesiones que ocupaban en esta banda, al pie de los Andes, pasaron la cordillera y formaron la nación de los Pehuenches: aquellos que se sometieron al dominio español, permanecieron a este lado; pero conservando siempre su sistema de gobierno, por reducciones mandadas por caciques.

Estos indios se conocen en el país con el nombre de *Huilliches*, gente del sur, y los Pehuenches, los llaman *Aucaches*, que significa, gente alzada, porque parece que hasta unos cuarenta años atrás conservaban todavía su carácter belicoso. Antes de haberme impuesto de estos pormenores, y cuando recién conocí a los Pehuenches, me figuré que sería por ironía que estos indios llamaban Aucaches a los indios de Valdivia; pero me había equivocado.

Si entro en algunos detalles sobre los Huilliches, es porque, como se verá más tarde, algunos de ellos han figurado en las aventuras que me sucedieron.

Estos indios, aunque cristianos, han conservado casi todas las costumbres y hábitos supersticiosos de sus antepasados. El traje que llevan, se diferencia algo del de los Araucanos: consiste en unos pantalones cortos de lana azul, calcetas de punto hasta el tobillo, una camisa del mismo color y material; y el poncho: usan el pelo largo que les cae hasta las espaldas, dividido en la frente y sostenido por una cinta que llaman *trarilonco*, algunos llevan un sombrero cónico de lana azul. Las mujeres se visten como las de los Pehuenches, cuyo traje describiremos más adelante.

Durante el dominio de los españoles, estos indios, siempre conservaron su carácter salvaje e independiente; parece que nunca aceptaron resignados el pesado yugo que les impusieron los conquistadores; no hubo vez en que no aprovechasen la oportunidad para emanciparse de las duras obligaciones que pesaban sobre ellos, y volver a su primitiva libertad: quemaron y saquearon dos veces la ciudad de Osorno, hasta que al fin extenuados por las sangrientas luchas, aparentaron resignarse a la voluntad de sus amos. Para civilizarlos adoptaron los españoles, como hacían con todos los indios, el sistema de las misiones, que produjeron escasos resultados: los curas de ese entonces los consideraban como lobos disfrazados de corderos; y más como bestias que como hombres.

A este respecto, don Félix de Azara cita las controversias que tuvieron lugar, entre los curas españoles para saber si los indios merecían todos los sacramentos o solamente el bautismo, y un cura escribiendo a un obispo de España, argüía contra la administración de todos los sacramentos fuera del bautismo, diciendo: que los indios no eran hombres, puesto que hasta el fin de su vida conservaban los dientes, como sucede a los animales. Esto manifiesta que si los indios fueron convidados por los españoles al banquete de la civilización, tuvieron poca parte en la mesa. No es extraño, pues, que su condición haya variado tan poco.

En la carta que me dio don Ignacio Agüero para los Pehuenches, con el objeto de interesarlos en mi favor, les recordaba los hechos siguientes: como unos cuarenta años atrás, cuando Chile recién sacudía el yugo de la España, los indios de Valdivia aprovechándose de los disturbios consiguientes a ese estado de cosas, se armaron y pasando la cordillera fueron a maloquear a sus vecinos los Pehuenches; víctimas de uno de esos asaltos fue el cacique Paillacán, el mismo en cuyas manos estaba prisionera mi gente. En su retirada trajeron muchos caballos, y como prisioneras, muchas mujeres de los caciques. Entre ellas había una de Paillacán con un hijo pequeño.

Don Ignacio que ya tenía algunas relaciones con los Pehuenches, avisado por ellos, procedió a rescatar los prisioneros para devolverlos a sus hogares. El Huilliche, en cuyas manos estaba el hijo de Paillacán, no queriendo desprenderse de la criatura, huyó a una de las islas del lago de Ranco; perseguido por don Ignacio, viendo que se le forzaba a entregar el niño; enojado prefirió romperle la cabeza contra las piedras y devolverlo cadáver a su perseguidor. Casi todos los cautivos fueron redimidos y devueltos a los Pehuenches; la mujer de Paillacán sólo fue rescatada algunos años después, y no quiso volver a las pampas. Esta se llamaba Aunacar.

Restablecida la buena armonía entre los Huilliches y Pehuenches, tuvieron éstos que habérselas con los Tehuelches del sur de Limay. Los Tehuelches, en gran número atacaron a los Pehuenches y les quitaron casi todas las mujeres: éstos pidieron auxilio a su amigo don Ignacio, quien con unos cincuenta Huilliches, provistos de armas de fuego, salvó las cordilleras y juntándose con ellos, llevó la guerra a los arenales de los Tehuelches: después de veintiséis días de marcha hacia el sur, los alcanzaron, se batieron durante algunas horas y lograron arrebatarles las cautivas.

Por estos tan señalados servicios, don Ignacio Agüero era muy conocido entre los Pehuenches y su carta debía servirme para los fines de mi viaje.

Mientras yo tomaba todos los informes que creía necesarios, llegó Cárdenas que había ido a transportar el aguardiente hasta Arsquilhue, y entonces pudimos ponernos en camino.

Aquí debo decir que todos los amigos de Valdivia desaprobaban mi vuelta a donde los indios. Me decían: que era querer tentar a Dios y a la fortuna, el volver otra vez habiendo ya salido de entre esa canalla, y que no debía considerarme empeñado en mi palabra; que respecto de mis hombres, se les podía mandar rescatar por medio de uno de los compradores de caballos que van a la otra banda. No hubo razones que no sugiriese la amistad a mi amigo don Félix García Videla, Intendente de la provincia y a las otras personas que se interesaban en disuadirme de mi proyecto, pero resistí.

Además de que había empeñado mi palabra, el atractivo del viaje hasta el Carmen, las ventajas que a mi parecer reportaría la geografía de esos países tan desconocidos, el vivo deseo que tenía de volver a ver el lugar del naufragio y el confluente del Limay, y también debo confesarlo, la importancia que los peligros mismos daban a la empresa, tuvieron mucha influencia en mi espíritu. Todos esos motivos me hicieron persistir en mi resolución y el 8 de febrero salimos de Valdivia con Lenglier y Cárdenas, dirigiéndonos a Arique.

Instruidos por la experiencia llevábamos solamente los vestidos estrictamente necesarios:

habíamos mandado hacer cinturones de cuero, guarnecidos de bolsillos, que escondidos bajo el poncho, estaban al abrigo de las manos inquisidoras de los indios; grandes botas de agua, unos pantalones de tela gruesa y un sombrero gris cónico, igual al que suelen usar los arrieros del sur de Chile. Otro sombrero no es adecuado para soportar el excesivo viento de la pampa; además habríamos tenido mucho trabajo para sustraerlo a las solicitaciones inoportunas de los indios. Una mula llevaba la carga con los artículos ya citados.

En todo ese día orillamos el Calle-Calle: todos los terrenos que atraviesa este río son fértiles y tanto más a medida que se acercan a la orilla; la capa vegetal es espesa y descansa sobre arena y cascajo menudo. El río no tenía mucho caudal cuando lo orillamos, pero se dice que en el tiempo de las inundaciones periódicas, el Calle-Calle cubre una legua a la derecha, y forma como un vasto lago en el que nadan millares de manzanas arrastradas por la corriente del pie de los árboles; y de los dos caminos que conducen de Valdivia a Arique, uno solo es practicable en el invierno, el otro que atraviesa el valle se cubre por el agua. Atravesamos bosques de manzanos, embalsamados por el perfumado olor de las flores de la murta[21], fruta que tuvo el honor de ser cantada por Encilla.

[21]Mirtus murta (Mol).

Arique es el primer pueblo que se encuentra en el camino, pero las casas no están agrupadas alrededor de un centro común, sino desparramadas a los lados del camino. La iglesia pintada de rosado hace muy buen efecto en medio de los campos verdes.

Allí alojamos, en casa de don Francisco Lagisse, alemán que en ese punto ha establecido una fábrica de aguardiente de grano. Al día siguiente salimos para Huitri, fundo perteneciente a don Atanasio Guarda, adonde llegamos a la noche, después de haber atravesado cinco veces los brazos del Calle-Calle que dan numerosas vueltas, unas veces por arenales, otras al pie de colinas cuya formación aparece bien marcada, compuesta de capas estratificadas de arena, arcilla y piedras redondas. En una de esas vueltas, en la confluencia con el río de Quinbhilca se encuentra la pequeña aldea del mismo nombre, formada de unas cuantas casas.

Todo el camino hasta Huitri, es por manzanales, pampas pequeñas y potreros cortados por una que otra colina. Esta es la parte de la provincia de Valdivia que se llama los Llanos y se extiende hasta Osorno. Estos terrenos son efectivamente bajos, aunque su horizontalidad no es tan perfecta como la del llano de Santiago. Los campos en parte están privados de esa formidable vegetación que cerca de la costa hace tan trabajoso el cultivo: sobre ellos caen directamente los rayos del sol, con cuya influencia alcanzan las siembras su perfecta madurez. Espesa es, como ya lo llevo dicho, la capa de tierra vegetal, que descansa sobre arenisca y cascajo menudo. La indicación de algunos de sus pastos naturales bastará para dar una idea de la calidad del tererreno a cualquiera que conozca un poco el cultivo usado en Chile. El *trébol*[22] y la *gualputa*[23] crecen en abundancia. El inapreciable *coligüe enano*, planta vivaz y siempre guarnecida de hojas verdes en todo tiempo, el *coirón*[24], la *avena*[25] silvestre, tapizan con muchas otras menudas gramíneas los campos dejados sin cultivo.

10 de febrero. En la mañana nos despedimos del señor Guarda que nos dispensó una franca hospitalidad y salimos para Dollingo, atravesando un riachuelo y un potrero grande: de allí ya divisábamos la cordillera central. Don Fernando Acharán dueño de la hacienda de Dollingo vive allí, ocupándose en la crianza de animales.

Todos los Huilliches que trajinan por ese lugar, conocen muy bien esta casa, en donde nunca se les rehusa la chicha y el alojamiento: mucho nos hizo reír este señor al contar la exclamación de un indio, a quien por falta de chicha en barril, había ofrecido botellas tapadas:

[22]Trifolium.
[23]Medícago maculata.
[24]Andropogon argentea.
[25]Avena irsuta.

preguntó a don Fernando cuánto tiempo las guardaba en su bodega, y como éste le contestase que tres meses: ¡qué gente de tanta paciencia son estos huincas dijo, que pueden guardar chicha por tanto tiempo sin bebéresela! nosotros, luego que está hecha, la bebemos toda.

11 de febrero. Salimos de Dollingo por una pampa larga rodeada de bosques; entramos luego en ellos; seguimos subiendo y bajando por las pequeñas ramificaciones que se desprenden de los dos grandes cordones laterales que forman ese largo valle que concluye en el boquete. Estos cerros son de cimas redondas y en general casi cortados a pico. La vegetación cubre sólo los puntos en que el declive no es muy pronunciado, lo demás es roca viva. Todo el camino que es como de doce kilómetros hasta Futronhue, así se llama una pampita a orillas del lago Ranco, en donde viven algunos indios, es de pampas alternadas con bosques.

No quiero dar aquí una descripción pintoresca de las bellezas de este lago, que bien vale la pena de que un viajero se tome el pequeño trabajo de visitarlo. El lago Ranco tiene como cuarenta kilómetros de norte a sur y veintidós de este a oeste, es decir, que es tan largo como el de Llanquihue pero menos ancho: es como el lago Maggiore o el lago de Como en Lombardía, pero dos o tres veces más ancho, y si sus orillas estuviesen pobladas de aldeas, villas, casas, quintas y sus aguas animadas por embarcaciones, no les cedería casi en nada a esos lugares tan decantados.

En el centro de sus aguas se ven pequeñas islas, donde manchas amarillas indican campos de trigo. Son trece en número y algunas de ellas habitadas por indios. De Futronhue hasta Huequecura orillamos la ribera oriental que es formada de colinas altas cubiertas de bosque espeso, que dan al lago el aspecto de una inmensa soledad.

Los ríos que bajan de la cordillera para echarse en el lago Ranco, son el río Caunahué que después de haber recibido varios afluentes viene a desembocar dando muchas vueltas en medio de arenales, el Cullinmillahue, el Huentruleufú, el Pillanleufú y el Cunringue, pero antes de echarse en el lago pasan estos tres por la lagunita de Maihué situada más al este y cuyo desagüe es el río Llebcan. Todos esos nombres de ríos tienen un significado en indio. Cullinmillahue, quiere decir, *río de arena de oro,* Pillanleufú, *río del volcán.* Pero hablaremos más extensamente de cada uno de ellos, cuando los encontremos en el camino.

El río Bueno une las aguas del lago con las del mar Pacífico: sale del sur y no del medio de la laguna como se creía antes: recibe varios esteros que vienen a echársele a derecha e izquierda y llega en seguida a la mar. Las mareas suben hasta cuarenta y cuatro kilómetros adentro.

Después de haber pasado a Futronhue, siempre por pampas y bosques, llegamos a un lugar llamado la Mariquina, al rancho de un indio Antonio Panguileſ, pariente de los caciques pehuenches y que en ese momento se hallaba en el otro lado de la cordillera. La familia constaba de tres o cuatro hijos, de los cuales dos niñas, eran de catorce a quince años: una tenía un tipo muy notable: las facciones eran más que regulares, la cara color de aceituna y los cabellos de un negro de azabache. Regalé algunas chaquiras a la madre y a las hijas. Allí vi colgado en la pared el cuero de un león que poco antes había muerto un peón de la casa. Después de haber comido una cazuela que por mis regalos quiso retornarme la india, proseguimos nuestro camino.

La ramificación de la derecha concluye en el lago mismo; la faldeamos por un sendero malísimo abierto en medio de un bosque muy tupido de quilas, por donde tuvimos que andar como un kilómetro tendidos sobre el pescuezo del caballo para no enredarnos: después echamos pie a tierra en algunos declives violentos, pasando por debajo de enormes trozos de rocas inclinados que amenazaban desprenderse: hicimos algunos trechos por la orilla misma del lago con el agua hasta el pecho del caballo y a la noche llegamos a un lugar llamado Huequecura, que significa en lengua chilena *piedra nueva*.

Como a un kilómetro antes habíamos atravesado el río Cahunahue que tenía en ese momento una mediana profundidad y una anchura de treinta metros, pero el cauce que es ancho como de ciento cincuenta metros debe llenarse en el invierno; la corriente es bastante fuerte. Allí tomamos la primera altura barométrica, porque antes era difícil por lo ligero que andábamos; además la altura del lago tomada con barómetro de mercurio por Mr. Gay nos iba a servir como punto de partida.

Todo el terreno como el de Valdivia, es compuesto de arena, arcilla y cascajo menudo alternado con rocas metamórficas, principalmente la *esquita chlorítica* y la *micacea*.

En Futronhue principian las cordilleras a tomar mayores alturas y continúan así hasta el boquete. En frente de la casa de Huequecura, del lado del lago, se halla una roca cortada a pico, de una grande elevación. No lejos de ese lugar hay una pampa que se llama Lifén, y que probablemente ha dado su nombre al boquete, que es conocido igualmente bajo los nombres de boquete de Lifén y boquete de Ranco. Alojamos en esta casa de Huequecura.

El dueño estaba también en la otra banda y como nos lo contó la mujer, debía ir a Patagónica con los Pehuenches. El hijo de este indio volviendo de Puerto Carmen con una partida de Tehuelches, había sido muerto en un combate que tuvieron con las tropas argentinas, y el viejo *Ragnin* iba en busca de unos caballos que había dejado. Para agradecer la hospitalidad que esta mujer me dispensó en mi viaje anterior, le regalé algunas chaquiras, obsequio del que quedó muy contenta.

13 de febrero. Salimos en la mañana para Arsquilhue. De Huequecura hasta Arsquihue, no hay mucha diferencia de nivel: los cordones de los lados se van alejando y el valle se presenta mucho más ancho, las pampas mucho mayores, cubiertas de *frutillas*[26], ranchos de vaqueros se ven de cuando en cuando: en todos los potreros se ocupaban de hacer quesos. Atravesamos algunos riachuelos y un poco antes de Arsquilhue pasamos el río Cullin-millahue.

Unos lenguaraces me tradujeron este nombre por: *Río de la casa de urena*, pero sin querer ofenderlos, me permitiré decir que se equivocaron, porque después de haber aprendido un poco el idioma, conocí el verdadero significado; quiere decir: *Río de la arena de oro*, porque *Cullin* significa arena, *milla* oro, *hue* lugar y *Leufu* río. En donde lo principiamos a orillar, era bastante ancho y parece tener como un metro de profundidad, pero en donde lo vadeamos, disminuía de fondo, y el agua alcanzaba apenas a las rodillas de los caballos. Como a las doce del día llegamos a las pampas de Arsquilhue, potrero de don Manuel Florín. En la casa encontré algunos indios Pehuenches sentados bajo una

[26]Fragraria chilensis (Mol).

ramada, bebiendo en compañía de mi grande amigo Juan Negrón, del cual hablaré un poco más adelante.

Entre estos indios se hallaban unos dos, que eran hermanos: Pedro y Manuel Montesinos, apellido español que habían adoptado y vivían en la otra banda, en los toldos de Huitraillán, cacique Pehuenche de las orillas del Chimehuín. También estaba con ellos Pedro Cárdenas (Motoco) hermano de mi mozo y otro joven José Bravo, lenguaraz y secretario del mismo cacique.

Al día siguiente, fuimos sorprendidos con la llegada de Labrín, aquel joven chileno de quien he hablado en la primera parte de esta relación, y que junto con su querida, se encontraban cautivos en los toldos de Paillacán, cuando nosotros llegamos del Limay. Había obtenido su libertad con la llegada de Foiguel, el hijo mayor del cacique, que se empeñó por él con su padre. Es difícil expresar la satisfacción que experimentaba esa pareja el verse libre y en medio de gente civilizada. Habían permanecido un año entre los salvajes.

Labrín me anunció la llegada de mis peones, el carpintero Mancilla, y Antonio Muñoz que se habían quedado voluntariamente en Huechuhuehuín, para construir la casa de Antinao; pero que después del parlamento se les había considerado como rehenes hasta mi regreso de Valdivia. Díjome también que había entre los indios muy mala disposición respecto de mí, a causa de ciertos rumores falsos que habían llegado a noticias de ellos sobre que el aguardiente que yo llevaba estaba envenenado, y que el cacique Huentrupán del otro lado de la cordillera había mandado chasques a los otros caciques avisándoles acerca de mis malas intenciones.

Otro individuo Diego Martínez, uno de aquellos perseguidos por la justicia que suelen ir al otro lado de la cordillera, con el objeto de comprar caballos, no pudiendo entregarse en este lado a ninguna ocupación para poder subsistir, también les había llenado la cabeza a los indios con mentiras: como, que de Nahuelhuapi venían seiscientos hombres armados para hacerles la guerra, aseverando todo esto con otras falsedades.

Como a las doce, divisamos dos hombres y un perro, que se dirigían hacia la casa; eran los dos peones, seguidos de Tigre. Efectivamente habían hecho una casa a Antinao y éste teniendo noticia de mi pronta llegada, les había conseguido la libertad, al mismo tiempo, les había regalado a cada uno un caballo, pero pasando el boquete, como uno no estaba amarrado, había sido robado o se había perdido en el bosque. Les pedí noticias de la otra banda, y desgraciadamente me confirmaron lo que ya me había dicho Labrín. Parece que un tal Melipán, indio de la vecindad, había dicho a los indios de la otra banda que el aguardiente que yo llevaba, estaba envenenado, con el objeto de causar la muerte a los caciques Pehuenches.

Para gente ilustrada, lo falso y absurdo de tales cuentos hubiera resaltado al momento; pero los indios, acostumbrados a tratar con los compradores de caballos, que generalmente es gente poco honrada, creen todo lo que se le antoja decir al primer bribón que les habla sobre las malas intenciones de los huincas. ¿Cómo iban a ir dos hombres con aguardiente envenenado, para ser en seguida víctimas de la venganza de aquellos que viendo morir a sus compañeros, se abstendrían de probar el licor funesto? Como conocía la credulidad de los indios, me resolví a cambiar ahí mismo el aguardiente por caballos.

Los dos peones venían poco contentos de los indios y principalmente el carpintero, decía: que lo habían maltratado mucho y que habían querido matarlo, pero como me lo contó después su compañero, la verdad de lo ocurrido era, que tenía la costumbre de embriagarse junto con los indios, y que después éstos, locos con la bebida, se volvían malos y lo amenazaban. Hubiera evitado todo eso, no mezclándose en sus borracheras. Por otra parte, no habían sido muy desgraciados, porque los indios no ejecutaron con ellos las intenciones que me habían manifestado en el parlamento que tuvo lugar cuando yo me iba a Valdivia; los habían dejado residir tranquilamente en casa de Antinao, sin intentar retenerlos hasta mi vuelta, como se convino. Talvez se portaron así, porque sabían

266

ya mi proximidad, y esperaban ser más recompensados obrando de ese modo.

Di una carta a esos dos hombres, para que fuesen pagados en Valdivia. Se fueron, pero dejándonos a Tigre: este fiel perro, como he dicho antes, se había quedado con los dos peones en los toldos de Antinao cuando pasamos por allí, yendo a Valdivia: una marcha forzada por los arenales de la pampa le había lastimado las patas, y para evitarle fatigas inútiles, lo había dejado con la intención de recogerlo a la vuelta.

El pobre animal manifestaba el gusto de vernos con movimientos y caricias que no podría describir la pluma. Lenglier, que profesaba mucha admiración por este inteligente animal, persistió entonces más que nunca en su resolución, de celebrar más tarde los hechos y proezas del sin igual Tigre, en un poema épico de veinticuatro cantos, adornado con el retrato del héroe.

Tigre como perro bien criado, se despidió lanzando una mirada de agradecimiento al carpintero que se alejaba, mirada que nos manifestó que si la conducta de Mancilla, no había sido sin mancilla en cuanto a la embriaguez, al menos lo fue en cuanto a los cuidados que había prodigado a nuestro perro. Otra vez, antes de alejarse, volvió a decirme el carpintero, que auguraba mal de mi viaje, y añadió: que él, por todo el oro del mundo, y ni aun por barriles de aguardiente, consentiría en ponerse otra vez en las manos de la canalla de la otra banda.

14 de febrero. El sábado tenía todavía algunos caballos que comprar; para pasar el tiempo, resolví ir a dar un paseo a Maihué que dista como cuatro kilómetros de Arsquilhue. En Maihué podía ver a Juan Negrón, llamado también Juan chileno, a Melipán, el autor de las calumnias que se habían corrido, y en fin, a Matías González, inteligente lenguaraz, cuyas luces necesitaba para resolver algunas cuestiones de etimología geográfica. Juan Negrón o Juan chileno si se cree a lo que él decía, era un hombre importante en el otro lado de la cordillera. Salido muy joven de Osorno, había vivido en Valparaíso, en casa de la familia de don Miguel Fuentes. Al presente, podía tener cerca de treinta años; de color oscuro, como todos sus semejantes de sangre mezclada, parecía uno de esos trozos de madera groseramente tallado a cuchillo para darle forma humana, y servir de juguete a los niños. Pero, a pesar de su aspecto grotesco tenía Juan chileno pretensiones a la elegancia; y en efecto, un hombre que se titulaba lenguaraz mayor de los caciques, un hombre que había sido fotografiado a costa del Gobierno argentino, y a quien el mismo Gobierno argentino había regalado un uniforme militar y un sable, no era, ni podía ser un hombre ordinario: le creímos todo al principio, en nuestras primeras relaciones.

Entonces, Juan chileno descansaba de sus fatigas y peregrinaciones en casa del cacique Cayu-antí, en Maihué, donde había establecido su cuartel general. En ese momento Juan estaba algo enfermo: el hombre que había soportado las fatigas de numerosas peregrinaciones, que más de una vez había arrostrado los laques de los indios, había sucumbido a los ataques del pequeño dios maligno: Cupido le había atravesado el corazón con una flecha, ¿flecha de qué madera? De madera de la hermosa Manuela, hija de Matías González, que vivía en las cercanías. ¿En dónde la vista de la Dulcinea de Maihué, había herido con una descarga eléctrica al sensible Juan probablemente bajo la bóveda verde de algún manzano y quién sabe si no tuvo lugar la escena como en la Égloga de Virgilio. Alumno del Instituto Nacional de Santiago, sin duda ninguna Juan hubiera parodiado el verso del pastor, cantado por el Cisne de Mantua:

Malo me Manuela petit, lasciva puella
Et fugit in silvas, sed se cupit ante videri.

Estaba enfermo, pues, el corazón de mi Juan chileno. La presencia continua del objeto querido, le hubiera curado, y seguramente, si en lugar de establecer su cuartel general bajo el techo de paja de su apreciado amigo el cacique Cayuantí (seis soles), hubiera transportado sus penates cerca de los de su querida; pero Juan tenía que satisfacer las exigencias de otro órgano, tan imperiosas como las del corazón: era muy afi-

269

cionado al aguardiente y al palacio del cacique era a donde venían a alojarse los honrados comerciantes, que siempre regalaban una botella de aguardiente a seis soles, y como era seguro que Juan, a pesar de la avaricia bien conocida del cacique en materia de licores, estando siempre presente, participaría de algunos tragos; en calidad de prófugo político, se había quedado cerca de Cayu-antí. De allí, podía ir a visitar a su querida y llevar al mismo tiempo a su futuro suegro, algunas gotas del precioso licor.

CAPÍTULO VI

Excursión a Maihué. Río Pillanleufú. Río Cunringue. Llega-
da a la casa de Cayuantí. Presentación al cacique. Riña entre
Juan chileno y Melipán. Banquete. Despedida. Otra excur-
sión a Maihué. Los Montesinos. Elisa Bravo. Viaje de Cárde-
nas a la Unión. Aflicción de Matías González. Causa de sus
apuros. Marcha para la cordillera. Un rapto. Caravana. Ca-
mino a Chihuihue. Río Huentrulefu. Agua termal. Helena y
Paris en Chihuihue. Salida de Chihuihue. El boquete. Río
Follill. Cuesta de Lipela. Escalones. Dificultades. Inihualhue.
Ceremonia. Tumbas. Diego Martínez. Lluvia. Coligüe. Valle
de Queñi. Lago de Queñi. Río Chachim. Balseo de Huahum.
Aventura.

Salimos de las casas de Arsquilhue, atravesamos
la larga pampa y llegamos pronto a orillas del
río Pillanleufú, río turbio, correntoso, con grandes
piedras, que viene de un volcán que hay cerca
del lago Riñihue hacia el norte; el práctico que
llevaba nos mostró el vado y sin dificultad lo
pasamos con el agua hasta el pecho del caballo:
como a una cuadra más abajo del vado hay un
rápido con muchas piedras. Después como a
unos trescientos o cuatrocientos metros hay otro
río: el Cunringue, de agua clara, y con menos
corriente que el primero; lo pasamos también
sin dificultad. Más abajo, se juntan estos dos
ríos y se vacian en la laguna de Maihué. Después
de pasar la pampa de Arsquilhue, las cordilleras
se van estrechando más y más. Luego llegamos

271

a Maihué, a la casa del cacique Cayu-antí: allí estaba Juan chileno; detuvimos los caballos junto a la cerca, porque según es costumbre entre indios, cuando uno llega al frente de la habitación, aunque sea vecino y relacionado de la casa, debe uno esperar montado en su caballo.

Nadie puede pasar adelante sin permiso y conocimiento del dueño; luego que se ha tomado noticia de dónde viene el transeúnte, y qué intención lo trae, salen las mujeres a barrer el frente, y a acomodar lo preciso para el recibimiento del huésped. En una ramada cerca de la puerta de la casa, ponen pequeños bancos, cubiertos con pieles para las personas de rango, y tienden otras en el suelo para las demás personas de la comitiva. Tan pronto como se concluye esta operación, se acerca a sus huéspedes el dueño de la casa, les da a cada uno la mano, les convida a que se apeen, y les señala los asientos: entonces principia la plática.

Lo mismo pasó con Cayu-antí; Juan chileno me introdujo al cacique, que ya me conocía de reputación. Juan tenía una venda en un ojo: el día precedente había habido borrachera, de que participó también el calumniador Melipán, y cuando Cayu-antí hubo sucumbido, él y su grande vaso, bajo los ataques repetidos del agua de fuego, entre Juan chileno y Melipán se trabó una pendencia. Quién sabe si no fue por la nueva Helena. ¡Amor! tú perdiste a Troya, pero esta vez, casi hicisteis perder el ojo izquierdo al desgraciado Juan, porque Melipán con los laques, le dio un bolazo en la frente; y como suelen ventilarse estos asuntos entre los *gentlemen* de esas comarcas, Melipán fue sentenciado por Cayu-antí, a pagar a Juan una multa de cuatro ovejas, y a la mañana siguiente, los dos adversarios eran tan amigos como antes.

Cayu-antí, me recibió con mucha majestad, se trajeron pieles y nos sentamos uno enfrente del otro; pude mirarle a mi gusto. Era un hombre bastante grande y gordo, pelo negro, tez morena: estaba vestido con chamal en las piernas, es dcir un poncho envuelto, y otro en los hombros; la cabeza cubierta con un sombrero cónico. Deseando manifestar que no éramos huéspedes ordinarios, dio órdenes para que se cocinase una cazuela en nuestro obsequio. Yo conversé un rato con Melipán, que negó todo lo que se le acriminaba respecto de las calumnias de que había sido el autor.

Cayu-antí embrutecido por la borrachera de la víspera, no despertó de su entorpecimiento, sino cuando le vinieron avisar que la comida estaba lista. Entramos Lenglier y yo, nos sentamos a la mesa; Cayu-antí al frente de nosotros, como a dos pasos de la mesa, teniendo detrás a su mujer y sus hijas. A nuestra izquierda, Juan chileno sentado en el suelo encima de un cuero, y a nuestros pies debajo de la mesa, teníamos al honrado *Tigre*, porque careciendo de servilletas, solíamos limpiarnos las manos en la piel gris del pobre perro. El ají, sobresalía en la comida.

Cayu-antí nos hacía valer su importancia y su superioridad sobre los moros de la otra banda, con decirnos que él era cristiano, que tenía siembras y cosechas; en fin, quería darse por un hombre que había pasado por el crisol de la civilización, y que había salido de él completamente sublimado. Atendiendo a la crónica escandalosa de la vecindad, cuando el aguardiente comenzaba a montar a la cabeza de nuestro digno huésped, desaparecía el elemento cristiano; el salvaje volvía a aparecer, y Cayu-antí no soltaba más el cuchillo de la mano. Concluida la comida, me convidó a ir con él a ver una mujer enferma, que vivía en una choza vecina; fui, la reconocí y según los datos que me dieron, la enfermedad resultaba de una inflamación producida por el abuso de aguardiente. Le di un purgante de calomelano que traía y le receté agua de linaza para que bebiese. Nos despedimos de Cayu-antí en cuya mano, al apretarla, dejé una moneda de veinte centavos y volvimos a Arsquilhue.

15 de febrero. Al otro día por la mañana volví a Maihué, me interesaba por la enferma, y como iba a la otra banda bajo malos auspicios, gracias a las calumnias de Melipán, creía que la fama de la curación pasaría la cordillera, y podría hacer tornar un poco a mi favor la opinión de los Pehuenches. Había sanado la mujer; otra

274

reclamó mis cuidados, la receté, pero supe después que en lugar de seguir mis prescripciones, los indios tuvieron más confianza en el *machitún*, sobre cuya celebración daré algunos pormenores más adelante.

Montesinos se preparaba para marchar, porque ya había llegado de Arique su hermano menor Mariñao trayendo dos cargas de aguardiente. Este Pedro Montesinos y su hermano Manuel eran muy inteligentes, me gustaba mucho su conversación. Tenía sus toldos cerca de los de Huitraillán, cacique que vivía en las orillas del Chimehuin. Pedro como mayor de la familia, era obedecido y respetado de sus hermanos.

Lo llené de admiración un día que se ocupaba en trasvasijar aguardiente: hice un agujero en la parte superior del barril, y entonces pudiendo penetrar el aire, salió muy bien el licor. Admirado me pidió la explicación del hecho, se la di, y todo el día se lo pasó agujereando barriles, haciendo el experimento. Más tarde me hizo muchas otras preguntas quedando muy encantado con mis contestaciones, y concluyó diciéndome que debía ir a pasar algún tiempo con los indios del Chimehuin, de quienes sería muy bien recibido, porque podía enseñarles muchas cosas.

Como vivía en un lugar en donde me parecía debía estar nuestra desgraciada compatriota Elisa Bravo, que fue, como se sabe, cautivada por los indios, después del naufragio del buque *Joven*

Daniel en las costas de Valdivia, le pregunté si sabía algo de eso. Me aseguró haber tenido noticia del naufragio y de la mujer, que los indios se habían emborrachado con los barriles de licor que arrojaron las olas a la orilla, y en seguida habiendo asesinado a todos los náufragos, habían llevado consigo cautiva a la española. Mas temiendo la venganza de los españoles, la vendieron por cien yeguas a los indios de Calfucurá en Puelmapu. Pero inmediatamente, notando él mi admiración, agregó que la mujer había muerto hacían tres años, y no quiso darme más explicaciones. Montesinos como todos los indios no decía sino lo que quería decir. Después cuando estuve viviendo en los toldos de Huincahual pude imponerme de la verdadera existencia de esa pobre mujer, pormenores que daré más adelante.

Pasaba el tiempo en esas conversaciones, y esperando a Gregorio Cárdenas, que había yo mandado a la Unión por el motivo siguiente: Montesinos, chileno, aquel individuo que cito en la primera parte de esta relación, y que me había sido enviado como lenguaraz, por don Manuel Castillo Vial, Gobernador de la Unión, antes de mi salida de Puerto Montt; el mismo Montesinos que había dicho a los indios tantas mentiras sobre mi viaje, y que había originado el parlamento cuando me iba a Valdivia, había ido a la otra banda, y al regresar, creyendo que Motoco no podía correr tras de él, porque tenía algunas cuentas que arreglar con las autoridades de los Llanos, se había apoderado ilícitamente de dos de sus caballos. Este me rogó que escribiese una carta a las autoridades de la Unión para reclamar los animales, y Gregorio fue encargado de la diligencia.

16 de febrero. Aunque tenía prisa de pasar la cordillera, siempre tenía que esperar la llegada de algunos Pehuenches con caballos para comprárselos por aguardiente, y se pasaba el día en hacer observaciones frecuentes o conversando con los Montesinos: siempre sucedía algún acontecimiento que rompía la monotonía del tiempo. Un día Matías González llegó todo alborozado, pidiéndome recomendaciones y consejos sobre un asunto que le afligía: poco tiempo antes, había concedido la mano de su hija a un Pehuenche, en cambio de algunas prendas. La cosa hizo ruido, la noticia de ese contrato matrimonial de género insólito y contra las formas de las costumbres cristianas, llegó a los oídos del juez y vino la orden a Matías González de comparecer ante el inspector de Arique.

Sorprendido Matías en medio de sus ocupaciones campestres, imploró mi asistencia para que hiciera algo en su favor, prometiéndome en cambio acompañarme a la otra banda, y contar a los Pehuenches como se le había querido castigar por haber dado su hija a uno de ellos, pero que el inglés, como solían nombrarme, le había librado de muchas persecuciones. Tomé

277

informes respecto de la niña, los vecinos me dijeron que en nada había sido forzada, y que tenía hacia tiempo íntimas relaciones con el Pehuenche. Por otra parte, estaba hecho el daño, la muchacha iba a ser pronto madre. Rigores para con Matías lo hubieran echado todo a perder, e irritado a los indios ya tan prevenidos en contra mía.

Hice cuanto estuvo de mi parte en beneficio de Matías, y gracias a eso fue puesto fuera de causa; pudo entonces dormir tranquilo y pensar en vender su otra hija, o para hablar con más política, conceder su mano al honrado Juan chileno. Todas esas pequeñeces tenían su importancia: en política como en diplomacia, no hay cosas pequeñas, como lo prueba el grano de arena que se encontró muy a propósito para la Francia, en la vejiga del Lord protector de Inglaterra, Oliver Cromwell. Las calumnias de Melipán habían hecho muy difícil mi posición en la otra banda y se necesitaba toda la diplomacia de un Talleyrand para mejorarla un poco.

17 de febrero. Por fin llegó Gregorio Cárdenas de la Unión, y como tenía ya los caballos necesarios, nos preparamos para marchar al día siguiente.

18 de febrero. El miércoles, desde el alba, se pusieron en camino los Montesinos; nosotros íbamos a seguirlos después de haber hecho un ligero almuerzo. Ya teníamos el pie en el estribo, cuando vimos llegar a toda carrera al honrado juez de esa comarca, don Bonifacio Vásquez: corría persiguiendo a su criada, una chola que había caído en las redes amorosas tendidas por el astuto Manuel Montesinos, y se huía con este indio para ir a la otra banda a participar de su toldo y prepararle todas las mañanas el clásico asado de caballo.

Eso nos contó Bonifacio, después de haber apaciguado su emoción con un trago de aguardiente que le pasó el dueño de casa, trago que talvez le hizo cambiar el curso de sus ideas, porque al preguntarle si se pondría en camino con nosotros para perseguir a la infiel criada, me contestó con mucha sangre fría, que ya estaba hecha la desgracia, y que por otra parte, tenía muchos miramientos que guardar con los indios, porque tenía que hacer grandes negocios con ellos para el año siguiente, que hacía tiempo había reparado en su criada una afición muy marcada por la vida vagabunda, afición que habían desarrollado las frecuentes visitas del astuto Manuel, cuya presencia en su casa él había tan ciegamente tolerado en los últimos días.

Bonifacio tenía pues la culpa por haber introducido al lobo en el corral de las ovejas y en fin, decía, que lo que había sucedido ese día, hubiera sin duda tenido lugar después, y valía más en todo caso que hubiese caído en manos de Manuel que, aunque Pehuenche, parecía de bastante buen carácter, que en las de otro mozo que no hubiese tenido para con ella los mismos miramientos. Aprobé los raciocinios de este digno juez, sucesor en línea directa de Brid'oison y nos marchamos. Prieto y el hijo, el uno vaquero, y el otro administrador de la hacienda de Arsquilhue, nos acompañaron hasta Maihué en donde nos despedimos de esos honrados ciudadanos, que habían hecho todo lo posible para hacernos soportable la vida en Arsquilhue, gracias a las recomendaciones de don Manuel Florín, su patrón.

La caravana esta vez se componía, además de mi persona, de Lenglier, los dos Cárdenas, José Bravo que llevaba aguardiente a los toldos de Huitraillán; y en materia de animales, los caballos que montábamos, otros dos sueltos, una mula que le había alquilado a Prieto y que con otra de Cárdenas, servían para llevar la carga, y en fin de Tigre, que descansado de sus fatigas, daba brincos por los flancos de la columna. Caminábamos al paso con intención de ir a pasar la noche a Chihuihué, distante solamente doce kilómetros.

Los dos cordones que forman este largo valle, aquí se estrechan de tal manera que en algunos trechos, el valle es sólo una quebrada, en otros anchándose un poco, forman pequeñas pampitas. Nosotros faldeábamos las ramificaciones del cordón de la derecha, yendo siempre por debajo de árboles y quilas: durante todo el día no hicimos sino subir y bajar; cada bajada estaba marcada por un torrente: de los cuales hay uno bastante considerable: el Huentreleufu. Me aparté un poco del sendero, porque Motoco me dijo que a la derecha, a poca distancia en la cordillera que faldeábamos, se hallaba una vertiente de agua caliente; fui a verla; la temperatura del líquido era de 24° cent., siendo la del aire 13°.

En fin como a las cinco de la tarde llegamos a Chihuihué, allí encontramos a Helena y su pastor Paris, es decir, chola fugitiva y Manuel Montesinos con sus dos hermanos, Pedro y Marinao. La chola era bastante buenamoza y no parecía atormentada por los remordimientos originados por su fuga. Aunque en este lugar hay una casita, en la que viven un indio y su mujer, nosotros dormimos al aire. Era preciso, desde este momento, decir adiós a lo confortable de la vida civilizada. No necesitábamos mucho tiempo para hacer la cama, teníamos el material en nuestras monturas: extendiendo en el suelo las jergas y encima los pellones, teníamos el colchón; la enjalma de cabecera, y las mantas para taparnos; así dormíamos como reyes, si es que duermen bien los reyes, con las zozobras que ocasiona el gobierno.

19 de febrero. No pudimos salir tan temprano como hubiésemos querido, fuimos atrasados por la pérdida de dos caballos en el monte; al fin se hallaron y nos pusimos en camino después de haber pagado al indio viejo de Chihihue por los estragos que decía habían ocasionado los dos caballos en su campo de cebada. Luego que salimos de Chihihue, entramos en valles y cordilleras, ramificaciones directas del boquete. Todo el camino como el anterior hasta Chihihue, se compone de subidas y bajadas, algunas de ellas bastante pendientes y muy húmedas a causa de lo espeso del bosque que no deja penetrar el sol: unas veces faldeábamos el cordón derecho, otras el izquierdo, separados sólo por la quebrada angosta, por donde corre el torrentoso río Follill que atravesamos cinco veces; dos veces menos que en el viaje anterior y con menos agua: las nieves que lo alimentaban se habían ya concluido. En otra estación es muy peligroso a causa de los grandes trozos de piedras que forman su lecho.

El boquete de Lifén o de Ranco como lo llaman algunos, es una depresión de la línea principal de la cordillera. La cuesta de Lipela es el verdadero paso: el Follill llega hasta el pie de ella, y tuerce en seguida a la derecha. El sendero es cortado a pico; unas veces por entre peñas elevadas, otras, va encajonado entre dos murallas de tierra, verdadero cauce de torrente en invierno: para pasar por ahí, es preciso soltar los estribos y cruzar las piernas encima del pescuezo del caballo: las cargas se pasan a hombro; esta operación se repite en cada uno de estos estrechos, y en otros puntos en donde el declive es muy pronunciado. En un lugar en que el sendero parecía mejor nos vimos de repente detenidos por un escalón de piedra como de dos varas y media: era de roca viva, los caballos lo salvaron rasguñando; estaban acostumbrados a ese camino: nosotros nos izábamos por los coligües.

A cada rato nos deteníamos, ya para dejar descansar a los caballos o para descargar o cargar; otras veces, era una mula o caballo que dejaba el sendero, y era preciso volver a ponerlo en camino: un caballo se desbarrancó de una altura de cuatro varas; pero felizmente nada le sucedió. No hay palabras para dar una débil idea de lo que es esta infernal ascensión. Pasamos varias vertientes y llegamos a al cima del primer escalón. Como en el boquete de Nahuelhuapi hay tres escalones hasta la cima.

Los cambios de la vegetación se manifiestan del mismo modo: el coigüe es el árbol que alcanza hasta las regiones de la haya antártica que principia como a 500 metros; la acompaña por algún tiempo y cesa enteramente: sólo arbustos se ven en adelante: el canelo, planta pequeñita, el ciruelillo, sólo de algunas pulgadas, mientras que abajo éstos son árboles de alguna magnitud. La haya antártica sólo en la regiones de las nieves se manifiesta con esas ramas de formas caprichosas que he descrito en el paso del boquete de Nahuelhuapi.

Aunque la pendiente es mucho mayor en los otros dos escalones, pudimos pasarlos más prontamente, porque la vegetación siendo menor, las cargas no se enredaban tanto. Al fin como Dios es grande y Mahoma su profeta, y que hay un dios para los caballos, como hay uno para los borrachos, alcanzamos la cima sin accidente alguno, pero sudando sangre, cansados, casi cortados. Descansamos un rato y bajamos el primer escalón, en seguida el segundo, y llegamos a Inigualhue. Aquí como en el cerro Doce de Febrero y el de la Esperanza, en el boquete Pérez Rosales, se hallan mesetas con pequeñas lagunas producidas por las nieves: en ese tiempo, sólo ahí había nieve; en los demás puntos ésta se había derretido.

La meseta de Inihualhue es circular, una yerba menuda tapiza el suelo surcado por un riachuelo que corre con suave murmullo: cerca, a la derecha, se veía un cerro grande con nieve en la cima: nos detuvimos para dejar descansar los caballos y acomodar las cargas. Luego en un círculo que hay trazado a la derecha, como de tres metros de radio, cada una de las personas de la comitiva, con mucha seriedad, dio tres vueltas en un pie: esta ceremonia asegura el éxito del viaje a todo viajero que atraviesa el boquete, tanto para Valdivia, como para las pampas. ¿De dónde viene esta costumbre perpetuada por la tradición? nadie lo sabe; pero todos la cumplen con escrupulosa exactitud.

El círculo tiene como dos pies de profundidad, y parece ahondado sólo con la repetición de la ceremonia. Nosotros conformándonos con la costumbre, dimos también las tres vueltas en un pie. La altura de la cima, señalada por el barómetro aneroide que llevaba es de 922 metros.

Listos los caballos y las cargas, principiamos otra vez a bajar; el descenso no era tan violento como al principio de la cuesta de Lipela: faldeábamos el cordón derecho de un valle que se dirige de oeste a este, por donde corre el estero de Queñi, valle que va a concluir en el lago del mismo nombre, y después oblicuando el nordeste se une al lago de Laca.

Apenas salíamos de la meseta, un cúmulo de ramas verdes nos llamó la atención. Vimos a la gente que quebraba ramas y las echaba encima de esta especie de túmulo de hojas. Se nos dijo que allí descansaba un Pehuenche muerto helado en la cordillera, en compañía de otro que un poco más abajo tiene su sepultura. Esos dos Pehuenches habían venido de la otra banda a buscar mujeres que les ayudasen a pasar con menos trabajo el desierto de la vida y el desierto de la Pampa. Viaje infructuoso; al volver fueron sorprendidos por la nieve y dejaron sus huesos en la cordillera.

Lo que es la suerte: apenas se sabe en dónde están las tumbas de uno que otro de esos grandes hombres de la historia, y aquí ahí las de dos oscuros Pehuenches en las cuales se ponen continuamente flores y verduras. Mientras dure el comercio de aguardiente, y mientras pasen el boquete honrados traficantes yendo a llevar alcohol a los indios, eterna verdura coronará vuestras tumbas, y salvará del olvido el lugar en donde yacen los restos de dos desconocidos salvajes, y si un día vuestra alma viene a revolotear encima de su antiguo forro, de los barriles de los comerciantes, le alcanzarán emanaciones perfumadas del licor que, como buenos indios, debisteis haber amado durante vuestra vida; que la tierra os sea liviana... Hacía esta deprecación: cuando fuertes latigazos y voces de hombres animando caballos, interrumpieron mis fúnebres meditaciones.

Efectivamente, un instante después, encontramos una caballada conducida por peones, y un joven de elevada estatura, buenmozo, que dijeron era Diego Martínez. Este individuo se encontraba implicado en las calumnias esparcidas entre los indios sobre mi persona. El Gobernador de la Unión, a quien había avisado, debía mandar arrestarle a su llegada. A mis preguntas contestó Diego Martínez que todo era falso, y sus protestas fueron tan acaloradas, que le di unas cuatro letras para don Manuel Castillo Vial, a fin de que no se le inquietase. Pero, más tarde, me contaron los indios, que efectivamente se había mezclado Martínez en esas mentiras. Casi todos esos comerciantes son una pura canalla, y no valen más que los indios, a quienes frecuentan: siempre ha sido lo mismo.

En una memoria sobre el estado de las misiones, y los medios de atraerse a los indios infieles,

Don Salvador Sanfuentes, Intendente de la provincia de Valdivia, en 1848, manifestando la inutilidad de sus esfuerzos, y la resistencia obstinada con que los indígenas se oponen a la civilización, añade: es harto sensible que a tan obstinada resistencia, se acuse de haber contribuido en mucha parte con sus perniciosos consejos a varios españoles, interesados en explotar por sí solos el comercio con los indios, y consiguientemente, que ellos se mantengan en la barbarie. La cosa no ha cambiado como lo prueba la conducta de Montesinos y de Martínez.

Apenas nos separamos de este último cuando una lluvia muy fuerte principió a caer.

Lo que me inquietaba no era el ser mojado, pero tenía en mi carga muchas cosas que se podían echar a perder con la lluvia; consulté con la gente para deliberar sobre el asunto, y todos fueron de parecer que alojásemos un poco más abajo de la tumba del otro Pehuenche, en una pampita, donde podían pacer los caballos, y en donde un estero que viene de la cordillera, nos proporcionaría agua a discreción. Nos hallábamos casi en la mitad de la bajada; llovía a cántaros. La primera cosa que hicimos, fue construir unos toldos con coligües: tres ramas encorvadas se fijaron en el suelo y tejidas con otras puestas encima, formaron el esqueleto; se cubrieron con ponchos y jergas; de ese modo nos proporcionamos un abrigo para poder pasar la noche, mal que mal.

Tigre, nuestro perro, que no tenía ninguno de los gustos acuáticos de los perros de Terranova, se acomodó en el tronco de un árbol que le proporcionó un asilo perfectamente apropiado a las circunstancias. Esto no era lo bastante, era preciso encender fuego; todo estaba mojado, pero por fortuna el mozo Cárdenas se había llenado los bolsillos con palo podrido. Sacamos fuego con el eslabón, y un rato después, cerca de un fogón brillante de coligües, calentábamos nuestros miembros entumidos. Esto me reconcilió un poco con este arbusto que tantas veces nos había hecho arrojar imprecaciones en el camino.

El coligüe crece derecho como una lanza; nudos igualmente distantes, forman anillos en esta caña, que es de un color amarillo, cuando es viejo el arbusto. Las hojas puntiagudas del coligüe se conservan siempre verdes, aun en el invierno; y ofrecen un pasto constante para los animales. Se dice que los leones americanos se contentan con él, cuando no tienen otra cosa que comer. El palo sirve de mango para las lanzas de los indios. Seco arde chisporroteando, y da una viva luz; los indios lo usan como antorchas para alumbrarse. Esta planta tiene bastantes títulos para la consideración pública, pero tantas veces en nuestro viaje, el coligüe nos había casi cegado o despanzurrado, que fue preciso sentirnos secar al fuego de sus varas para olvidar los rencores que le teníamos.

20 de febrero. Llovió toda la noche: por supuesto era de creer que madrugaríamos; estuvimos en pie al rayar el alba. Con el día cesó la lluvia; después de haber hecho el almuerzo acostumbrado de cordero asado, nos pusimos en camino, y orillamos el estero Queñi. El declive es suave, pampitas cubiertas de altas yerbas, y de las mismas flores amarillas que habíamos encontrado en Chihihue, alternaban con el bosque en el sendero que seguíamos. Cerca de la cuesta, en las dos faldas de la cordillera, la flora es casi la misma. En este valle, la cordillera de la izquierda sigue sin interrupción hasta el lago de Queñi, pero al frente de éste, la de la derecha tiene una depresión sensible y forma una abra. Se deben contar veintiocho kilómetros desde Inigualhue hasta el lago de Queñi; un poco antes de alcanzarlo, atravesamos el estero, que ahí casi es un río.

El lago de Queñi a 562 metros sobre el nivel del mar, es de forma triangular; sus lados tienen cada uno como dos kilómetros de extensión. Echa sus aguas en el lago de Lacar, por el río Chachim. Evitamos una subida difícil, siguiendo por algún tiempo la orilla; nuestros caballos tenían el agua hasta el vientre. Subimos otra vez a la falda y caminamos al nordeste, doce kilómetros: el valle concluye, oblicuando en el lago de Lacar. Atravesando terrenos pantanosos alcanzamos al balseo; un poco antes, pasamos un riachuelo cuyo nombre no nos supo decir nuestra gente, y que viene a echarse en el Chachim.

Este balseo no era el mismo que habíamos pasado cuando volvíamos de donde Paillacán. Este estrecho se llama Huahum, dista del otro como ocho kilómetros hacia la izquierda, y entre los dos, el río Chachim viene a juntarse con el lago de Lacar. Motoco se fue adelante para llamar al indio que maneja la embarcación; se demoró algún tiempo. Parece que los indios estaban embriagándose con el aguardiente que les había traído Panguilef de la Mariquina que había pasado la víspera en la otra orilla. Al fin volvió, diciendo que ya estaba en la embarcación un joven indio. Bajamos a la orilla y desensillamos los caballos. El joven indio pidió por retribución un pañuelo, que le di. El único remo de la canoa era un palo, en cuyo cabo tres pedazos de tabla amarrados con *voquil*, formaban la paleta.

Embarcamos en la canoa los bagajes y las monturas. Dos viajes bastaron para pasarlos; nosotros pasamos también, y solo quedaron en esa orilla los caballos y Motoco que esperaba la vuelta de la canoa, para hacerlos pasar a nado y después balsearse él mismo en la canoa. Pero en ese momento, cuando tocábamos la orilla opuesta, llegó un indio de cuerpo flaco y delgado, de nariz aguileña, que dijo dos o tres palabras al otro indio. Se trabó un coloquio entre él y José Bravo, que había desembarcado:

290

viendo yo que no salíamos a tierra, no podía entender lo que pasaba, cuando José Bravo me dijo que el recién llegado no quería dejar volver la canoa a la orilla opuesta, si no se le daba algún regalo.

Estábamos en una posición muy curiosa, nuestros caballos en una orilla, y nosotros con los bagajes en la otra. Si Motoco hubiera sabido nadar, el embarazo no era grande, pasaba, ensillábamos los caballos, y nos marchábamos, además ese obstáculo no se hubiera presentado: Motoco por su fuerza física y su carácter atrevido, bien conocido de los indios, era muy temido. El bribón que nos detenía se llamaba Linco. Viendo nuestra posición difícil se mostraba exigente; al fin cedí ya con la promesa de una camisa, cuando llegó a toda carrera otro indio, con un sable en la mano, gesticulando y gritando como un demonio; estaba tan ebrio que apenas podía tenerse en el caballo. Este indio, como lo supimos después, se llamaba Truncutu, era platero, cuñado de Linco, el indio flaco que le había precedido. Vociferaba haciendo encabritar el caballo, y me tiraba puntazos al vientre con el sable.

Yo comprendía muy bien que todo eso era con el objeto de intimidarme para que le diese alguna cosa, pero resistí: exasperado el indio, me tiró un corte y me botó el sombrero, al mismo tiempo me dio una pechada con el caballo. Yo tenía mi revólver escondido debajo

291

del poncho, no me habría sido difícil voltearle a mis pies de un pistoletazo, pero eso habría empeorado nuestra posición: no podíamos tocar retirada, ni tampoco pensar en huir hacia adelante sin nuestros caballos, y aun cuando los hubié- ramos tenido, los indios deseosos de vengar la muerte de su hermano, nos habrían alcanzado y jugado una mala pasada. Y como nuestro proyecto final era ir con los indios al Carmen y quedar amigos con ellos, creí más prudente parlamentar. Además, habían ya muchas pre- venciones desfavorables a mi persona entre esa gente, para que un acto de violencia como ese nos hubiese perdido enteramente.

Pero mientras más le hablaba, más rabioso se ponía Truncutu que no me entendía una palabra. No se sosegó sino cuando llegaron las chinas que le colmaron de injurias. No sabiendo qué contestar, se calló y pidió que beber. No había en que darle agua; indicó por un gesto uno de nuestros estribos de madera. Yo desaté uno y la china lo llenó de agua, y el señor Truncutu lo vació siete veces seguidas. Mientras tanto, en la otra orilla, Motoco se daba a todos los diablos, viendo el atrevimiento de este bruto, y principiaba ya a juntar palos para hacer una balsa y pasar: entonces la cosa habría tenido otro desenlace: una cuchillada no era nada para un carácter tan violento como el de Motoco.

Aunque ebrio, lo entendió Truncutu y envainó su sable. Yo para concluir entonces, regalé una camisa y un pañuelo a cada uno de los indios, unas chaquiras a las chinas, y se acabó el alboroto. La embarcación fue a la otra orilla, Motoco se embarcó después de haber echado al agua los caballos, y principiamos a aprestarnos para seguir la marcha y librarnos luego de ese estorbo, porque podían llegar otros indios, que habían como unos veinte en la toldería vecina, y hubiera sido preciso ceder a nuevas exigencias.

Capítulo VII

El balseo donde acababa de pasarse esta borrascosa escena, es un brazo de río de ochenta metros de anchura, de siete a ocho pies de profundidad y parecía contener numerosos pescados a juzgar por los saltos que daban algunos en la superficie del agua; este brazo inclinándose al noroeste va a la laguna de Pirehueico que echa sus aguas al lago de Riñihue y éste al Pacífico por medio del Calle-Calle. Hablaremos de él más en extenso cuando demos una descripción general del lago de Lacar.

El sol estaba a punto de ponerse; no podíamos pensar en alojar tan cerca de los indios. Hicimos noche a algunas millas más lejos en la orilla del lago.

A la noche hice mis preparativos, porque al

día siguiente debíamos encontrar los toldos de Huentrupán y quería poner en bultos separados lo que reservaba a cada uno de los caciques, a fin de no excitar su codicia con la ostentación de mis riquezas en su presencia. Motoco me ayudó en esa operación, porque conocía bien el genio de cada uno de los caciques que encontraríamos, y me aconsejó, a fin de hacer a cada uno un regalo conveniente a su carácter.

21 de febrero. En la mañana, nos pusimos en camino. Llegamos cerca del antiguo balseo Nontué, y un poco después a la casa de Hilario, indio cristiano. La casa está situada en las orillas del lago; al frente se halla una isla, y entre la casa y la orilla del lago, se ven las ruinas de una antigua fortificación española. Al otro lado reparamos en un cono de piedra, como de 30 metros de altura, que brota del monte con la cima desnuda. Motoco nos dijo que esa peña se llamaba Culaquina. Me demoré un instante en casa de Hilario; tenía una reclamación que hacerme. Los dos peones que se habían quedado en los toldos de Antinao y que se habían vuelto con Labrín; después de su pasaje, encontró Hilario en uno de sus campos, los restos de un ternero, y decía que había sido muerto por Labrín y sus compañeros; Hilario reclamó el pago.

Le dije que yo no pagaría sino la mitad, que en algunos días más pasaría José Luarte, primo hermano de Labrín, y que le pidiese a él la otra mitad del valor. Convenimos en que le daría un potrillo de un año, pero mientras me lo procuraba le dejaría empeñado un caballo de los que traímos, que estaba muy cansado y necesitaba un descanso de algunos días; y que más tarde me lo devolvería al recibir el potrillo convenido. Concluido este negocio, nos pusimos en camino; pasamos por la chácara donde habíamos visto a Huentrupán, cuando volvíamos de donde Paillacán. Atravesamos potreros en donde pacían algunas vacas; reparé que casi todas eran *gachas*; es decir, con las puntas de los cachos encorvados hacia la frente.

Al fin faldeamos la cordillera que sirve de barrera septentrional al lago de Lacar y atravesamos un riachuelo.

Este cordón es una inflexión que hace hacia el este la cordillera central; es bastante alto; en unos lugares está cubierto de monte, en otros se ven las crestas desnudas, efecto de los torrentes producidos por el derretimiento de las nieves o por los aluviones que han barrido todo en su pasaje. No quedan más que troncos de árboles, que parecían cirios alineados sobre un altar. Caminábamos casi a igual distancia del lago y de la cresta, ya acercándonos, ya elejándonos de éste. Encontrábamos de cuando en cuando pampitas donde dominaban los juncos, lo que nos hizo pensar, que en invierno debían ser otras tantas lagunitas. Bajando a un bajo, hallamos dos que se llaman Curi-laufquén, lo que significa en la lengua chilena, *lagunas negras*.

Unos que otros patos y hualas nadaban en la superficie. Al fin, llegamos al pie del cerro Trumpul, cerro de una forma notable. Del lado opuesto al lago, su pared es perpendicular, sale de la yerba de una pradera, y tiene como ciento cincuenta pies de altura; del otro lado, tiene el mismo declive que el terreno: unos 25 grados.

Entre el cerro Trumpul y el lago, se ve la choza de José Vera; éste nos esperaba al pie del cerro. Nos apeamos para descansar un poco y consultarnos sobre la conducta que debíamos observar en los días siguientes. Nos corroboró todos los rumores que habían ocasionado las calumnias de Melipán y también nos dio la noticia que los dos peones, que quedaron de rehenes, se habían escapado. Respecto de mi viaje al Carmen, no pudo decirme nada de cierto, sino que iría en esos días a los toldos de Hurtraillán, cuya gente iba él a conducir por el precio de treinta yeguas, y si tenía ganas de aprovechar esta ocasión, se ponía a mi disposición para conseguir el permiso del cacique.

Esta proposición merecía meditarla; por otra parte estábamos cerca de los toldos de Huentrupán, a donde podíamos llegar al día siguiente muy temprano, y me resolví a alojar en la choza de Vera. Bajamos al lago por una pendiente muy fuerte que nos obligó a hacer muchos caracoles. Allí vi por primera vez a Hueñupán que había sido criado en Valdivia, en casa de don Ignacio Agüero. No supimos, sino más tarde, que era uno de los asesinos de Bernardo Silva, muerto en la Mariquina, pero el aspecto extraño de su fisonomía me sorprendió. Produjo el mismo efecto en Lenglier: hablábamos de eso a José Vera, y nos dijo que era hombre de un genio maniático, exaltado y algo loco.

José Vera vivía ordinariamente en los toldos de Trureupán, pero había venido a las orillas del lago para la cosecha, y se había construido una habitación mitad toldo, mitad ramada. La mujer de José Vera era cristiana, y su hermana era casada con Hueñupán; las dos habían sido criadas en Valdivia. Allí debimos resignarnos a comer carne de caballo, por habérsenos concluido el cordero que teníamos para pasar la cordillera y José Vera no tenía ganado. Comimos de mala gana, pero prometimos abstenernos de esa carne, todas las veces que pudiésemos hacerlo. Un poco más lejos de la casa de José Vera, se concluye el lago de Lacar: ahora podremos hacer una descripción completa de él.

En este punto la línea divisoria de las aguas, abandonando su dirección norte sur, hace una inflexión como de ochenta kilómetros hacia el este, deprimiéndose al mismo tiempo, y encerrando al lago de Lacar que aparentemente colocado en el otro lado de la cordillera, vacia sus aguas en el Pacífico.

El lago situado a una altura de 530 metros sobre el nivel del mar, se extiende de este a oeste. Principia con bastante anchura, como de seis kilómetros. El cordón norte del valle de Queñi lo bordea al sur hasta el río Chachim, en donde concluye. Desde ahí el cordón sur del mismo valle, se acerca al lago y lo rodea al este deprimiéndose casi enteramente. El pico de Culaquina es el más notable en los cerros del sur: el Trumpul, en los del norte. El cordón del norte se halla algo retirado de las orillas del lago, dejando un extenso llano en donde tienen los indios sus chácaras y potreros: las poseciones de Huentrupán y de Hilario se encuentran en esas inmediaciones.

Los españoles habían construido unos fortines en esa misma orilla, sabiendo muy bien que una vez pasado el boquete, no había otro medio de llegar a las pampas, sino por la orilla norte. Como a treinta kilómetros de su origen se estrecha el lago de Lacar, para formar el balseo de Nontué que tiene como cuarenta metros de ancho; vuelve en seguida a ancharse, forma otro cuerpo de lago, que tiene como ocho kilómetros, en donde entra el río Chachim desagüe de Queñi. Vuelve a estrecharse otra vez en el balseo de Huahum, ancho como de ochenta metros, continúa del mismo ancho por espacio de veinte kilómetros, y se junta al lago de Pirihuaico.

Este lago se extiende de este a oeste como treinta kilómetros, es angosto no alcanza a cuatro kilómetros en su mayor anchura, su desagüe el río Callitué, se junta a los desagües de los lagos de Panguipulli y Calafquén situados al norte de este paralelo en el lado occidental de la cordillera; toma entonces el nombre de río Shoshuenco para vaciarse en seguida en el lago Riñihue. Este lago se extiende de noroeste a sureste, por espacio de veinte kilómetros y un ancho de dos hasta cinco. Su desagüe es el río Valdivia.

Aquí se tiene pues un lago, el de Lacar, que a primera vista parece hallarse al otro lado de la línea divisoria de las aguas, y sin embargo, vacia sus aguas al mar Pacífico: su extremidad oriental no dista más que quince a veinte kilómetros de los grandes tributarios del Atlántico.

Uno que pasase la cordillera sin darse cuenta de este ejemplo tan singular, se sorprendería mucho más, al oír contar a los indios de los toldos de Huentrupán, que un indio de Valdivia llamado Paulino, habiendo ido a negociar a ese lado, las nieves del invierno le cerraron el paso del boquete; apremiado por ciertas circunstancias, se juntó con otros dos de sus paisanos que habían corrido la misma suerte, y se fueron a caballo hasta el lago de Pirihuaico; allí construyeron una canoa, y por el río Callitué llegaron al lago de Riñihue, asombrando a todos los de Valdivia con ese viaje, que revelaba tantos misterios sobre la formación natural de esos lugares.

Al principio se creyó una fábula, pero después se ha conocido la realidad del hecho. Don Atanasio Guarda me dijo que él mismo había prestado caballos al indio al desembarcarse, para que se fuese a Futronhué de donde era.

El lago de Lacar tiene mucho pescado. Los indios que viven en las orillas, aprovechan las creces del río para detener los peces con cercados de ramas cuando baja el agua.

Volvamos ahora a tomar el hilo de la narración. Después de haber almorzado con carne de caballo, Vera nos sorprendió mucho al convidarnos a que nos bañásemos en el lago. Criados en la idea de que un baño después de comer, puede tener fatales consecuencias, rehusamos. Él se quitó su poncho y el chiripá, y se botó al agua. Más tarde en el Caleufú vimos hacer lo mismo a todos los indios, sin que les sucediese ningún accidente. Lo que prueba que todo depende del hábito.

A la tarde, bajo la sombra de un manzano cargado de fruto, convenimos con Vera y Motoco, sobre la línea de conducta política que debíamos seguir. Vera y Motoco llevarían de mi parte un regalo a Huitraillán, cacique de alguna influencia y que convenía atraérmelo. Mientras tanto yo seguiría mi camino hasta donde Paillacán; aunque estaba indeciso todavía, si me establecería en los toldos de este último o en los de Huincahual.

22 de febrero. Al día siguiente, José Vera nos acompañó a los toldos de Huentrupán, distantes como seis kilómetros del cerro Trumpul. Allí como a 500 metros sobre el nivel del mar, principian a aparecer los *pinos*[27], que adornan las colinas oscureciéndolas con su verdura sombría. Son casi los únicos árboles que se ven. En los planos sólo hay plantitas pequeñas, que crecen en la arena. Al fin, por una pendiente inclinada se llega a las orillas del riachuelo donde vive Huentrupán.

Al otro lado se elevan dos casas con techo de paja, pero, sea por el calor, sea por otro motivo, los indios se habían establecido en este lado del arroyo, en toldos hechos con coligües. Nos apeamos, se formó un círculo al rededor de Huentrupán, y principió el *coyaghtun* entre José Vera nuestro lenguaraz, y el cacique.

Después José Vera le tradujo la carta de don Ignacio Agüero. Huentrupán reconoció todo lo que decía este caballero, respecto de sus excursiones en las pampas y después me dijo que efectivamente, había corrido el rumor de que yo llevaba aguardiente envenenado; que él mismo, asustado al principio, y uno de los primeros informados, había hecho prevenir a todos los caciques. Que se había tenido un parlamento con todos los jefes vecinos, pero que él, Huentrupán, reflexionando que esos rumores no podían ser sino mentiras, había abogado en mi favor, para que no solamente, no se nos hiciese ningún daño, sino también para que Paillacán nos diese el paso prometido para el Carmen.

[27]Libocedrus chilensis.

Nos confirmó la noticia de la fuga de los dos peones, que había dejado como rehenes en lo de Paillacán, encontrándose en ese momento, en poder de otros indios cerca de sus toldos; le hice notar entonces a Huentrupán que, si yo hubiera sido un hombre sin palabra, podía haberme ido sin llevar los regalos de rescate a Paillacán, ya que mis peones no estaban en su poder, pero que quería cumplir fielmente con mi palabra, siguiendo hasta Lalicura, residencia de ese cacique.

Huentrupán me prometió mandar un chasque a los toldos donde se hallaban mis hombres para avisarles mi llegada.

Relato aquí el modo como se efectuó la fuga, según me lo contó uno de ellos, que volví a ver en Valdivia porque, como se verá más abajo, no pude verlos más antes de mi vuelta a esa ciudad. Temiendo que los indios que los maltrataban mucho, no acabasen por matarlos: golpeados por Paillacán y Quintunahuel su hijo (así me ocultaban lo que realmente había pasado), Soto y su compañero Díaz se habían escapado de Lalicura; subiendo la cordillera, habían atravesado el Caleufú cerca de su origen, no teniendo que comer sino el fruto del *muchi*. Como tenían zapatos y caminaban por las arenas de las pampas, fácilmente se les podía seguir el rastro; así es que, unos indios los habían alcanzado y conducido a sus toldos, situados a tres leguas al norte de los de Huentrupán, en donde se hallaban en el momento de mi pasaje.

Hice regalos a Huentrupán; me retornó una oveja y mandó al indio Pulqui en busca de mis hombres. Comimos la oveja con un gusto fácil de concebir, después de la carne de caballo de la víspera. Volvimos a reconocer a las chinas, aquellas que habíamos visto en el viaje para Valdivia, saludándolas con el nombre de *Lamuen* (hermana). Eran casi todas donosas y cristianas, muchas de ellas nacidas en la provincia de Valdivia. Huentrupán, el mismo, había sido criado en las orillas del lago Ranco. Esas mujeres eran trabajadoras incansables, se conocía por la cara risueña que tenían en medio de sus faenas, que trabajaban más por su gusto que por fuerza; unas preparando la harina, las otras tejiendo ponchos. La mujer de Huentrupán, una tía gorda en forma de bola presidía las faenas. El viejo Huentrupán sentado en el suelo sobre pellones, presenciaba todo con aire patriarcal. En fin, aquello respiraba bienestar y tranquilidad. Ya llevo dicho que cerca de la cordillera los indios tienen siembras. Aquí las fisonomías no tienen ese aire salvaje y feroz que habíamos reparado en los indios situados más al este.

Después de algún rato, me fui a hacer una visita a Trureupán, que vive como a una milla de distancia, en las orillas de otro riachuelo. Cuando llegué, mi digno amigo, el cacique, estaba en su choza. Figuraos un hombre gordo, con barriga enorme, y tan enorme que le era imposible verse los pies sino sentado.

Estaba casi desnudo como todos los indios en sus toldos. Los ojos colorados, salidos de las órbitas, y a causa del calor del día, un pie de lengua fuera de la boca, con el mismo movimiento alternativo que la de los perros cansados; aunque sentado, tenía en la mano un bastón a manera de cetro; a sus pies un cántaro de agua, de la cual se echaba a cada instante en la cabeza para refrescarse exteriormente, y a grandes y repetidos tragos el interior; al mismo tiempo sudaba y soplaba como un fuelle de fragua; tal es el retrato de mi amigo, el cacique Trurcupán: tenía la espalda sostenida por un barril vacío, en otro, a manera de almohada, apoyado el codo: atento presenciaba una partida de naipes, empeñada en un círculo de unos veinte mocetones, con caras coloradas por las continuas borracheras.

Hablando geográficamente, no había más que una milla de distancia entre los toldos de Huentrupán y los de Trureupán, pero considerando las caras feroces de los asistentes, y las honradas fisonomías de la toldería vecina, uno hubiera podido creer que había más de mil leguas de distancia.

A mi llegada, Trureupán dio a su cara de borracho el aspecto más risueño de que era capaz. Le hice un regalo, y por medio de José Vera, me dijo que sentía mucho la manera descomedida con que se me había tratado en mi viaje anterior, pero que esperaba que yo habría olvidado todo. Mientras conversábamos, las mujeres curiosas, como todas las hijas de Eva —aunque hayan nacido en el toldo del indio o bajo el techo de gente civilizada, se habían acercado. Mi larga barba les causaba admiración; me trajeron tijeras para ver si quería cortarla. Trureupán me presentó uno de sus parientes, un indio viejo, de cara asquerosa, y para manifestar que había olvidado lo que había pasado la primera vez, quiso que yo le diese la mano y lo tratase de cuñado.

Por fin me despedí de los asistentes, y volví a los toldos de Huentrupán; José Vera se volvió a su casa acompañado de Motoco. Para pasar el tiempo me senté a la sombra de un manzano, al lado del viejo cacique: conversando con él, le mostré una lámina, donde estaba representado el Presidente actual de Chile, con sus cuatro Ministros; el *futa troquiquelu*, como dicen los indios. Muchos se acercaron, movidos por la curiosidad, y todos, Huentrupán el primero, saludaron al retrato diciendo: *mari, mari, Presidente*. Su admiración aumentó cuando les leíamos algunas palabras en el diccionario chileño-español, y unas frases de la gramática chilena, palabras y frases en *Dugu-Mapu* y los rezos, que algunos, principalmente las mujeres, sabían de memoria.

A la noche, volvió Pulqui, que había ido de chasque a los toldos de los indios en donde estaban mis hombres. Dijo que vendrían al día siguiente, que les había hallado ocupados en hacer chicha, y de la cual había tomado una buena ración, porque el honrado Pulqui volvía bastante ebrio.

23 de febrero. Por la mañana, como no viniesen los hombres, pensamos en la marcha, recomendándolos mucho al cacique mientras volvía yo a ponerlos en camino para Valdivia. Antes fuimos actores de una ceremonia religiosa; Pulqui, el indio arriba citado, era casado con una mujer bastante buenamoza; cuando muy joven había servido en Valdivia, y por consiguiente era cristiana. Pulqui en unos de sus viajes a la otra banda, la encontró huérfana en Huequecura; el padre y la madre de María habían muerto en la misma noche de un ataque de apoplejía, causada por el aguardiente

Se casó con ella y tenía una hija de algunos meses. Quería la madre que su hija fuese cristiana, y Pulqui también, aunque él fuese *moro*. Ir a la otra banda a la misión para bautizarla, no era posible, el viaje sería demasiado pesado para la criatura. Como para abrir las puertas del cielo a todo ser viviente, basta derramarle un poco de agua en la cabeza, pronunciando las palabras sacramentales; propuse a María que le bautizaría a la niña; proposición que aceptó con mucho gusto. El padrino fue Lenglier, la madrina la hermana de José A. Panguilef de la Mariquina. Lenglier tomó la cabeza de la niña entre las manos, la china los pies; y eché el agua pronunciando las palabras de rigor.

El nombre que di a la nueva cristiana fue: Isabel del Rosario, Isabel en memoria de una amiga respetable de Santiago, y Rosario porque era uno de los nombres de la madrina. Los indios se manifestaron más apegados a las formalidades de lo que yo había pensado. Quisieron que recitase el Credo en lengua chilena. Tomé el libro y comencé a leer el Credo. Lenglier y la china lo repetían. Para celebrar la ceremonia, Pulqui descargó una escopeta vieja que tenía. Hicimos algunos regalos al padre, a la madrina, y a la donosa comadre María; y en verdad que era una guapa moza, de mejillas rosadas como manzanas de abril, de formas bien proporcionadas aunque un poco viriles, y de una cabellera negra, tan abundante, que cuando la destrenzaba, le caía en las espaldas como un manto.

No llegando los peones nos pusimos en camino; nos dirigíamos hacia la casa de Antinao, dejando a la derecha las de Trureupán; pero no contaba yo, con la cortesía de mi digno amigo, el cacique. Estaba como a doscientos metros delante de su habitación; cuando oí a mis espaldas un ruido de caballos y vi venir a la cabeza de sus mocetones al indio gordo montado. ¡Cómo habría podido montar a caballo con su corpulencia mi honrado amigo! fue un problema cuya solución no busqué. Nos separamos buenos amigos, y de una carrera alcanzamos la casa de Antinao. El valle en cuya entrada habitan Trureupán y Huentrupán, tiene en su origen un ancho de dos o tres millas; es limitado al norte por una cadena de montañas cubiertas de bosques, ramificación de la barrera septentrional del lago de Lacar, y al sur por otra cadena de cerros estériles y desnudos, ramificación de la barrera sur.

Estas montañas del sur tienen un aspecto particular; del terreno arenoso que las constituye, salen de cuando en cuando prismas basálticos verticales en figura de murallas, prismas escalonados unos sobre otros, que dan a estos cerros el verdadero aspecto de fortificaciones con bastiones: pequeñas manchas verdes simulan las troneras; especialmente uno marcado en el mapa, detrás de las casas de Trureupán, que es muy notable; lo he bautizado con el nombre de Cerro de la Fortaleza.

Al cabo de ocho o diez kilómetros, se ensancha mucho más el valle, para concluir en vegas húmedas, y a la izquierda viene a juntarse con otro valle, que se extiende hacia el norte. Como el valle en donde caminábamos se cubre de agua en invierno con la venida de los riachuelos, no se pasa por el fondo, sino por las faldas de las montañas al sur; y en verano, por costumbre, se sigue el mismo camino. Continuamos por el sendero que va serpenteando caprichosamente por la falda de los cerros, unas veces más arriba, otras más abajo, encontrando de cuando en cuando bosques de pinos.

Mi grande y buen amigo el cacique Huentrupán como es costumbre hacerlo con las personas de consideración, nos había dado a Hueñupán en calidad de chasque, para acompañarnos hasta los toldos de Huincahual. El bribón se había pintado la cara con colorado, lo que se la hacía mucho más honrada. La casa que Antinao debía a la ciencia arquitectónica de nuestro carpintero Mancilla, se hallaba en un bosque de manzanos, encima de una pequeña colina; es bastante bien construida, vistos los recursos de la localidad. Dos o tres campos cultivados que la cercan le dan un aspecto risueño. Allí nos apeamos. Antinao me besó la mano, yo hice lo mismo con la suya: es señal de amistad entre los indios.

Tenía un asunto que arreglar con él: yo quería cobrarle el caballo que había dado a los constructores de la casa, y que según supe después él mismo fue a robárselo al camino: trabamos conversación. Mientras tanto viéndome sacar del bolsillo mi reloj de sol para ver la hora, me suplicó que lo volviese a guardar, diciéndome: que eso era talvez alguna brujería y podía causar una enfermedad a su mujer. Respeté su superstición, pero no pudimos arreglar el negocio. El volvió a tomar su ocupación de hacer chicha, machacando las manzanas con un palo en el tronco hueco de un árbol, y nosotros montamos a caballo.

Bajamos la colina, y volvimos a entrar en el valle. Ahí cesaba el pasto, pisábamos el suelo de la pampa: arena y plantas espinosas; quemaba el sol. En una pequeña eminencia, formada por una piedra aislada en medio de la pampa nos esperaban los indios, que un rato antes habíamos visto subirse encima de la peña. Cárdenas reconoció en uno de ellos, a Foiguel, hijo mayor de Paillacán, ausente de los toldos de su padre en el momento del naufragio.

Le hice algunos regalos, y mientras conversábamos vino otra vez a la carga Antinao, trayendo el caballo en cuestión, cuyo valor le pagué en *pitrines*[28] de añil. Esto lo hacía no por remordimiento, sino porque quería conservar mi amistad, que más tarde le podría ser útil. Foiguel me convidó a ir a su toldo, situado como a un kilómetro a la izquierda del camino. Le di las gracias no pudiendo demorarme y le hice algunos regalos, que hicieron cesar sus invitaciones; tampoco tenía otro objeto su urbanidad. Foiguel a quien no volví a ver después, tenía el aspecto feroz de su padre Paillacán: los ojos, en los cuales se inyectaba la sangre con facilidad, manifestaba que una vez encendido de cólera no debía ser un mozo de muy buen genio.

Quién sabe si se debía este aspecto feroz, al color rojo con que se había pintado la cara, porque Cárdenas me aseguró que era hombre de muy buen carácter. Separándome de él, tomé

[28]Un pitrin pesa dos onzas.

311

el rumbo que poco más o menos, debíamos seguir hasta los toldos de Huincahual, es decir, al sureste. Entramos en un valle por donde corre un riachuelo cuyo nombre no supimos, cuyas orillas están cubiertas de espesos manzanales. El fondo del valle se eleva hasta un cerro, desde donde se ve un precioso panorama. Es muy extenso: mirando hacia el norte veíamos dibujarse a nuestra izquierda la cresta central de la cordillera, en cuya extremidad, un poco afuera de su dirección general, dominando las montañas vecinas con su cabeza nevada, se encuentra el volcán Lagnin o de los Piñones: al pie de esas montañas está el valle de Huentrupán.

En el lugar situado perpendicularmente abajo de la cresta en donde juzgábamos que estaban los toldos de Huentrupán, aparecía un pequeño cuerpo de agua, que por su posición relativa a nosotros, creímos debía ser una parte del lago de Lacar; pero Motoco, a quien hablamos de eso, nos dijo que era otra laguna llamada Quilquihué, de donde sale el Trepelco, río que va a echarse en el Pihualcura, afluente del Chimehuín. Después de haber pasado esta altura, llegamos a una meseta que atravesamos por espacio de algunas millas, al fin de la cual bajamos a una quebrada. Arriba de esta quebrada se ven prismas basálticos.

A la bajada de la quebrada, principiaba el valle del Yafi-yafi. Muchos esteros que habíamos hallado llenos de agua en nuestro último viaje, estaban ahora secos. El valle está bordeado a derecha e izquierda por lomas que lo unen con la gran meseta que se ve en el mapa; prismas basálticos en la cima de las lomas, parecen pretiles hechos para contener las tierras de la meseta. Atravesamos dos o tres veces el río; al fin, a la noche, viendo a cierta distancia una caballada, nos detuvimos antes de alcanzarla, y resolvimos pasar la noche en ese lugar.

Hueñupán fue a reconocerla, y volvió diciendo que era de un indio, pariente y conocido suyo.

24 de febrero. El día siguiente, al salir encontramos el toldo del indio de la víspera; tenía consigo una numerosa caballada. Entré en arreglos con él para comprarle un caballo. Me vendió por ocho pitrines de añil uno que decía ser excelente *choiquero*: así llaman los indios a los caballos que usan para cazar los avestruces.

Debo decir aquí, como un rasgo de sus costumbres, que todo el tiempo del cambalache, el pehuenche consultaba a su mujer, y además, iba a concluirse el trato, cuando la china puso por condición que se le diese además algunas chaquiras, so pena de romper el trato. Esto probará que la mujer tiene cierto peso en el menaje. La mujer era donosa, y por supuesto era difícil rehusar lo que pedía una buenamoza, aunque fuese Pehuenche, y le di las chaquiras. Era pariente, prima hermana, creo, de Hueñupán, nuestro compañero. ¡Qué individuo tan extraño

313

era este Hueñupán! en las paradillas que ha- cíamos, se tendía de barriga en el suelo, fija la vista y sin desplegar los labios; como le pre- guntase qué tal le parecía el caballo comprado, contestó: teniendo cuatro patas andará, con eso basta. Me asustó la contestación.

Nos despedimos del indio y de su mujer, y seguimos nuestro camino encimando la meseta. Es una meseta enteramente horizontal, de vein- tiocho o treinta kilómetros cuadrados de superficie, la cual está cortada por quebradas que no se ven, sino cuando uno está en sus orillas: nada más árido, ni un solo árbol, ni un solo arbusto se ve en toda la extensión, sino arena, piedras y mazorcas de espinas amarillas de 20 a 25 cen- tímetros de altura.

Dejábamos atrás al gran volcán de cabeza nevada: al llegar al confluente del Chimehuín y del Limay, Villarino divisó este cono nevado, y creyó por un error bien conforme con el objeto de sus deseos, que era el cerro Imperial de Arauco, creyendo con esto estar muy cerca de Valdivia, a donde quería alcanzar.

Después de haber pasado esta gran meseta, bajamos por una quebrada, y al fin nos encon- tramos en un vallecito por donde corre un riachuelo llamado Chasley. Allí tomamos harina tostada mezclada con agua, y como habíamos cometido el olvido imperdonable de no llevar un cacho, fue preciso tomarla en uno de nuestros estribos de madera.

De allí seguimos por el valle, pero un poco antes de llegar al Caleufú, subimos una colina bastante alta, y al bajar a la otra falda divisamos el Caleufú. Pero no se veían los toldos; nuestro amigo Hueñupán no los veía tampoco, porque se puso a encender fuego, para que la gente de los toldos nos percibiese, y viniese a nuestro encuentro: o quién sabe si él los había divisado, y encendía fuego para avisar a los toldos que llegaban extranjeros. Al fin, los divisamos y bajamos al Caleufú: dejamos en la orilla algunos toldos a nuestra derecha, y entramos en el vado. Nos esperaban a la entrada del vado, Marihueque, segundo hijo de Huincahual, y un joven buen-mozo que nos dijo era mestizo de Patagónica llamado Gabino Martínez.

Nos apeamos al frente del toldo de Huincahual, ausente en ese momento, como también Inacayal su hijo mayor, que goza de todo el influjo político en la toldería, y que tampoco estaba allí la primera vez que habíamos pasado, cuando la toldería se hallaba en las orillas del Quem-quemtreu. Antileghen conocido nuestro, estaba presente. Las mujeres trajeron pellones a una ramada situada al frente del toldo de Huincahual, y pusieron a los pies de cada uno, un plato de carne. Preguntamos a Antileghen, si creía que nos dejarían pasar hasta el Carmen; contestó que era preciso esperar la vuelta de Inacayal, pero que creía a éste bien dispuesto hacia mí; que había dicho que si yo era buen hombre me

315

llevaría consigo en calidad de escribano (secretario) a esa ciudad.

Volvimos a ver con gusto al viejo tío Jacinto, y sus dos mujeres. En su toldo vivía el dragón de la Patagonia, Celestino Muñoz, ya conocido nuestro, y que había venido trayendo a los indios las proposiciones de paz del Gobierno Argentino. Regalé a mi antiguo conocido Antileghen una camisa y otras cositas; él me retornó una oveja. Mandé a Cárdenas que la matase; Celestino le ayudó, pero antes se hizo el *apol* acostumbrado. El *apol* se hace de la manera siguiente: se ata el cordero del hocico con un lazo, se suspende a un poste, y se le corta la garganta; la sangre corre abundantemente, y va por la traquearteria hasta los pulmones, junto con agua y sal que introducen por el mismo canal. Entonces se liga la traquearteria con un pedazo de lazo; al cabo de algún tiempo se saca el pulmón, y cortándolo en pedazos se distribuye a los asistentes. Comí con mucho gusto mi parte. No hay duda que muchos exclamarán: ¡Qué horror! ¡eso no se puede comer! y sin embargo, nada hay más cierto. En las provincias del sur, en Valdivia por ejemplo, en ninguna hacienda se mata un cordero, sin que se celebre la ceremonia del *apol*, y los que han frecuentado esas comarcas, podrán corroborar la verdad de mis palabras.

A la noche dormimos, aunque impedidos por

los ladridos de los perros que pululan siempre en las tolderías.

Marihueque y Gabino Martínez, se habían ido a los toldos de Paillacán, donde se celebraba una gran borrachera.

Capítulo VIII

Costumbres. Toldos de Huincahual. Toldo de Jacinto. Nombres de hombres, de mujeres y de perros. Forma de un toldo. Visita de Quintunahuel. Ebriedad. La corneta de Chiquilín. Familia del tío Jacinto. Amabilidades de mama Dominga. Celestino Muñoz y sus hazañas. El "muchí". Llegada de Huincahual. Llegada de Inacayal. Soy su secretario. Cartas. Ceremonia. Borrachera. Diferentes escenas. Día después. Tahilmar. Visita a Paillacán. Pascuala. Cargos de Paillacán. Mis peones. Tiro al blanco. Rapacidad del cacique. Un caballo por una corneta. Despedida.

25 de febrero. Al amanecer ya estábamos en pie, como era en el mes de febrero, el sol se asomó muy temprano. Al alba ya se habían despertado los indios: mujeres y hombres, se fueron al río a lavarse. Las gallinas y gallos animados por el frío penetrante de la mañana, se entregaron a brillantes carreras con los perros, y a cada rato atravesaban por nuestra cama. No hubo remedio, fue preciso levantarse también. Las mujeres volvieron con sus cántaros de agua, encendieron el fuego y pusieron a calentar las ollas, porque la primera cosa en que piensan los indios al levantarse, es en comer.

Antileghen vino a sentarse junto a nosotros, y platicando nos nombró y dio informes sobre todas las personas que vivían en la toldería.

La homogeneidad de raza y de idioma que habíamos reparado en los toldos de Huentrupán,

318

había desaparecido aquí. Huincahual, el viejo cacique es Pehuenche, tuvo de una mujer ya muerta, y que era de raza pampa, dos hijos; uno que vive en las orillas del Limay, e Inacayal que goza de mucha consideración aquí y en toda la pampa. De otra mujer que actualmente existe, también de raza pampa, tiene dos hijos y dos hijas: Marihueque y Chiquilín, son los hombres, Llanculhuel y Nalcú, las dos mujeres. Tiene además otra mujer Pehuenche, que no le ha dado hijos. Marihueque es casado con una mujer Pehuenche.

En el toldo vecino viven: el viejo Jacinto, nuestro antiguo conocido, sus dos mujeres, Manuela y Dominga, sus tres perros pelados y en fin Celestino Muñoz, el dragón. En el toldo vecino de Huincahual situado a la derecha, Antileghen y su familia. Más cerca del Caleufú, mocetones de Antileghen y sus familias: en los últimos toldos, los más distantes del río, en uno Incayal y sus dos mujeres, Gabino Martínez y su mujer y en otro un Tehuelche llamado Agustín, casado con una Tehuelche: y su hija, niña de diecisiete a dieciocho años, llamada Ninún. Antileghen nos dio todos los nombres que generalmente, son compuestos de dos palabras, cuyo conjunto unas veces ofrece una significación, otras no, pero generalmente las terminaciones son las siguientes: *laufquén, leufú, nahuel, pagi, gúrú, huala, ñanco*, esto es, mar, río, tigre, león, pato, aguilucho.

El hijo de Paillacán se llama Quintunahuel (Cazador de tigres) de *Quintún* que significa, aguaitar, y *Nahuel*, tigre. Uno de los nietos de Hunicahual, se llamaba Quintuñanco (Cazador de aguiluchos). El nombre de un hijo de Inacayal, era Milla-leufú (Río de oro).

Aquí debo hacer notar una equivocación del padre Febres, en su gramática chilena, al decir que estas terminaciones arriba citadas, indican el linaje. Quintunahuel era el segundo hijo de Paillacán, y el hijo mayor se llamaba Foiguel: nada hay de común entre estos nombres que corrobore la aserción del padre. Una cosa que repara el Padre Febres y esta vez con mucha justicia, es que si se llaman en los *coyagtunes* o parlamentos con sus nombres enteros, en sus pláticas familiares, sólo lo hacen con la primera palabra y una sílaba o letra de la segunda, lo que confunde al principio, a los que son pocos vaqueanos, por ejemplo, *vucha-lau* por vuchalaufquén, mar grande; grande se dice igualmente *vuta* o *vucha; Milla-leu por milla-leufú*, río de oro, *curuñ* por *curuñanco*, aguilucho negro. Otros nombres no pudieron explicármelos los lenguaraces.

Una cosa extraña, es que dan a sus perros nombres españoles. El tío Jacinto tenía tres horribles perros de la raza china; se llamaban, Molina, Chaparro y Jaramillo.

En cuanto a las mujeres, debo decir, que nunca oí llamar a una mujer casada por su nombre, pero sí a las niñas solteras. Preguntando la razón de esto a Gabino Martínez, me contestó: que no valía llamar a su mujer por el nombre, que él no sabía el nombre de la suya, y que cuando la llamaba, le decía *Eymi*, que significa tú, en lengua de indio. Las hijas del viejo Huincahual se llamaban; Llancuhuel la mayor y Nalcu la menor. Pero el mismo Gabino Martínez, me dijo que no le parecía bien que un extranjero, llamase a una china por su nombre: por esa razón nosotros siempre les dirigíamos la palabra llamándolas *lamuen*, hermana.

Inacayal como hemos dicho, estaba ausente cuando llegamos, y también el viejo cacique.

Los toldos del Caleufú estaban alineados perpendicularmente en la dirección del río, la abertura dirigida al este. La construcción es muy sencilla: cinco o seis palos de dos o tres metros de largo, plantados en línea, forman el frente; detrás de cada palo de la fachada viene otra línea de estacas más bajas, en mayor o menor número, según la profundidad que se quiere dar al toldo; estos palos constituyen las paredes; que atadas sus cabezas con lazos, forman una armazón, encima de la cual se pone un cuero que, para seguir la comparación hasta el fin, sirve de techo. La abertura es dirigida al oriente, porque el viento viene siempre del oeste, y los indios duermen con los pies apoyados en el fondo.

En cada toldo viven una o dos familias: tomemos por ejemplo, la distribución interior del toldo de Huincahual: a la derecha, primera separación, en que duerme la primera mujer de Huincahual, en seguida, la segunda mujer, después, niños sin distinción de sexo, Chiquilín soltero; y en fin, en el último compartimiento, Marihueque, su mujer y dos niños. El toldo se desmonta fácilmente como que así debe ser, para indios que cambian frecuentemente de residencia.

Cada vez que los ganados y las caballadas, han consumido el pasto del lugar que habitan, se desentierran las estacas, que son siempre las mismas, y pasan de los padres a los hijos, porque son muy escasas en la pampa, y principalmente palos derechos, como los que se necesitan para ese uso; se enrollan los cueros, y el toldo hace la carga de un caballo, los otros utensilios y objetos menudos, se cargan en otro caballo y se ponen en marcha. Llegados al lugar que han escogido, en pocos momentos instalan otra vez su casa ambulante.

Adentro se cuelgan, en los ganchos de los palos, las varias cosas del menaje. Las chinas guardan sus utensilios de *toillete* en sacos de cuero a manera de carteras, o en canastos hechos con las ubres de las vacas. Allí están los jarritos en donde tienen las tierras con que se pintan la cara; no usan peines, pero sí escobillas, hechas con pajas tiesas y delgaditas, que sólo alizan el pelo y de ninguna manera limpian la cabeza, que tanto lo necesita esa gente.

A la tarde llegó Quintunahuel el hijo del Paillacán. Venía mandado por su padre para decirme, que me fuese a vivir a los toldos de Lalicura, que me esperaba con impaciencia. Paillacán era pobre, y mientras más pobres son los indios, más exigentes son; y conocida su rapacidad, contesté a Quintunahuel, que iría, pero cuando hubiese llegado Inacayal para quien traía cartas. Se fue llevando algunos regalos; antes de marcharse me pidió algunos cohetes, a fin de que pudiesen divertirse los que estaban tomando aguardiente en los toldos de su padre.

Al anochecer volvieron Marihueque y Gabino Martínez completamente ebrios. Entre gente cristiana, la mujer nunca deja de reñir a su marido, cuando vuelve ebrio a su casa; aquí no. Las chinas están acostumbradas a ver frecuentemente a sus maridos, en guerra abierta con la temperancia y el equilibrio; y lejos de reñirles, los atienden mucho, les traen pellones para que se acuesten, les desensillan el caballo y procuran hacerlos dormir; tampoco tendrían el derecho de reconvenirlos desde que ellas mismas, son tan aficionadas al aguardiente y suelen acompañar a sus maridos a beberlo.

La noche era magnífica, el horizonte relucía con los fuegos encendidos por los indios que andaban boleando huanacos en las lomas lejanas. La bóveda celeste resplandecía con millones de estrellas.

Tendidos en nuestra cama, no podíamos dormir a causa de los ladridos continuos de los perros, y nos pusimos a estudiar astronomía en el libro que teníamos encima de nuestras cabezas; mientras tanto el joven Chiquilín nos ensordecía tocando una maldita corneta, ocupación a que se daba todas las noches, hasta más de una hora después que todos se habían acostado; con él se concluía el ruido, y la toldería se entregaba al sueño: nosotros, menos aconstumbrados que ellos a los ladridos de los perros, y a las multiplicadas caricias de ciertos bichitos asquerosos (*pediculus*); no nos dormíamos sino muy tarde.

Los perros son de cría de galgos un poco mezclados; es la única clase de perros que podría correr al huanaco o al avestruz.

26 de febrero. Inacayal no había llegado, y tampoco Huincahual. Esperándolos pasábamos el tiempo conversando con Celestino Muñoz en el toldo del viejo tío Jacinto.

Los habitantes de este toldo eran siete: el tío Jacinto, sus dos mujeres: Manuela y Dominga, Celestino Muñoz, el dragón, venido como chasque de la Patagonia, y los tres ilustres perros de Jacinto, cuyos nombres no echará en olvido esta verídica historia: se llamaban, Chaparro, Molina y Jaramillo. El tío Jacinto era hombre de edad, tenía una cara de muy buena expresión, de cuerpo más bien gordo que flaco, hablaba castellano, y había hecho muchos viajes a la Patagonia; hombre de carácter muy tranquilo, el tío

Jacinto no debía ser muy terrible en los *malones:* preguntándole un día, cuántos había presenciado en su vida, me contestó que ninguno. En el genio belicoso de los indios, el tío Jacinto debía ser el único de su especie. Repartía sus afecciones entre sus dos mujeres y sus perros. Estas dos compañeras no le habían dado ningun hijo.

Manuela atacada de elefantiasis, tenía las piernas enormes, y Dominga que parecía ser todavía la primera en los oficios del viejo tío, descendía de los indios que vivieron cerca de la misión de Nahuelhuapi, y era de humor vagabundo; a cada momento montaba a caballo, y salía acompañada de Jacinto, que se enorgullecía, como Artaban, andando al lado de su sultana favorita. Más de una vez, a la vuelta de esas expediciones, la mama Dominga me puso en espinas con su generosidad.

Un día volviendo de Huechuhuehuín, traía dos cargas de manzanas y guardadas en el seno unas cuantas escondidas para regalar; se apeó, entró al toldo, se sacó los *sumeles* (botas), en seguida se pasó delicadamente los dedos de las manos por entre los de los pies para limpiarlos, y acto continuo, introdujo la mano al seno y sacó dos manzanas, que yacían sumergidas en la profundidad de sus sobacos; me las pasó con mucha urbanidad, diciéndome al mismo tiempo: tomá, comé, muy dulce, y no obstante, llevé el heroísmo hasta aceptarlas. Se podía componer un libro entero, con las ideas estrambóticas de

Dominga en materia de aseo y limpieza. No lavaba los platos ni las cucharas de palo que habían servido, sino que lamía todo con la lengua. Pero también digamos en su honor, que Dominga tenía un talento particular para tejer ponchos y frazadas.

Celestino Muñoz, el dragón, era un zambo muy simpático; sin tener mucha instrucción, estaba dotado de un buen sentido extraordinario, y nos asombraba muchas veces, cuando contestaba con tanto tino a nuestras preguntas.

Era hombre que contaba algunas hazañas en su vida. Nacido en Mendoza, había ido muy joven hasta Buenos Aires, en donde ejercía la profesión de cochero; había hecho unos viajes a Santiago de Chile, y expresaba con mucha originalidad todo lo que había reparado en sus peregrinaciones. Pero un día en Buenos Aires, le faltó la paciencia de que no estaba dotado en sumo grado, y dio una elegante puñalada a un borracho que le arrojó a la cara el contenido de su vaso, porque rehusaba tomar con él, y por este momento de olvido, nuestro amigo Celestino, fue condenado a servir tres años como soldado, en la guarnición de Puerto Carmen o Patagónica.

Pero, como fuera de su poca paciencia, tenía muy buenas prendas, Celestino se había granjeado en poco tiempo la consideracion de sus jefes, y siempre se le mandaba como chasque, en misiones de confianza. Había recorrido todas las costas de la Patagonia y las conocía perfectamente. Me contó que una vez había sido mandado para llevar auxilio a unos náufragos, que se decía, habían sido echados a la costa con el buque, y privados de todo recurso, estaban a más de treinta o cuarenta leguas de Puerto Carmen. El y otro soldado tuvieron la suerte de encontrarlos casi muertos de hambre; los fortalecieron con víveres que llevaban cargados en caballos y los condujeron hasta Patagónica.

Celestino me dijo que esos náufragos hablaban inglés, pero no pudo decirme si eran ingleses o norteamericanos. Por este hecho no obtuvo recompensa alguna; probablemente porque esta acción, que honra tanto a nuestro Celestino, fue ignorada del cónsul americano o inglés, o quién sabe si Celestino tuvo el trabajo y otros el provecho. Se había hallado en varios combates con los indios de la pampa y era muy entretenido oírle contar sus hazañas. Mientras que conversábamos juntos en el toldo del tío Jacinto, éste, para honrar dignamente a sus huéspedes, mandó a Dominga que preparase un plato de *muchi*[29].

El *muchi* es un fruto pequeño, de color violado cuando es maduro; tiene un hueso bastante grande en comparación del fruto, pero la cáscara tiene un gusto a corteza de limón muy agradable; restregando los frutos con las manos cae la cáscara en un plato donde hay agua, y el todo

---

[29]Duvanna pendens (D C).

mezclado da un licor de color violado, bastante sabroso. Por fortuna, se nos sirvió a cada uno en platos apartes, porque quién sabe si a la vista de lo que pasó después, nos hubiera puesto en la imposibilidad de tomar el licor en el mismo plato con el tío Jacinto y sus dos mujeres. Los tres se habían puesto alrededor de un gran tiesto con muchi; se echaban puñados de cáscaras a la boca, chupaban el jugo, y las escupían otra vez en el plato; mezclaban otra vez el todo con las manos, y volvían a echarse a la boca otro puñado, y así siguieron hasta haber agotado enteramente el jugo que pudieron sacar de las cáscaras.

A la noche comimos como de costumbre carnero asado, y nos fuimos a dormir.

27 de febrero. Este día como a las doce, llegó el viejo Huincahual con su segunda mujer. Tenía un sombrero de paja y un poncho; de lejos parecía un honrado campesino que venía de dar una vuelta por su hacienda acompañado de su esposa. Traía manzanas en sacos, y luego que se desmontó, mandó que se le trajese una piedra pómez para hacer chicha; restregaba las manzanas contra lo áspero de la piedra, y lo molido caía a un cuero; en seguida, tomaba puñados y se los echaba a la boca, exprimía el jugo y arrojaba el resto.

Después de haberle dejado los primeros momentos, me acerqué a él y trabé conversación, con la ayuda de Gabino Martínez que me servía

328

de lenguaraz. El viejo me recibió bien, pero me dijo que no podía contestarme nada decisivo antes que llegase Inacayal.

28 de febrero. A la noche volvió Inacayal de su visita a los toldos de Huitraillán, pero como llegó muy tarde, fue preciso aplazar la conferencia para el día siguiente.

Al amanecer nos juntamos bajo la ramada enfrente del toldo, Inacayal, su padre Huincahual y yo.

Inacayal me agradó al momento, tiene el ademán franco y abierto la cara inteligente, y sabe algo de castellano; de cuerpo rechoncho pero bien proporcionado. Le dije que había sentido mucho, no haberle visto en mi primer pasaje por las orillas del Quemquemtreu; que lo que había oído hablar de él, me había inspirado mayor deseo de conocerle, y tenía la esperanza que me llevaría consigo hasta el Carmen. Me contestó que lo haría con mucho gusto, porque podía servirle en calidad de secretario en sus negociaciones con el Comandante de Patagónica, y diciendo esto mandó que le trajeran las cartas que había recibido de ese pueblo.

Los indios, una vez que reciben cartas, las dan a leer a todo recién llegado, sea para enterarse bien del contenido, o para ver si no se les ha ocultado algo. Juan chileno que había llegado en la mañana, traducía frase por frase lo que leía. La carta era del coronel Murga, entonces Comandante de Puerto Carmen. Convidaba a los indios a que fuesen al Carmen con el objeto de hacer la paz. Para inducirlos, mandaba la lista de los regalos que había recibido del gobierno central para recompensar a los caciques; al mismo tiempo adjuntaba una carta del Ministro de la Guerra de la República Argentina, en que les decía que tuviesen entera confianza en las palabras del coronel Murga, porque le habían delegado plenos poderes para tratar.

Añadamos en honor de nuestro amigo Celestino Muñoz, que el coronel en su carta encargaba a los indios que tuviesen muchos miramientos para con él. Leídas las cartas, las puso Inacayal en un pedazo de tela, las ató con un cabo de lana colorada, y las guardó hasta la llegada de otro que supiese leer, y cuya lectura iban a oír los indios quizas por la vigésima vez.

Hice regalos a Inacayal, Juan chileno regaló también al cacique un barril de aguardiente, que yo le había cambalachado en Arsquilhue por un caballo. En la tarde, el viejo Huincahual se ató la cabeza con un pañuelo nuevo y se puso su mejor poncho para presidir la ceremonia de la abertura del barril. El sol estaba a punto de ponerse. Hueñupán, elevado a la dignidad de maestro de ceremonias, fijó tres lanzas en el suelo como a cincuenta metros de los toldos.

Huincahuel convocó a los hombres de lanza de la toldería, y teniendo cada uno su cacho se presentó para beber. El viejo entonces rodeado de sus altos barones, se acercó a las lanzas;

todos tenían la cara hacia el oriente. Huincahual salpicó con aguardiente los mangos de las lanzas, y lanzó algunas gotas en la dirección del este, hablando entre dientes. Cada uno de los asistentes hizo lo mismo, y en seguida habiendo bebido lo que sobraba en los cachos, se volvieron a los toldos. Hueñupán sacó las lanzas de tierra, y el cacique le mandó que fuese a esconderlas, así como también los boleadores, y todo lo que pudiese servir de arma ofensiva. Es una precaución muy natural, porque una vez ebrios los indios, ya no saben lo que hacen. Dominga, mujer de mucha prudencia, nos dijo, soltando la fea palabra con que siempre adornaba el principio de sus frases: que escondiésemos también los cuchillos que llevábamos en la cintura.

Se había mandado chasques a los toldos vecinos, para anunciar la buena noticia. Llegaron los indios, y principió la tomadura. Todos estaban sentados en el suelo, formando círculo alrededor de Huincahual, que presidía la ceremonia. El anciano se había puesto en la cabecera de su cama, a fin de poder fácilmente tocar retirada, si el aguardiente le subía a los sesos. Inacayal estaba a su izquierda, Jacinto, el mayor en edad después de él, estaba a su derecha. A la izquierda de Inacayal, estaba Agustín el Tehuelche, en seguida las chinas. Porque éstas que casi nunca van a tomar a otros toldos, toman su desquite, cuando la fiesta se celebra en los toldos en donde viven.

331

Al frente de Inacayal estaban sentados Gabino Martínez y Celestino el dragón; por orden del cacique tomé yo mi asiento en el centro, para tocar el flageolet. Después del naufragio, lo había regalado a Antileghen, pero los indios son como los niños, tienen ganas de todo, y una vez en posesión del objeto, no hacen más juicio de las cosas. Antileghen había cambiado el flageolet por la guitarra que tenía Quintunahuel, y éste no pudiendo tocar el instrumento, me lo volvió sin dificultad. Me coloqué en medio del círculo con mi flageolet, Lenglier se sentó en el ángulo formado por la línea de los hombres, y la de las chinas. Algunos indios atrasados que iban llegando, formaron otro gran círculo bajo la prolongación de la testera del mismo toldo.

Traído el barril, del cual se había sacado un poco reservadamente para satisfacer la sed del día siguiente, Huicahual echó aguardiente en un plato y principió por pasar licor a los asistentes en un pequeño cacho. Después, una vez animada la cosa, Inacayal ponía a los pies de cada uno un jarrito de aguardiente, con el cual cada asistente obsequiaba a su vecino. Entonces todos se soltaron a hablar sin escucharse; la confusión llegó a ser general. Unos hablaban araucano, otros pampa, otros se interpelaban en la lengua ruda de los Tehuelches.

Se hubiera dicho que quebraban nueces entre los dientes. Al fin los más eruditos ponían en relieve sus conocimientos en la *castilla*, como suelen ellos llamar a la lengua castellana. Las mujeres no se quedaban ociosas. La mujer de Agustín cantaba palabras ininteligibles en un tono monótono y lento. Su hija aprovechaba la vecindad de Lenglier, que es muy fumador, y la ebriedad de su madre, para entregarse sin reserva a las delicias de numerosas cachimbas que su vecino se esmeraba en no rehusarle. En tanto, yo permanecia impacible y seguía modulando diferentes tocatas en mi flageolet, sin que los bárbaros manifestasen la menor emoción por los acordes de mi sonoro instrumento, que interpretaba sucesivamente los mejores trozos que el dios de la música inspiró a Meyerbeer y Rossini.

Ebrios los indios se pusieron a fumar. Una pipa bastaba para una docena; cada uno echaba dos o tres pitadas y se tragaba el humo. Pero el dueño de la pipa nunca se separaba de ella; la presentaba apretándola fuertemente entre los dedos; si la hubiera dejado un rato, no la habría visto más. Al fin, al cabo de una hora, la orgía había llegado a su apogeo. El viejo Huincahual, creyéndose en medio de un numeroso parlamento, hacía discursos magníficos que nadie escuchaba; Inacayal se había juntado con Celestino y Gabino, trataban de altas cuestiones de política, relativas a la actitud que debían tomar los indios para con el Gobierno de Buenos Aires. Agustín contemplaba a su mujer, cuya voz principiaba a faltarle en la garganta, y que la reemplazaba por el movimiento de dos grandes brazos, que parecían pertenecer a un telegráfo aéreo. Su niña absorbía el humo del *nicotina-tabacum*; Bonifacio y otros para agradar a Inacayal, me hacían mucho cariño, llamándome hermano y envolviéndome la cara en sus mugrientas *huaralcas*. Los perros, excitados por el bullicio general, aprovechaban la inatención de todos, para robar los pedazos de carne colgados en los toldos, mezclando sus ladridos a los clamores de los indios; hasta los gallos y gallinas, todos estaban en revolución. En fin había una cacofonía, como no se debió haber visto nunca en el arca de Noé, cuando todos los habitantes con pelo y pluma, ejecutaban sus monstruosos conciertos.

Como mi equipaje estaba en el toldo del tío Jacinto, desamparado de su dueño; a cada instante me iba para dar una ojeada, a fin de que algún indio distraído no fuese a cometer una sustracción. Ya el viejo Huincahual había ejecutado su sabio movimiento de retirada. Se había echado a dos o tres pasos atrás, y encajonádose en el compartimento de su uso; flanqueado por su segunda mujer (la primera y todos sus hijos estaban ausentes) tenía a su lado, resuelto a defenderlo contra los ataques de los borrachos, el barril, en donde quedaba todavía un poco de aguardiente para la sed del día siguiente.

El que más bebió fue un indio Huaicurú de Magallanes, éste parecía ser el más vicioso; no obstante que ya había recibido una dura lección por sus excesos en una borrachera anterior; no habiendo podido llegar a su toldo a causa del estado de embriaguez en que se hallaba, durmió en el campo, los perros lo atacaron y le comieron algunas pulgadas de los muslos; el no sintió las heridas; al otro día lo encontraron bañado en sangre y casi exánime. Para precipitar la convalescencia, esta vez había bebido por ocho. Al fin, se concluyó el combate, no por falta de combatientes, pero por falta de municiones. Todo acabó bastante bien, sin embargo, no dejaron de haber algunos puñetazos, rasguñones y algunos cachazos distribuidos aquí y allá; pero no siempre se pasa de esta manera.

No es raro que corra la sangre; y cuando sucede tal cosa, el pobre herido no tiene que esperar compasión de los indios; el alcohol los pone insensibles. Las mujeres lo cuidan llevándole a un toldo, y para aliviarlo se sangran ellas mismas los brazos y las piernas. No creo que este remedio alivie mucho al paciente, pero es una prueba de interés a la cual no le falta su sensibilidad.

1.º de marzo. Al día siguiente, el sol al asomarse, solo alumbraba caras embrutecidas, pero parece que les devuelve la memoria a los indios: uno tiene vergüenza de las riñas que ha querido armar a su mejor amigo, otro se arrepiente de excesos de generosidad imprudente. Es preciso decir, que bajo la influencia del aguardiente, los

335

indios son atacados de súbitos accesos de generosidad, y digamos en su honor que nunca al día siguiente vuelven a tomar lo que han regalado en el anterior. Nos refirieron que un indio, hace algún tiempo, había regalado casi todos sus caballos en una borrachera, y que a la mañana se despertó sin un caballo para su uso. Soportó con valor las consecuencias de su imprudente generosidad. No llegó a ese punto la borrachera que presenciamos. El único que sacó alguna ventaja, fue nuestro amigo Celestino Muñoz: Inacayal dijo a un indio que le regalase un bonito poncho que llevaba, y el mismo le obsequió un caballo overo.

Si hubieran tenido aguardiente, los indios habrian seguido emborrachándose hasta la completa absorción del licor, pero no había más. A las orgías de bebida, sucedieron las orgías de comida. Es costumbre entre ellos, que cuando algún indio ha estado ausente algún tiempo, a su regreso las chinas celebren la vuelta con cantos en honor del viajero[30]. Ya había presenciado tal escena la primera vez que pasé por los toldos de Huincahual con Antileghen y su hija mayor, que había estado ausente algunos meses. Y después que le hubieron cantado, hizo matar un potrillo que se repartió a las cantoras.

Hacía muy pocos días que Inacayal había vuelto de sus cacerías en las pampas del sur,

---

[30]Esta ceremonia se llama *tahilmar*.

y la misma ceremonia se celebró. Pero hasta entonces no había retornado nada; pero al día siguiente de la borrachera regaló un potrillo, a cuya carne tienen mucha afición los indios. Se laceó el potrillo, lo mataron a bolazos en la cabeza; después se repartieron los miembros entre la gente de la toldería, e hicieron todos una comida de gargantúas. A Inacayal como dueño del animal, le correspondió la sangre de la que se hicieron morcillas. Después del almuerzo, propuse a Inacayal que me acompañase hasta Lalicura en donde vive Paillacán, a fin de llevarle los regalos que le destinaba, y conocer el verdadero pensamiento del cacique, sobre mi pasaje para Puerto Carmen.

Paillacán, como se puede recordar, me había prometido que si iba hasta Valdivia a buscar el rescate de los hombres que se quedaban con él y a la vuelta acompañaría a Quintunahuel hasta Puerto Carmen. Pero yo tenía desconfianza del cumplimiento de esta promesa, porque cuando Quintunahuel vino a visitarme, me dijo que nunca había pensado seriamente en ir a Patagónica. Luego me había engañado Paillacán; y lo probará la relación de cómo se pasó la visita que le hice con Inacayal y Hueñupán.

Cuando llegamos a Lalicura, Paillacán estaba presenciando la matanza de un ternero. Hizo como si no nos hubiera visto. Si estaba mortificado por mi parte, lo estaba más pensando cuanto debía herir el amor propio de mi compañero la impolítica del cacique. Nos mirábamos sin decir una palabra, hasta que Pascuala, la mujer de Paillacán, rompió el hielo de la situación, trayéndonos unos pellones. Nos sentamos y entonces comenzó la india con su avidez ya tan conocida, diciéndome al oído ¿y qué es lo que me trajiste? ¿tú has regalado a las chinas del Caleufú? ¿Y el chalón que me habías prometido? etc. En mi vida había visto una cara en donde estuviese pintada más claramente la ambición, con todo lo que tiene de más asqueroso principalmente cuando se manifestaba con la voz ronca de esa mujer; voz que se había enronquecido con el abuso del aguardiente. Porque Pascuala tenía tanta afición al aguardiente, como el más borracho de los Tehuelches, a cuya raza pertenecía. Era una mujeraza, con cuerpo bien proporcionado, sobre cuya salud no parecían haber tenido mucha influencia los excesos del licor y del libertinaje.

Pascuala, vagabunda como los Tehuelches, e hija de uno de sus caciques, que no sé por qué razón solían nombrar el cacique francés, había hecho muchos viajes al Carmen, y en cada uno de ellos, su razón y su virtud habían sufrido ataques repetidos, tanto por parte del alcohol, como de los galanes; ataques de los cuales creo que nunca salió vencedora.

Pocos días antes había hecho una infidelidad al viejo Paillacán; su cómplice fue Celestino el dragón, y el protector, el honrado tío Jacinto que me contó la historia. Una vez que esta digna pareja vino a los toldos de Huincahual a una tomadura, Paillacán habiéndose quedado ebrio y sin sentido sobre la brecha, Pascuala se fue a dormir con el dragón en el toldo del tío Jacinto.

Mientras que me fastidiaba Pascuala con sus exigencias y preguntas, se acercó Paillacán con una cara de taimado, y la india se vio obligada a callar. Entonces extendí a sus pies todas las cosas que le traía. Apenas las miró, diciéndome que hacía tanto juicio de todo eso, como si fuera pasto, y continuó: que había sido demasiado bueno para con nosotros en el momento del naufragio, que cualquier otro en su lugar nos habría muerto sin remisión; que luego que nos había dejado salir en libertad, llegaron chasques de los caciques vecinos, aconsejándole que nos matara, y que su enojo fue muy grande, cuando supieron que nos había dejado pasar; que otra vez no sería tan tonto para dejarse engañar con buenas palabras, etc.

Al fin concluyó, poniéndome un ultimátum, cuyos términos eran los siguientes; que me tradujo un indio ladino, Bonifacio, que presenciaba la escena: que no creía en la autenticidad de la carta de don Ignacio Agüero que le había traído, que yo debía ir hasta Valdivia para traer a un hijo de don Ignacio; o si no venía ese hijo de Ignacito, que éste mandase a uno de sus mozos; al mismo tiempo debía traerle a Aunacar, su

mujer que cuarenta años atrás le habían arre-
batado los Huilliches, y que debía estar en casa
de don Ignacio; y además un freno, una silla
plateada y estribos de plata. Que sin eso no
me concedía el paso para el Carmen. No contesté
nada, Inacayal tampoco. Estábamos ambos muy
disgustados.

Al reconvenirlo por el mal tratamiento que
les había dado a mis peones, me contestó, que
todo lo habían merecido, que le habían robado
un cuero con aguardiente y en vez de trabajar
lo poco que era de su obligación, sólo se habían
ocupado en emborracharse y pelear, y por último
que al fugarse, se habían llevado unos cuchillos
y dos lazos. En fin, que su conducta había sido
muy diversa de lo que prometieron y de mis
recomendaciones. Desgraciadamente, mucho había
de cierto en este asunto.

Inacayal y Hueñupán montaron a caballo y
se despidieron, yo iba a hacer otro tanto, pero
el cacique me sujetó para que le enseñase a
tirar con un naranjero que le había llevado entre
los regalos: lo cargué con bala y apunté a un
cuero que había colgado en un horcón de la
ramada: casi todos los caballos dispararon con
el tiro; no contaban con eso los indios. Después
el cacique quiso tirar a su turno, pero con un
fusil de piedra que tenía en el toldo: apuntó;
al encender la pólvora de la cazoleta, el viejo
apartó la cara cerrando los ojos y levantando
el fusil; por su puesto no dio en el cuero, quiso

entonces que yo repitiese la operación, y se admiró mucho de mi puntería. El cuero estaba a unas veinte varas de distancia. Los indios prefieren las armas de chispa a las de fulminantes, temiendo siempre que se les concluyan éstos.

Al despedirme me trajo un caballo diciéndome que lo llevase, que al otro día iría José María, su lenguaraz, por una corneta de las que yo había dejado en los toldos de Huincahual; me despedí llevándome el caballo. Pero Paillacán no es hombre que dejase salir de su casa una persona a quien le sobraba algo en el bolsillo.

Me había visto guardar dos pitrines de añil, que había llevado para cambiar con Quintuna-huel, trato que no se había concluido porque su mujer no estaba presente. Me alcanzó a toda carrera pidiéndome el añil. Incomodado por este viejo bribón, pedigüeño, y para librarme de sus importunidades le di lo que pedía, y alejándome de él alcancé a Inacayal; de una carrera llegamos al Caleufú. Esa noche dejé dormir a Inacayal, que no debía estar de buen humor con la recepción de su viejo pariente, y aplacé para el día siguiente una explicación decisiva sobre mi pasaje.

Capítulo IX

Consejo. Sale Cárdenas para Valdivia conduciendo los peones. Yahuyehuin. Una excursión. Piedra alipe. Remedio para jugar. Paillacán viene a los toldos. Libaciones. Cartas del Carmen y su contenido. Ofertas de Cachimán. Caminos para el Carmen. Pérdida de un cuchillo. Retratos. Ceremonia. Pasatiempos de Llancuhuel. Bichos. Condición de las indias. Sus ocupaciones. Sus vestidos. Costuras de cueros. Sus diversiones. Cunas. Callipai. Gran Rogativa. Sentimientos religiosos del cacique Huincahual. Razas. Picún-pehuenches. Huilli-pehuenches. Indios Pampas. Tehuelches. Huaicurúes. Fueguinos. Vida de los Tehuelches del sur. Tipo Pehuenche. Medidas anatómicas. El chiripá. Estribos y espuelas. Nacimiento. Pequeño número de ellos. Matrimonio. Ideas religiosas. Funerales. Herencias. El indio Casimiro.

2 de marzo. En la mañana me fui con Inacayal y Dionisio el lenguaraz, al toldo del viejo cacique. Allí Inacayal contó lo que había pasado en nuestra visita. Hunicahual escuchó con mucha atención y después dijo: que su parecer era de no precipitar las cosas, y quedó convenido que Cárdenas haría el viaje a Valdivia y traería solamente un par de estribos de plata. En el mismo momento llegó José María el lenguaraz de Paillacán que venía de su parte, para decirme que le mandase la corneta que le había cambiado por el caballo, y además que le regalase algunas otras cosas; entregué la corneta, y por lo demás le mandé a todos los diablos. Hunicahual mismo,

342

enojado y disgustado por la avaricia y rapacidad de su pariente, dio el recado siguiente a José María: di a Paillacán que yo Huincahual, le pregunto si nunca ha visto prendas de plata, o no ha tenido alguna en su poder, que parece tan ávido de ellas.

Cárdenas salió para Valdivia, habiendo empleado toda la mañana en buscar dos caballos que sospeché nos habían sido robados por un chileno que se había ido con Antileghen. Quería tener ocho o diez caballos a lo menos para el viaje al Carmen, aunque una vez comprados, era muy difícil conservarlos, con las continuas visitas que hacían algunos indios de otros puntos, y que no habrían tenido escrúpulos en llevárselos sabiendo que pertenecían a los huincas. Los dos peones que estaban en las vecindades de Huentrupán, se fueron también con Cárdenas.

Había visto algunos días antes una frutita blanca en manos de Quintuñanco nieto de Huincahual. Comí algunas y me parecieron de buen gusto, pregunté a Quintuñanco cómo se llamaban y en dónde se encontraba esta especie de papitas; me contestó que se llamaba: *yahuyehuin* y si quería coger algunas, por unos veinte cohetes me conduciría al lugar en donde había; se los di y salimos con Millaleufú hijo de Inacayal, de dos o tres años menor que Quintuñanco el cual podía tener de quince a dieciséis. Orillamos el Caleufú, aguas arriba, y como a dos leguas, me indicó Quintuñanco el lugar en donde habían yahuyehuines.

Cogimos una buena porción: es una plantita pequeña que crece en la arena, las papitas se dan pegadas a la raíz y enterradas como a veinte centímetros. Esta planta es una especie nueva de la familia de las *Santoláceas*, y el Dr. Phillippi la ha clasificado con el nombre de *Arjonna appressa*.

Como estuviese cerca la caballada, Quintuñanco laceó un caballo y volvimos los tres, Quintuñanco, Millaleufú y yo, montados en el mismo caballo; uno de menos que los cuatro hijos Aymon de célebre memoria.

En la tarde quise aumentar el ordinario de nuestra comida con un plato más: hice freír en una sarten las yahuyehuines; tenían un gusto azucarado muy agradable, pero se escondía el veneno bajo las flores, en la noche Lenglier y yo tuvimos grandes dolores de estómago y prometimos solemnemente contentarnos en lo sucesivo con nuestro asado de cordero.

En ese día, mientras yo estaba ausente vino un indio preguntando por mí; habló con Lenglier y le dijo que había oído decir que traíamos remedios para ganar a la baraja. Lenglier no comprendió lo que quería decir el indio; al principio yo creí que pedía *piedra alipe (sulfato de cobre)* del que tenía una porción y que usan los indios como remedio disolviéndolo en agua, pero esta explicación no podía conciliarse con

344

la palabra "baraja" con que había concluido su pregunta el indio.

Algunos días después tuvimos la explicación de la cosa. Agustín, el Tehuelche había reparado la brújula de bolsillo que tenía Lenglier y me vino a preguntar con aire misterioso, si quería cambalacharla por un caballo bueno; como le preguntase a mi vez lo que quería hacer con ella, me contestó que servía de remedio para el juego, que en otro tiempo tuvo una, y que habiéndola puesto a su lado al jugar a los naipes, había ganado una vez hasta siete caballos. No acepté la proposición porque la brújula nos iba a ser muy útil en el viaje al Carmen. Entonces comprendí lo que había querido decir el otro indio con su remedio para la baraja.

A la noche el cielo se cubrió de nubes.

3 de marzo. Ese día por la noche vino Paillacán con el hijo de Huincahual padre de Quintuñanco que vivía en las orillas del Limay. Llegó feroz como Artaban, sin dignarse mirarme, aunque pasó a mi lado: se apeó, y se le juntaron Inacayal, Huincahual y su hijo recién llegado, todos en el toldo del viejo cacique, en seguida trajeron lo que había sobrado del aguardiente. Entonces principió un coloquio muy animado; unas veces en tono de *coyagtun*, otras de conversación particular; y todo mezclado de frecuentes libaciones. Tenía muchas ganas de saber lo que decían, pero el tono de *coyagtun* que usaban por momentos prohibía que se acercasen otros, y como

345

dijese a Gabino Martínez que me tradujera lo que trataban, me dijo que no podía porque los cuatro hablaban para sí solos, aunque al hablar gritaban como demonios.

Pero al día siguiente, me contó el lenguaraz Dionisio, que Inacayal y Huincahual habían hecho sangrientos reproches a Paillacán sobre su conducta para conmigo e Inacayal, que Paillacán no hizo más que repetir que hubiera hecho mejor matándonos la primera vez, y que por último se había animado Inacayal y le había amenazado, y quién sabe lo que hubiera sucedido si Paillacán completamente ebrio no hubiese montado a caballo e ídose a sus toldos.

4 de marzo. En la mañana vimos llegar por la quebrada que baja de la gran meseta del Caleufú, dos hombres, de los cuales uno venía con lanza. Eran Motoco Cárdenas y un chasque de Huitraillán. Contaba que había llegado una partida de indios de aquella toldería que venían de Puerto Carmen, trayendo unas cartas para Huincahual e Inacayal. Una era del coronel Murga, y la otra de Huentru-nahuel (tigre macho) pariente de Huincahual y que habiendo acompañado a Juan chileno en el precedente viaje a Buenos Aires había experimentado algunas desgracias ocasionadas por las mujeres de esa ciudad, por cuya causa había debido quedarse allí. Se reunió el consejo precidido por Huincahual en una ramada situada delante del toldo de Inacayal y se leyeron las cartas.

El objeto de las cartas era siempre el mismo, los tratados de paz. Solamente lo que había de más era que manifestaban la conveniencia de que Foiguel hijo mayor de Paillacán, fuese con Inacayal a Patagónica. De esa manera estando presente los hijos de los caciques de más fama en las pampas, los tratados tendrían más solemnidad. Fue convenido que se mandaría un chasque a Paillacán sobre este asunto, y en seguida, según la costumbre después de cada consejo, las mujeres trajeron a cada uno un plato de comida. Esta vez la carne venía mezclada con una especie de mazamorra, parecida a una pasta de fideos molidos. Motoco nos dijo que era hecha con *quínoa*[31], semilla de una planta que usan también los indios de Chile.

Después conversando aparte con Motoco, me dijo que si no conseguía ir al Carmen con Inacayal, podría pasar con Cachimán hijo de Huitraillán. Los indios de Huitraillán no siguen el mismo camino que los de Huincahual. Aquellos toman por la orilla norte del Limay, pasan a nado el río Comoé o Neuquén que Villarino llamó equivocadamente el Diamante.

Por este camino hay poca caza; algunas veces los indios se ven obligados a matar caballos para comer. Otras veces también pasan el río para ir a la banda del sur en donde hay muchos

[31]Chinopodium quinoa (Lineo).

guanacos y avestruces. En este caso dejan las caballadas en la banda septentrional. Pero este camino del norte tiene sus ventajas; se anda sólo por arena, mientras que en el del sur hay muchas piedras que lastiman en poco tiempo las patas de los caballos, y además se evita la famosa travesía en donde no hay agua durante un día y una noche, y es preciso manear los caballos para no perderlos. Un poco antes de llegar al Puerto Carmen los indios pasan a la banda sur del Limay. Tales fueron los informes que me dio Motoco sobre el itinerario de los indios de Huitraillán.

Yéndome por este camino exploraba todo el río Negro, pero Villarino había dado muchos pormenores sobre su curso y me parecía más interesante para la geografía seguir el camino del sur. Así atravesaba la Patagónica en toda su anchura, viaje que ninguno había realizado hasta entonces. Dije a Motoco que me iría con Inacayal.

· A la tarde se fue Inacayal a los toldos del otro lado del Caleufú en donde estaban los indios jugando a la baraja. No conozco gente más aficionada al juego que los indios, hay unos que empeñan hasta su último caballo; Inacayal no llevaba este vicio al exceso: me dijeron que rara vez empeñaba cosas de mucha importancia.

5 de marzo. Este día sucedió una desgracia a Lenglier: habiendo ido según su costumbre a fumar una cachimba al círculo de chinas que cocinaban cerca del fuego, perdió su cuchillo. Una de estas señoras se lo robó. En un pueblo poca importancia tiene la pérdida de un cuchillo; no es lo mismo en las pampas en donde esos utensilios son muy escasos y de primera necesidad, porque como no se come sino carne asada; sin cuchillo, uno debe servirse de las uñas, cosa poco agradable. En fin, mediante un par de calzoncillos obtuvo un cuchillo viejo.

En la mañana todas las mujeres se hallaban sentadas al rededor de los fuegos, que eran dos, porque siendo muy escasa la leña no se encendían sino dos para toda la toldería. Aprovecharemos esta ocasión para hacer el retrato de algunas de ellas.

No hablaré de las viejas: los trabajos, la vida al aire libre han impreso arrugas en sus rostros, y además las que teníamos a la vista no tenían nada de particular; pero hablaré de las jóvenes. La mujer de Marihueque, tercer hijo de Huincahual, tenía cerca de dieciocho a veinte años. Por la elegancia de sus formas que diseñaba muy bien la manta india, podía rivalizar con la Venus Callipyge; por lo torneado de sus brazos y la redondez de su cuello, parecía una estatua griega. De una mediana gordura, su perfil era muy regular. Tenía la boca pequeña y guarnecida de dientes blancos como el marfil que mostraba a cada instante en sus accesos de risas infantiles; sus piernas redondas y hechas a torno estaban adornadas cerca de los tobillos con un par de pulseras hechas con cuentas de varios colores, lo mismo sus muñecas. En sus cabellos peinados de trenzas, tenía la coquetería de poner todos los días algunas flores.

Un poco diferente por sus ademanes y figura, era la mujer de Inacayal. No tenía tantos de los encantos de la juventud como la mujer de Marihueque, pero en cambio tenía más de la gracia majestuosa de la mujer formada y de la madre de familia. Era de raza pampa, tenía la cara ovalada, la tez cobriza, y dos grandes ojos de gacela de una dulzura expresiva, tipo supremo de la belleza entre los árabes. Su fisonomía franca y abierta era muy graciosa; por otra parte era tan discreta como la mujer de Marihueque en el asunto de pedir chaquiras, y muy diferente en eso a la insaciable Pascuala, mujer de Paillacán.

Había dado bellos hijos a Inacayal, Millaleufú, río de oro, Yahuelcó, cuya significación en indio no he podido saber, ambos hombres; una niña de cuatro o seis años por la cual el viejo Hunicahual tenía mucha afección y otra de pecho.

Terminaremos esta serie de retratos con el de Llancuhuel, la hija de Huincahual, hermana de Marihueque y Chiquilín. Llancuhuel tenía una cara graciosa y picaresca, ojitos negros y vivos, dientes blanquisimos. En poco tiempo se iba a celebrar por Llancuhuel la ceremonia acostumbrada cuando las niñas llegan a la edad nubil. Luego que una niña conoce los primeros indicios de su nubilidad, avisa a su madre o a su más próximo pariente el cual da parte al jefe de la familia. Este escoge su mejor yegua a fin de comerla con los amigos. La niña es colocada en el fondo de un toldo, separada de los otros y preparada con este objeto. Allí recibe las visitas de todos los indios e indias de la toldería que vienen a cumplimentarla por ser mujer y a recibir de ella un pedazo de yegua proporcionado a su rango o grado de parentesco. Después se le pasea por la toldería sentada sobre una manta. Gabino que me relató estos pormenores me dijo que se le ponía en la boca un poco de tierra con sangre, pero no me pudo decir el objeto de esta medida. Después de la procesión se mezcla la niña con sus compañeras de los toldos. Villarino en su viaje presenció una de estas fiestas. D'Orbigny dice que antes de concluir la procesión, conducen a la niña para que se bañe en un lago o río. Gabino a quien interrogué sobre este particular me dijo que no sabía nada de eso.

Llancuhuel se encontraba en las vísperas de este estado que produce tanto cambio en la mujer, pero entonces sus formas estaban indecisas entre la niña y la mujer.

Pasaba su vida alegremente ocupada todos los días de Dios en pintarse la cara de varios colores; repartiendo su tiempo entre los baños del Caleufú y paseos a caballo en ancas de la segunda mujer de Huincahual, en busca de ovejas extraviadas; y en la tarde, al frente de los toldos, se entretenía con sus hermanitos y sobrinos jugando a la pelota.

Todas estas buenas impresiones desaparecían al verlas entregarse a una ocupación por la cual ellas tenían una decidida predilección. Después de llenar las principales obligaciones del menaje se sentaban por parejas y daban principio a tranquilas cacerías del sucio bicho que se cría en la cabeza. Esta operación no me era del todo desconocida; la he visto ejercer a gente más civilizada; pero lo que me llenó de horror, fue que se echaban a la boca los frutos de sus escrupulosas pesquisas y se los comian con la más animada expresión gastronómica. De esta notable distinción sólo goza el *pediculus capiti*, el *pediculus corpori*, que es el más abundante, abundancia de la que dolorosamente participamos nosotros, generalmente para su felicidad es despreciado: se contentan con depositarlos religiosamente a un lado. Sin duda, convencidos de que la muerte de unos pocos, no agotaría una especie tan millonaria. El viejo cacique, algunos días, queriendo manifestar a sus nietos las tiernas afecciones con que los distinguía el corazón de su abuelo, se tendía al sol, y a una señal se precipitaban los chiquillos a escarmenar los enredados cabellos del viejo, buscando al mismo tiempo con ávidos ojos el premio de sus trabajos. Algunas veces, por castigo, solía exceptuarse a uno de los nietos, el cual de lejos afligido por su privación, contemplaba a los demás que gozaban de tan distinguido favor.

Para completar lo que he dicho de las chinas, dare algunos detalles sobre sus vestidos y vida.

Se ha hablado mucho de la condición desgraciada de las mujeres indias. Creo que hay alguna exageración en esto. Es cierto que una *bloomerista yankee*, con sus ideas avanzadas sobre la perfecta igualdad de los dos sexos, vería sus teorías mal recibidas por mis amigos los Pehuenches y Pampas, pero debo decir que en honor de estos últimos que nunca maltratan a sus mujeres. Con lo que he observado no puedo creer en todas las falsedades que se cuentan sobre este asunto y entiéndase bien que yo hablo de lo que pasa entre los Pehuenches y Tehuelches y no de los Araucanos a quienes no he visitado. Si se cree a algunas personas, la china tiene a su cargo los trabajos más penosos: debe ensillar el caballo de su señor y dueño cuando se le antoja a éste montarlo, desensillarle a la vuelta, etc. Error profundo, en cuanto a lo que pertenece a los caballos. El indio nace jinete; no recurre a nadie en lo que concierne a sus caballos, sino a él mismo; cuando quiere ir a pasear va en busca de su caballo lo lacea y ensilla. Cuando una mujer quiere ir a pasear sucede lo mismo, su marido o uno de sus parientes u otro cualquiera a ruego de ella va a lacearlo, le trae al frente del toldo y entonces

353

la mujer lo ensilla y lo hace porque la montura de las indias tiene una forma particular y es complicado el aparejo. En cuanto a ir a rodear los animales, nunca he visto hacerlo a ninguna china, sino a la segunda mujer de Huincahual que no teniendo hijos, se ocupaba en eso por diversión, como me lo dijo un día al cuidar las ovejas, ocupación de que participaba montada a sus ancas, la traviesa Llancuhuel.

Las mujeres en la toldería del Caleufú y otras que hemos visitado, no tenían otros trabajos que los propios de su sexo entre gente civilizada. Cuidan sus hijos, hacen la comida, tejen ponchos y preparan cueros de guanacos. Todo esto es trabajo de mujer. Iré más lejos en eso, porque todo lo què digo, puedo probarlo por ejemplos que he visto con mis propios ojos. Las mujeres tienen influencia en el menaje, además, poseen como los hombres, y tienen sus propiedades particulares. Dos o tres hechos que he presenciado bastarán para probarlo.

Después del naufragio, cuando hice algunos regalos de charqui, y de harina al viejo Paillacán, me dijo que sentía no poder retornarme algo porque las ovejas que veía en el corral todas pertenecían a su mujer, la Pascuala, pero que iba a pedirle una prestada, en lo que no consintió la Tehuelche, sino mediante algunas chaquiras y cuentas, y el poco de café que habíamos salvado.

En mi última visita a los toldos de Paillacán quería tratar con Quintunahuel hijo de ese cacique para cambalachar por un poncho overo. Me dijo que su mujer estaba ausente y que no quería tratar sin la presencia de ella.

En fin se puede recordar la discusión que he citado entre la mujer del indio que encontré en las orillas del Caleufú y a quien compré el caballo *choiquero*.

Las chinas tienen sus cosas propias, como se puede ver por el ejemplo de las ovejas de Pascuala, y no sería extraño que casi todas las ovejas del Caleufú, fuesen de la segunda mujer de Huincahual, cuando recuerdo el cuidado que tenía la china para hacerlas entrar todas las noches al corral.

Por esto se verá pues, que las indias están en mejor condición de lo que se ha dicho.

La india en su tierna edad, anda vestida en invierno con una pequeña *huaralca*; en verano con dos mantitas, más grandes, a la edad de diez o doce años, llevan el vestido común a todas las mujeres. Consta de una manta de lana gruesa o paño que se ata al hombro izquierdo con una aguja, dejando los brazos libres; las dos extremidades vienen a juntarse atrás. El pecho queda cubierto; otra manta tapa las espaldas y atada delante por un alfiler muy grueso adornado generalmente de un gran círculo de plata. Otras veces es una bolita que tiene como siete a ocho centímetros de radio. Los pendientes de las orejas son de plata así como el cabo del alfiler, y consisten en una planchita cuadrada hasta de diez centímetros algunas veces. Un alambre de plata semicircular los sujeta a las orejas. Su coquetería es tener bonitas pulseras en los tobillos y muñecas, hileras de dedales de colores pendientes de la aguja. Peinan sus cabellos en forma de trenzas, pero no las he visto usar diademas de cuentas tan frecuentes como a las indias de Valdivia.

Las mujeres Tehuelches solo usan cueros de guanaco como vestido pero con los mismos adornos de las otras.

La ocupación de las indias en la toldería, además de cuidar sus hijos, es tejer ponchos y frazadas de lana teñida con añil y tierras de color, que les vienen del sur de la Patagonia, y también preparar los cueros de guanaco.

Para esta última ocupación principian por raspar la parte del cuero opuesta a los pelos, con una especie de cepillo de madera que tiene un pedernal en el medio; después los ponen muy bien estirados en el suelo por medio de estacas, los mojan de tiempo en tiempo al pintarlos; en cajitas pequeñas tienen lápices de pintura con los que hacen dibujos. Estas pinturas son; arcillas cloríticas y otras rojas y amarillas. Cuando todos los cueros que deben componer la guaralca están listos, los cosen en mayor o menor número según las dimensiones de la guaralca que se quiere confeccionar.

Para coser se sirven de una lesna de zapatero, y de nervios de choiques, o caballos, pero son mejores los de *choiques* (Avestruz). Se ve que las materias no son de primera calidad, sin embargo a pesar de la imperfección de los instrumentos, es muy curioso ver con cuanta solidez y rapidez suelen hacer estas operaciones.

En cuanto a los ponchos y frazadas, los tejen como se ve diariamente hacerlo a las mujeres en Chile.

Sus diversiones son los bailes que suelen celebrar los indios y visitas a sus parientes y amigas de las tolderías vecinas. Estos bailes, se celebran sin motivo particular, solo como un pretexto para agotar algunos barriles de aguardiente que se han procurado los indios. Se desnudan de sus huaralcas y ponchos, reservando sólo un pequeño chiripá para cubrirse; se adornan la cabeza con plumas de avestruz y principian la ceremonia bailando al rededor de unas pieles, al sonido de tambores de cuero y de los monótonos alaridos de las chinas. Este ejercicio va aumentando hasta que sucumben con las repetidas libaciones. Las mujeres son sólo espectadoras.

A estas diversiones van solas; se les trae caballos, ellas mismas los ensillan, principian por poner un montón de cojines de cuero llenos de paja, unos encima de otros, que sobrepuestos componen al fin una especie de cilindro bastante alto para que las piernas de la china sentada encima apenas alcanzen al pescuezo del caballo.

No suelen usar estribos; una cinta en cuya

357

riqueza ponen su coquetería y que da vuelta al pescuezo del caballo, las ayuda a montar. Todas son aficionadas al caballo; me recuerdo que, cuando se paraba un caballo de algún chasque, delante de los toldos, luego las hijas de Antileghen, quiero decir las menores, lo montaban y se iban cabalgando a carrera por la pampa. La china lleva también sus hijos a caballo, aunque sean de pecho, para eso tienen cunas en forma de círculos, de manera que puedan colocarse encima de los caballos. Son hechas de palos entretejidos, una tablita guarnecida de un colchoncito y fija encima de la curva, recibe al niño. Así se iban a pasear a caballo mis *lamuenes* (hermanas), del Caleufú, y también mama Dominga, la mujer de Jacinto, cuando iba a buscar sacos de manzanas a Huechuhuehín, expediciones a la vuelta de las cuales me reservaba en el seno las mejores manzanas, y cuya oferta me ponía siempre en tan duros aprietos.

No olvidaré aquí de hablar de Callipai, joven Huaicurú, de horrible figura y que vivía en la toldería. Vendida por su padre, o reducida a la esclavitud, en un malón, había venido a la toldería, con la primera mujer de Inacayal. La pobre era todo lo que se podía ver de más asqueroso: cuando comía, se lamía los brazos hasta el codo, para no perder nada de la grasa que había corrido a lo largo de ellos. Era esclava, pero tratada con bondad por la mujer de Inacayal, su dueña. La sola cosa que la diferenciaba de las otras, era que no podía llevar los mismos adornos que las otras chinas. Fue lo que me hizo reparar mama Dominga una vez que movido de compasión y cediendo a las solicitaciones de la pobre criatura, le había regalado algunas chaquiras. Pero fuera de eso, de no poder llevar adornos, y que no es poco para una hija de Eva, era tratada bien y no trabajaba más que Llancuhuel, hija del cacique, ni que las otras chinas del Caleufú.

En la tarde llovió un poco, con granizo, acompañado de truenos y relámpagos, y a juzgar por la dirección del ruido debió haber estallado una tempestad cerca de Huechu huchuín. En la noche se veía el oriente surcado de luces que de cuando en cuando echaba vivos reflejos sobre la pampa.

Cuando íbamos a acostarnos llegó un chasque trayendo un mensaje para el viejo Huincahual, y en seguida se fue hasta Lalicura.

6 de marzo. Por la mañana, el viejo Huincahual se despertó más temprano que de costumbre, y reparamos un cierto movimiento en el campamento. El viejo acompañado de dos indios, sus edecanes, había ido a sesenta metros enfrente de los toldos, y los ocupaba en cavar un agujero. Juan chileno nos informó que había venido un chasque, trayendo noticias que ocasionaban la rogativa que íbamos a presenciar. El chasque decía que el rayo había muerto dos caballos ensillados en Huechu-huehuín. El Dios de los Pehuenches estaba enojado, era preciso apaciguarlo por un sacrificio. Por otra parte del norte venían noticias extrañas. Hacía algún tiempo, que un cacique de los Picuntos había soñado, y como todos los sueños son incoherentes, esto no luce por la coherencia, pero lo relato textualmente, como me lo contó el honrado Juan chileno.

Al cacique de los Picuntos, en su sueño, se le había aparecido un hombre ensangrentado que le había dicho que era la gallina con pollos (así llaman los indios a la constelación de las Pleíadas), que todavía estaba peleando contra sus enemigos, pero que para tomar nuevas fuerza, necesitaba un sacrificio que debía celebrarse al alba y de la manera siguiente: se debía cavar un pozo, matar una oveja en la boca del pozo, derramar la sangre acompañando la operación con rezos y plegarias, comer la carne, en seguida debían botar los huesos en el pozo, y cubrirlos con tierra. Ni un perro debía probar de la oveja, aun el más pequeño hueso.

Tal era el sueño que el cacique de los Picuntos mandaba contar a Huincahual, para que él también se conformase con lo que se ordenaba y avisase a sus vecinos del Limay. Por eso desde la mañana se había cavado el pozo, y la oveja estaba con el cuchillo en la garganta en el borde del agujero. Habiéndose reunido todos los hombres de la toldería, el viejo Huincahual principió la ceremonia mojando sus manos en la sangre y haciendo aspersiones; dio tres o cuatro chivateos, hablando entre dientes palabras sin significación para nosotros.

Cada uno hizo otro tanto; el viejo nos mandó decir con Juan chileno que rezásemos también dirigiéndonos a nuestro Dios. Se ve pues que el viejo cacique tenía ideas bastantes largas en materia de religión. Hicimos como ellos, dirigiéndonos a Dios, pero no aludiendo al sueño estrambótico del cacique picunto, sino rogándole que nos favoreciese en nuestro viaje hasta la Patagonia y que nos hiciera salir sin daño alguno de entre esa gente. Después se encendieron los fuegos, el cordero fue despedazado y puesto en las ollas; los perros atraídos por el olor de la cocina, hacían inútiles esfuerzos para allegarse cerca de las cocineras; los Pehuenchitos los alejaban con piedras y se divertían persiguiéndolos con laquis hechos de dos manzanas atadas con un lacito. Comimos todos los hombres, y después las chinas y los niños; se recogieron todos los huesos y se les botó en el pozo, en seguida fue cubierto de tierra. Concluida la ceremonia todos se volvieron a los toldos.

El cacique Huincahual daba siempre el ejemplo con sus sentimientos religiosos. Todos los años en la primavera, escogía el mejor de sus potrillos y un cordero y los ofrecía en sacrificio al *Hualichu*. La ceremonia se celebra del modo siguiente: degüellan los animales en las orillas del río, los rellenan con pasto nuevo de la pampa, yerba mate, azúcar, aguardiente si hay, en fin con todo aquello que más les agrada, en seguida cosen la herida y arrojan los animales al medio de la corriente del río. Este sacrificio tiene por objeto asegurarse la buena voluntad del *Hualichu* para todo el resto del año; nunca ha dejado de ejecutarlo el viejo cacique, y me decía que gracias a eso había vivido tan largos años sobre la tierra y podido contemplar a sus hijos y nietos.

En la tarde Huincahual mandó a su hijo Chiquillín como chasque a los indios del Limay, para avisarles de lo que había sucedido.

A la noche se fue Motoco.

7 de marzo. Este día se pasó sin incidente alguno. Lo consagraremos reasumiendo nuestras observaciones respecto de los indios con quienes hemos vivido.

Es muy difícil hacer categorías separadas por razas de los indios que viven desde la cordillera hasta el Atlántico y desde los 35° de latitud hasta el Cabo de Hornos. Como los indios son muy errantes y viven en la compañía de los caciques que más les agrada, la homogeneidad de raza ha desaparecido. Para dar un ejemplo de esto, hablaremos de los que vivían en los toldos de Caleufú: Huincahual y Antileghen eran Pehuenches, Inacayal su hijo había nacido de una madre pampa; Agustín y Jacinto eran Tehuelches, y el mocetón mordido por los perros, era de origen Huaicuru, tribu que habita cerca de Magallanes. Establecido aquí, se casará, de él nacerán hijos que vendrán a aumentar la mezcla de las razas: la misma variedad se observa en las mujeres.

En las tolderías del otro lado del río, casi todos eran Tehuelches. Todos los indios habitan la falda de la cordillera hasta unas veinte o veinticinco leguas de ella, nada más; los otros que se encuentran en la pampa, son indios que andan cazando o viajando con sus tolderías hasta las ciudades de Buenos Aires o la Patagonia. Me parece mejor clasificarlos por los idiomas que usan, y entonces se podrá hacer una distinción de ellos.

1.° Los Pehuenches que hablan el armonioso idioma Araucano *Chilidugu;* se divide en *Picun-pehuenches,* Pehuenches del norte y *Huilli-pehuenches,* Pehuenches del sur. Principian desde los confines de la provincia de Mendoza hasta el río Limay; aquí se confunden con los Pampas o Tehuelches del norte. En otro tiempo vivían los Pehuenches en las faldas occidentales de la cordillera. Cuando llegaron los españoles, los invasores, los empujaron poco a poco hasta forzarlos a pasar la cordillera. En el viaje del padre Meléndez, unos indios que encontró al sur de Limay, le suplicaron que los ayudase a rechazar a los Pehuenches que invadían sus terrenos. En ese tiempo, las invasiones no debían datar de muy lejos, pero desde entonces los indios Pehuenches han hecho alianza con los otros que encontraron en el país y viven en tan buena inteligencia como es posible entre indios: maloqueándose entre sí para despuntar el vicio. En tiempo de Villarino, no habían todavía bajado hasta el Limay. Su nombre les viene de la palabra *Pehuén* que significa piñón, y *che* gente, porque vivían principalmente en faldas de las cordilleras en donde crece este árbol.

2.º Los indios Pampas o Tehuelches del norte, principian desde el río Limay, en donde viven mezclados con los *Huilli-pehuenches* y alcanzan al sur hasta el río Chupat. Uno de sus caciques con unos ciento ciencuenta indios, vive en las inmediaciones del pueblo del Carmen, se llama Chagayo; hablan un idioma muy rudo que no tiene semejanza alguna con el chileno.

3.º Desde río Chupat hasta el Cabo de Hornos, viven dos clases de Tehuelches, que se diferencian sólo en el idioma, pero con las mismas costumbres y vida.

4.º Los Huaicurúes que viven en la orilla norte del Estrecho de Magallanes, éstos parecen descendientes de Tehuelches y Fueguinos. Su idioma, se parece algo al de los Tehuelches.

5.º Los Fueguinos o habitantes de la tierra del Fuego, que los indios del Limay nos decían haber oído mentar, que viven del pescado y andan en canoas.

De todas esas razas, los que tienen más propensión a vivir de una manera fija son los Pehuenches, y los más errantes son los Tehuelches que caminan siempre, pudiéndose decir que no viven en ninguna parte.

Estos Tehuelches viven sin fe ni ley, son unos verdaderos judíos errantes de la Patagonia. En donde algún desgraciado buque es arrojado a las costa por alguna tempestad, es seguro que se verán llegar Tehuelches que saquean toda la carga para ir a vender por aguardiente el producto de sus latrocinios. Son los abastecedores jurados de los Pehuenches. Hemos visto en la toldería del Calefú, cacerolas y bayetas traídas por los Tehuelches; muchos de ellos tienen sus toldos hechos de tripe cortado inglés. Con los instrumentos que recogen en los naufragios, han aprendido a trabajar: he visto en manos de Inacayal una cachimba bien hecha de arcilla cuyos círculos de cobre y bombilla del mismo metal, habían sido trabajadas por los Tehuelches.

Por otra parte, son excelentes cazadores, y en sus terrenos abundan los guanacos y avestruces; de esta manera no tienen mucho trabajo para abastecerse de pieles, que en seguida van a cambalachar por aguardiente a la colonia de Magallanes o a Puerto Carmen. Les importa poco la distancia, vienen de 150 leguas hasta Limay para emborracharse, y cuando no tienen más con que comprar aguardiente, se van cazando y orillando el Limay hasta Puerto Carmen, haciendo doscientas leguas sin más preparativos de viaje que los que hace un buen paisano de Santiago que toma el ferrocarril y va a dar un paseo hasta San Bernardo. En efecto, no es su ropa la que necesita maletas, sus únicos vestidos son una *huaralca*. La comida no les inquieta tampoco, bolean avestruces, guanacos, y llegan a Patagónica con buena provisión de cueros y plumas. Allí otra borrachera, y cuando no les quedará nada más que cambalachar, irán a dar un paseo de placer por las costas orientales de la Patagonia para ver si no hay algún buque varado. Algunas veces, antes de salir, si tienen demasiada sed, venderán sus mujeres o hijas.

Era preciso oír a Celestino que había visto toda laya de cosas; hablando de los Tehuelches y de sus gigantescas orgías en el Carmen, no cesaba de contarnos. Como los más borrachos, los Tehuelches están colocados muy alto en la consideración de los honrados comerciantes de aguardiente.

Cuando estábamos en el Calefú, los Pehuenches esperaban con impaciencia la llegada de esos insaciables tomadores.

Son también de estatura, los más altos de los indios. Se ha dicho muchas cosas exageradas sobre la talla de los Patagones, o de los Tehuelches que hacen parte de ellos; apenas los que he visto medirían unos seis pies ingleses, lo cierto es que ninguno es chico. Sólo dos he visto bastante grandes, uno sobre todo cuyos brazos le llegaban hasta la rodillas, se llamaba Bonifacio. Pero lo que los distingue particularmente de los Pehuenches y otros indígenas, es el tener hombros anchos, un cuerpo robusto, buenas carnes, y formas macizas y hercúleas; tienen la cabeza grande y un poco aplastada atrás, la cara ancha y cuadrada, los juanetes poco salientes, los ojo horizontales, la frente chica, las cejas espesas y los labios que bordean una grande boca, sobresalen tanto, que una línea perpendicular trazada de la frente a los labios, tocaría apenas la punta de la nariz que es chata y con las ventanillas abiertas.

El número de los Tehuelches Patagones, no es muy considerable; me decían los indios que apenas igualarían al doble de la población de Puerto Carmen, que es de tres mil almas.

Los Pehuenches tienen un tipo que se acerca más al de los Araucanos: cara aplastada, juanetes salientes, tinte cobrizo, mirada feroz, narices cortas, boca prominente, barba pelada y cabellos espesos, pero se los cortan en el hombro.

Con engaños y promesas de traerle ropa, logré conseguir que Antileghen permitiera dejarse tomar las medidas que pongo a continuación. Este indio era un tipo perfecto de su raza.

Circunferencia del tórax debajo de las axilas	0,950
Id. del abdomen en su parte media	0,795
Id. de la pelvis	0,868
Id. del muslo	0,557
Id. de la pantorrilla	0,336
Id. del brazo	0,253

Id. del antebrazo	0,279
Largo de la cara desde la symphisis de la barba hasta el nacimiento del pelo	0,177
Largo del cuerpo desde las symphisis pubiana hasta la parte superior del esternón	0,532
Largo del muslo	0,411
Id. de al pierna	0,369
Id. del brazo	0,318
Id. del antebrazo y mano	0,434
El diámetro comprendido entre la parte media del esternón y de la columna vertebral	0,176
Ancho del tórax	0,292
Distancia de un hipocondrio al otro	0,207
Id. de la espina ilíaca superior anterior a la otra	0,321
Diámetro longitudinal de la cabeza (occipitofrontal)	0,191
Id. tranversal id. (biparietal)	0,171
Distancia de un arco zigomántico a otro	0,143

El traje de los Pehuenches difiere del de los Araucanos; tienen como todos los indios de la Pampa, el *chiripá*, que les sirve de calzones, mientras que los Araucanos usan el *chamal*.

El *chiripá* es una especie de pantalón muy cómodo; el Pehuenche se pone entre las piernas un pedazo de paño cuadrado o un poncho y se ata las cuatro esquinas a la cintura con una faja. Nosotros hemos llevado el *chiripá* todo el tiempo que vivimos con los indios y estuvimos muy satisfechos de su comodidad. El Gobierno Argentino también lo ha adoptado para sus tropas de caballería de Patagónica. El origen de este vestido es Pampa, y puramente Pampa, porque es una palabra desconocida en el idioma Araucano. Para taparse las espaldas unos llevan ponchos, otros hacen entrar las extremidades de su *huaralca* en el *chirpú*, la parte superior cuelga de la cintura, y cuando quieren cubrirse los hombros, levantan las *huaralcas* y sujetan las puntas en el pecho.

En la cabeza, comúnmente solo tienen un pañuelo que da vuelta alrededor de la frente; los elegantes usan sombreros, así como también los caciques; la forma de sombrero que parece estar de moda entre ellos, es la forma cónica. En cuanto al calzado, usan *sumeles* hechos con cuero de las patas de vaca o caballo.

No toleran pelo en la cara ni en ninguna parte del cuerpo. Sucede lo mismo entre las mujeres; para arrancárselo usan tenacillas de plata. En esto se parecen las mujeres a los hombres, y éstos a ellas en que usan pendientes en las orejas, aunque mucho más pequeños. Todos tienen las piernas arqueadas y no hay que admirarse de eso: el indio de la Pampa nace jinete; está todavía mamando cuando su padre le toma en los brazos, le envuelve en su *huaralca*, y se pasea con él a caballo. El hijo de Marihueque de tres o cuatro años de edad, llamado Notao, que Celestino bautizaba con el nombre de cabo Notao cuando se comportaba mal, elevándolo al grado de capitán Notao cuando al contrario, este niño, cada vez que veía delante de los toldos un caballo ensillado, se agarraba de los estribos y subiendo con la ayuda de los pies y de las manos, se colocaba al fin como podía encima del animal; las chinitas tienen las misma afición; es muy natural que todos los indios tengan así las piernas viviendo casi siempre a caballo. Tienen estribos, pero no se sirven de ellos para montar, estos estribos son muy pequeños; hechos de cobre o de palo, les sirven solamente para descanzar el pie, una vez montados. Nunca andan a caballo sin tener en la mano un rebenque o chicote de cuero cuyos mangos están forrados con colas de vaca. Lucir a caballo, y en el más bonito que se pueda, es la vanidad de un Pehuenche. Las monturas se componen de unas jergas, cubiertas por una gran mandil de cuero, y la silla o enjalma con un pellón: todo sujeto por una cincha que tiene una barriguera muy ancha.

Gustaba ver a nuestro amigo Inacayal montado en su caballo overo, con freno guarnecido de plata, con grandes copas y estribos del mismo

metal; las piernas forradas de *sumeles* nuevos,
el pie armado de grandes espuelas de plata,
chiripá de paño fino, y una chaqueta de oficial
de caballería argentino que le había regalado el
Gobierno del Plata. Pero todos no son bastante
ricos para tener espuelas o estribos de plata.
Los pobres se contentan con estribos y espuelas
más modestas: la espuela es hecha de dos pedazos
de palo con clavos en la punta, y unidos entre
sí por lazos; hemos usado esas espuelas y son
muy cómodas; no lastiman tanto al caballo como
las que se usan entre los chilenos. El estribo de
cuero consiste en dos o tres tirillas de cuero
aplicadas una sobre otra que forman la parte
superior del estribo y juntas abajo por un palo
en el cual descansa el pie. Todos tampoco tienen
tan bonitos caballos como Inacayal, aunque generalmente son de una excelente raza. Lo que
hay de particular es que casi todos son de
colores claros, ¿es esto una particularidad de la
raza, o es que venden o matan los de colores
oscuros? No lo sé.

Habrá quien pregunte lo que hacen nuestros
Pehuenches durante el día: no hacen nada, absolutamente nada de lo que se llama trabajo.
El Pehuenche se levanta con el sol, se envuelve
en su *huaralca*, va a hacer sus abluciones al río,
y vuelve a sentarse en un pellón delante del
toldo; su mujer o sus mujeres han encendido
el fuego, le traen un plato de comida y se echa
otra vez a dormir o monta a caballo y va a

371

pasear. Los que no van a pasear lo pasarán durmiendo y comiendo. Sus alimentos constan casi siempre de carne de caballo y grasa, sustancia que se apetece mucho cuando se come sólo carne; esto nos sucedía a nosotros. Sus dientes aunque muy blancos, los tienen gastados en los extremos.

Los indios del Caleufú, que no tienen siembras como los de Huechuhuehuín, hacían fiestas cuando tenían harina o manzanas. Lo que notábamos siempre era que botaban antes de comer un poco de la comida para alejar, decían, al espíritu malo. No hacen caso de la leche, o cuando la toman la aderezan de una manera extraña: hacen una mezcla de manzanas verdes con leche; he probado este plato y como es posible imaginárselo, no quise repetir. Suelen hacer bebidas con toda clase de semillas de plantas silvestres, principalmente de *queneu* (Muhlenbeckia sagittaefolia); planta que abunda mucho cerca del Limay; también conocen el mate, pero prefieren mascar la yerba en lugar de hacer infusiones.

Como he podido verlo, los indios gozan de bastante independencia, y los caciques tienen más bien una autoridad concedida que de derecho. Apenas muere un cacique cuando los indios que vivían a su rededor se dispersan, unos van a vivir cerca de otro cacique, otros se quedan. Hay la más grande semejanza entre el gobierno de esas tribus y el de los bárbaros que en el siglo quinto y siguientes, invadieron la Europa. Robertson en su historia de Carlos V, trazando las costumbres y forma de gobierno de los Hunos y Vándalos, parece hablar de los indios de la pampa, y el sagaz historiador no deja de apoyar su comparación con trozos sacados de las cartas del Padre Charlevoix.

El cacique no tiene otra influencia que la que le da el número de mocetones que lo rodea. Antileghen nunca ha querido ser cacique, y es rico; de lo que los indios llaman riqueza. Los indios con su vida errante y la falta de propiedades territoriales, no pueden tener otras cosas sino riquezas transportables. Así, en la pampa se llama hombre rico, al que tiene muchos animales, prendas de plata; éste tiene influencia porque puede mantener cerca de sí a muchos mocetones, que se irán luego que no tengan más de lo que necesitan cerca del jefe que han elegido voluntariamente. El comunismo, pero al mismo tiempo la libertad, existe de hecho en la pampa. En el Caleufú, si se mataba un animal, se repartía entre todos; si un indio traía sacos de manzanas de Huechu-huehuín, o alguna harina, su mujer luego hacia la repartición y la distribuía en los toldos. En donde vive Huentrupán, que se siembra y cosecha, ya no es lo mismo, las ideas de propiedad comienzan a diseñarse. Un día preguntando al compadre Pulqui, cuya niña bauticé en Huechu-huehuín, cómo se alimentaban los que no sembraban; me contestó "a punta de manzanas".

Por otra parte, no tienen leyes fijas, y a pesar de las cuestiones repetidas que hice a varios indios, siempre he obtenido la misma contestación. En la vida parecen guiarse más por el buen sentido que por leyes fijas: generalmente la muerte por asesinato se salva con un precio convenido entre las partes adversarias, o la muerte del asesino, si no tiene que pagar o es el menos fuerte. El adulterio es excesivamente raro; nunca hemos visto en la toldería del Caleufú, a ningún hombre que hablase de una manera seguida con mujeres ajenas.

En cuanto a la celebración de los principales actos de la vida; he aquí los detalles que me dio Gabino Martínez: cuando una mujer está cerca del parto, se le construye un toldo aparte, o si no, en otro toldo ya hecho, un compartimento bien cubierto con ponchos. Pregunté a Gabino Martínez que era casado y padre de familia, lo que pasaba entonces; quien cortaba el cordón umbilical, etc., me contestó no saber nada de eso; lo que me probaría que la aproximación del lugar a donde está la mujer que acaba de parir, es formalmente prohibida a los hombres. Como había leído en Falkner, que tenían la costumbre de aplicar sobre el pecho del recién nacido el corazón palpitante de una yegua, pregunté a mi amigo Gabino si había visto practicar esa ceremonia; me contestó que nunca se encontró en esa circunstancia, pero sí, que había oído decir que esta práctica era muy buena para curar a un niño enfermo del pulmón.

Para dar un nombre al recién nacido, el padre va a ver a una mujer vieja, sea de la toldería, o de otra vecina; le hace un regalo, y le pide que indique un nombre para su hijo. Ya he hablado como componen sus nombres; si hay unos que significan algo, otros no, como el nombre del hijo de Quintunahuel que se llamaba *Quiñe-epu* (uno-dos).

Una cosa que reparé es el poco número de hijos que tienen los indios. Creo que debe atribuirse esto a dos causas: la primera es que el infanticidio y el aborto son muy frecuentes entre las mujeres. Gabino me dijo que conocía una mujer Tehuelche que se hizo abortar hasta cuatro veces sin que su marido lo supiese. Pascuala la mujer de Paillacán, esto todos lo sabían, cada vez que se sentía embarazada se hacía también abortar apretándose el vientre con un cinturón.

La segunda razón a mi parecer debe provenir del alimento de esos indios que consiste exclusivamente de carne, pero aquí sólo presento mi humilde opinión, dejo a los médicos el discutir la cuestión.

Otra razón me dio Gabino Martínez, pero esta sólo puede decirse en la Pampa, entre indios; pero no aquí.

Estos resultados coinciden con el hecho de tener los indios poco pronunciada la parte posterior de la cabeza, en donde los frenólogos colocan las facultades animales.

El niño crece en la toldería con los perros y gallinas; el hombre ejercitándose en el caballo y en manejar los laques; la niña con las mujeres, aprendiendo los trabajos peculiares al sexo. Cuando alcanza la nubilidad, he dicho ya que todos los saben y pueden entonces proporcionar ventajas a su padre por un casamiento. Entre los indios las mujeres se compran; este *artículo* tiene algunas veces mucho valor según el rango de la mujer o su belleza. Nuestro Paillacán se había arruinado con la adquisicion de Pascuala, por la cual decía la crónica de los toldos, que había pagado en prendas de plata y animales el número de cuatrocientos. ¡Pagar tanto para participar la suerte de Menelao y de otros tantos desgraciados maridos célebres en la historia! Convenido el precio, el joven puede ya vivir con la niña, pero en los toldos de su padre, y no puede llevarla al suyo hasta que no haya concluido de pagarlo todo. La convención tiene lugar sin que se consulte a la mujer; y pagado el precio, el comprador viene con sus amigos, toma a la niña, y la lleva consigo en su caballo. Entonces se matan yeguas, y si hay aguardiente, mejor es la fiesta.

Los indios pueden tener tantas mujeres como pueden comprar, pero la primera tiene casi siempre el primer rango, las otras son consideradas más bien como sus criadas. He leído en varios autores que cada mujer tiene su fuego, y que para preguntar a un indio cuántas mujeres tiene, suele decirse ¿cuántos fuegos tienes?, bien puede ser esto en Arauco en donde no falta la leña, pero en la Pampa un lujo tal forzaría a los indios a cambiar todos los días de campamento. En la toldería del Caleufú, no había más que dos fuegos para todos.

En fin, en cuanto a sus ideas religiosas, no hay más que recorrer las relaciones de otros viajeros que han visitado a los indios para convencerse de lo poco claras que son las ideas que han podido formarse sobre este asunto. Lo que se puede decir generalmente y lo que he comprobado por mis conversaciones con Inacayal, es que todos creen en la existencia de un ser superior, dueño absoluto del universo; que creen en una vida futura, de felicidad para los buenos y de penas y castigos para los malos. Inacayal me dijo que los malos serían castigados por el fuego en el infierno que él llamaba *quetral-mapu* (tierra del fuego), pero cuando le preguntaba los que llamaba malos y buenos, sus ideas se oscurecían. Fuera de las ideas primitivas de un solo Dios y de una vida futura, su espíritu está sumergido en las tinieblas de toda especie de supersticiones; creen en brujos y brujerías. Gabino Martínez me decía con mucha seriedad que un Tehuelche podía matar a un hombre, teniendo en su poder uno de sus cabellos. Todo lo que no conocen o que no entienden, es brujería para ellos. Cárdenas mi mozo, había hecho parte, durante su cautiverio en los toldos de Paillacán, de una expedición dirigida contra un brujo que vivía al sur del Limay. No sé bajo qué fútil pretesto se fue Paillacán con unos cuarenta mocetones a asaltar y matar a lanzazos al padre Huilliche y toda su familia. Viendo y sabiendo todo eso, se puede concebir con qué prudencia viviamos entre ellos; nada más que la vista de nuestras brújulas o reloj solar hubiera bastado para ser calificados de brujos. Este título ha causado bastantes muertes y asesinatos; tienen en su idioma una palabra *calculn* que significa ocasionar la muerte de alguno tratándolo de brujo.

Reconocen también un enemigo de los hombres, genio del mal que se llama *Pillán:* los de la Pampa dicen que vive en los volcanes que guarnecen la cresta de los Andes. Llaman a todos los volcanes *Pillán tralca*, fusil del diablo. Cuando están enfermos, recurren a médicos que llaman *machis*. En las publicaciones hechas sobre los Araucanos se ha hablado tanto de cómo se celebran los *machitunes* que creo inútil describirlo aquí, lo que hay de cierto es que esos *machis* son prestidigitadores muy diestros. Como la suerte de los hombres no dependen más de las manos de los *machis* Pehuenches que de la de los médicos con bonete de doctor, muere o no muere el indio según la voluntad de Dios; si muere se le cubre con todo lo que le ha per-

378

tenecido: vestidos, prendas de plata, y a la noche se canta y llora alrededor del cadáver. Eso me dijo Gabino Martínez que se llamaba en idioma Araucano, *inagu-machon*. Pero, dice el Padre Febres en su diccionario con su escepticismo en todo lo que toca a los indios, ni media lágrima derraman, sino que riegan con chicha la tierra y sus gargüeros.

Al día siguiente se le lleva a un foso, la mujer sola sigue al cuerpo; ninguna otra mujer, pero sí todos los hombres, y se le entierra con todos sus vestidos y prendas de plata. Encima de la sepultura se quema su lanza y sus boleadoras. Se mata la mitad de los animales que poseía el difunto para pagar los gastos y celebrar el entierro. La otra mitad queda a aquella de sus mujeres que tiene más hijos; las otras no tocan nada más que lo que tenían al momento de la muerte, y se van a donde se les antoja, o se quedan con la heredera, si ella lo consiente, sin eso y si no tienen nada, viven de la caridad pública; suelen las viudas reunirse todas juntas en toldos separados.

A su servicio se agregan generalmente a los cautivos que deben buscarles leña y agua. Ignacio Argomedo, que encontramos cautivo en los toldos de Paillacán, tenía por obligación buscar leña para dos o tres viudas, de las cuales una era la madre de Paillacán, y además rodear las ovejas de Pascuala. Nunca en mi vida olvidaré las eternas frases de *Ignacio-mamuln*;

Ignacio-ovijias. En castellano, Ignacio anda por la leña, anda por las ovejas, con que Pascuala atormentaba a Ignacio todos los días.

Tales son los principales datos que he rocogido sobre las costumbres de los Pehuenches y otros habitantes de la Pampa o de la Patagonia. Todo lo que escribo aquí, lo he visto o he oído de la boca de testigos oculares. Esta corta descripción puede carecer de simetría y estilo, pero no carece de verdad. Más adelante vendrán otros rasgos del carácter de esos Pehuenches, al medio de los cuales me condujo la fortuna.

A la noche vino un Tehuelche, trayándome recados de un indio Casimiro, que veinte años atrás había ido de la colonia de Magallanes a Santiago. Decía que conocía al general Bulnes, que su compañero Chaquetes había muerto, y que los chilenos le habían regalado mucho; al mismo tiempo me anunciaba una visita, visita que no tuvo lugar. Casualmente yo había conocido a ese indio en Valparaíso y habría tenido mucho gusto en verlo.

CAPÍTULO X

8 de marzo. Como no teníamos qué hacer, y la ropa estaba bastante sucia, fuimos al río para lavarla con el poco jabón que habíamos podido sustraer a la voracidad de los indios; cuando digo la voracidad de los indios, no hablo en estilo figurado, los indios son muy golosos con este manjar; no conocen el verdadero uso del jabón. Ellos para quitarse la grasa, emplean una tierra que debe contener potasa. Fuimos al río con el pretexto de lavar; teníamos también la libertad de tomar una observación de latitud con el instrumento, aunque para esta operación nunca nos faltaba pretextos, ya un baño, etc.

En donde lavábamos vimos muchos pescados del largo de 25 y 30 centímetros que se acercaban sin desconfianza, nadaban también en el mismo lago algunos patos y *quetrus*. Una pareja de patos, hembra y macho, según las costumbres monógamas de esas aves, volaron cantando. Uno que debía ser la hembra hacía oír un silbido y el otro una especie de grito muy extraño, parecía el grito de un perro castrado.

De los espinos de la orilla volaban bandadas

de tortolitas de la especie que Gay llama tortolita araucana.

Lavada la ropa, volvimos a los toldos y fuimos a platicar a lo del tío Jacinto en donde se hallaba también Dionisio el lenguaraz. Se puso en discusión el asunto que nos ocupaba día y noche: el viaje a Puerto Carmen, y de allí se vino siguiendo el hilo de la conversación a los malones que daban los indios en la vecindad de Patagónica, y los repetidos ataques contra el pueblo. Contó Dionisio que había tomado parte en una de esas expediciones. Era una partida de quinientos indios, que fueron a dar un asalto al fuerte de San Antonio de Iraola y acuchillaron trescientos españoles (argentinos).

Como no teníamos más ovejas para comer, y Dionisio conocía a algunos indios que tenían majadas, le propuse que me acompañase a esos toldos. Lenglier se quedó para limpiar el fusil de Inacayal, nosotros montamos a caballo, orillamos el Caleufú remontándolo como tres leguas, lo vadeamos y tomando un estero que se llama Tchelciuma, llegamos a una toldería, en donde pude comprar siete ovejas. Había allí un indio que hablaba castellano, habiendo vivido como cautivo siete años en Chillán. Era de la banda del caudillo Pincheira, y hecho prisionero fue llevado a esa ciudad, en donde conoció a varias personas conocidas mías que me mentó. Le compré algunos objetos y un poco de tabaco, pero era verde y de mal gusto según me dijo

Lenglier a quien lo regalé. A la noche me hicieron cama dentro del toldo, pero habían tantas pulgas que preferí dormir afuera envuelto en mi *huaralca*.

Conversando con Dionisio, me contó que Elisa Bravo vivía en las tolderías del cacique Huitraillán, casada con un indio llamado Nahuelquir; que era un hombre viejo, del cual tenía tres hijos, uno con el nombre de Narciso; que la había visto en una fiesta que tuvo lugar en aquel punto; y que el indio tenía además otra mujer de alguna edad; pero que Elisa Bravo era la preferida. Que su existencia era tan feliz como podía ser entre esa gente. Que hacía como seis años que vivía allí y que los indios nunca daban detalles sobre ella. Todo esto me lo dijo en secreto, advirtiéndome que la publicidad de esto era bastante para que se le originasen perjuicios a él.

Después, en Arsquilhue, al relatar estas noticias a la mujer de Prieto, el vaquero de este potrero me dijo que el indio había venido una vez a ese lugar; que tenía una cicatriz de bala en la pierna, y que le había contado que era casado con una señora de Valdivia que él había comprado a los indios de Arauco. Y como la mujer de Prieto le dijese que la trajera consigo para el siguiente verano, él le contestó que no haría tal cosa, porque estaba seguro que se la quitarían los españoles; y sucediendo eso, como el la quería tanto, se moriría de pena: dijo también que sabía escribir y bordar, y que sus hijos eran muy blancos.

Motoco Cárdenas, me dijo lo mismo y agregó que el cacique Huitrallán ofrecía entregarla por quinientos pesos, de los cuales destinaba doscientos para comprarla a su marido. Díjome también, en mucha reserva, que el cacique le había encargado que buscase sigilosamente entre los españoles de Valdivia alguno que ocultamente quisiera interesarse por la cautiva.

9 de marzo. Ese día volvimos a los toldos del Caleufú, no quise traer conmigo las ovejas compradas sino una que necesitábamos, y tuve que arrepentirme, porque al día siguiente el indio no quiso entregar sino cuatro a Dionisio que fue a buscarlas.

Llegando al campamento, supe una noticia que agitaba a la gente de la toldería. Se decía que dentro de poco tiempo llegaría Chincoleu, hermano del famoso Llanquitrué, que venía a cobrar la muerte de su hermano Manquelaf asesinado por los Tehuelches. Pedí pormenores sobre Llanquitrué a los presentes que le habían conocido, y reuniendo esos informes y otros datos que me había proporcionado el señor Otto Muhm de Valdivia que había conocido personalmente a Llanquitrué, puedo presentar una relación suscinta de la vida y muerte de este cacique célebre en toda la pampa.

El padre de Llanquitrué era cacique en Puelmapu (tierra del este), pero dependiente del cacique predecesor del actual Calfucurá. A la edad de seis años cayó en manos de los Picunpehuenches, y con ellos vino a Chillán. Allí estuvo sirviendo de criado; pero, como a todos los indios, le gustaba más la vida libre de la pampa con todas sus emociones que la tranquila monotonía de la vida civilizada, se arrancó, volvió a lo de Calfucurá y fue promovido a cacique en lugar de su padre que había muerto durante su cautiverio.

Estimado por Calfucurá a causa de su valor, se distinguió Llanquitrué mucho en todas las batallas contra los argentinos. No tardó en concebir algún recelo Calfucurá, temiendo la superioridad del talento de Llanquitrué y quiso matarlo. Llanquitrué tuvo la suerte de escaparse con los mocetones que mandaba, y que le eran adictos; se fue al sur del Limay y venció a una tribu de Tehuelches. Juntos los vencidos y vencedores bajo las órdenes de Llanquitrué, marcharon al norte, y atacaron a Calfucurá. La suerte de las armas favoreció igualmente a los adversarios y cuando lo visitó el joven Muhn, Llanquitrué y Calfucurá eran igualmente poderosos, pero siempre contrarios.

Era en ese tiempo un hombre de veintiséis años de edad, muy ladino. No era alto pero tenía una figura imponente y de frente desarrollada; su rostro aunque feo, era dotado de mucha expresión de franqueza y de audacia. Era magnífico en sus vestidos; casi siempre, me dijeron los que le habían conocido, llevaba casaca fina, sombrero blanco, con un *chiripá* azul y calzoncillos bordados; nunca quitaba su sable el cual con las cabezadas, avíos, frenos, canelones, estriberas y estribos, todo era de plata maciza. Le gustaba también que los mocetones que le escoltaban anduviesen tan magníficos como él.

La historia de sus primeros años, fue relatada por él mismo, al señor Muhm; concluyóla diciendo: en el tiempo que gobernaba mi padre, no vino ningún español por acá, pero ahora vienen. Sabéis vosotros los alemanes, que ustedes son nuestros parientes; eso es muy verdadero: ved cerca del sol vivía un padre con sus dos hijos; y los hijos se casaron, y tuvieron muchos hijos. Los ganados multiplicaron, y no había lugar en el país en donde pudiesen vivir sin incomodarse, y una parte salió de allá y llegaron aquí. Antes éramos tan blancos como vosotros pero los vientos nos tiñeron. Los alemanes vienen del lado del sol, por eso deben ser los hijos que se quedaron allá. En este tiempo que le visitó el señor Muhm, vivían con él dos oficiales argentinos, Pablo Morón y otro llamado Mercado.

Llanquitrué continuó por algunos años con su buena fortuna; fue jefe de la famosa expedición contra el fuerte de San Antonio Iraola, cuyo saqueo presenció Dionisio el lenguaraz. Sacó muchos animales, y algún tiempo después, habiendo hecho la paz se vino a vivir cerca del Carmen, en donde lo conoció el dragón Celestino

386

Muñoz. Pero la sangre de los españoles gritaba venganza; la familia de un oficial muerto allí, se resolvió a castigar a Llanquitrué. Mandó su agente a Patagónica con bastante dinero; compró obsequios para Llanquitrué, le regaló yeguas y prendas de plata; pero los indios son suspicaces, Llanquitrué desconfió del agente; dejó la vecindad del Carmen y se fue a vivir cerca de Bahía Blanca; el agente lo siguió.

Allí había un destacamento de soldados argentinos a los cuales el agente confió sus proyectos, y que ardían por vengar la muerte de sus hermanos. Todos los días regalaban aguardiente a Llanquitrué que concienzudamente se emborrachaba como verdadero hijo de la pampa. Un día que todos estaban ebrios hasta la muerte, los soldados asesinaron a Llanquitrué y al mismo tiempo a un mocetón con quien había reñido Llanquitrué en los días precedentes. La muerte del cacique fue atribuida a su mocetón, y para evitar con más seguridad un alzamiento de los indios, las autoridades de Bahía Blanca, hicieron a Llanquitrué magníficos honores fúnebres, como si hubiese sido un general argentino; así murió este hombre extraordinario. Tenía instrucción, sabía escribir y tengo dos cartas autógrafas de él, que el señor Muhm tuvo la bondad de obsequiarme.

Una es dirigida a S.E. el Presidente de Chile; la otra al Intendente de Valdivia; las copio aquí textualmente para dar una idea del carácter de este cacique.

La letra es mala, no cambiaré la ortografía; aunque escribiendo en la pampa, el cacique pone la fecha de Santiago.

Santiago de Chile, diciembre 10 de 1857.

Para el Señor Presidente de la republica de chile después de Sa. ludar Asuecelencia yasures petada-familia Recibira Uste de mi y de toda mi gente Señor ucia le doy a saber agora en esta fechameallo en paces con buenosaires y con Patabones porqe yo he ido en persona a buenosaires Aréglar las paces con el precidente y hemos qedado los dos muy conformes y agora profesamos una buena Amista como ermanos todos los de esta parte.

"Señor Presidente de chile Le doy a saber qe me allo en aucion degera con Calfucura En estos meses no mas voy a acerle la entrada y por ese le suplico me aga lagracia de ordenarles a todos los pueblos que no saqen arma ninguna para los indios.

Soy suciempre cerbidor qe en sus manos besa".

"José Mr. B. Llanquitrue".

La otra carta es dirigida a don Juan Adriasola, que ha sido intendente de Valdivia. Aunque es escrita en la pampa, tiene la fecha del lugar a donde es dirigida; la trascribo como la otra con la ortografía original. Fue escrita el 10 de diciembre como la anterior, pero aquí el cacique pone la fecha en compendio.

"Baldibia Di 10 de 1857.

Señor Don Juan Adriasolas Señor Intendente de la probincia de Baldibia después de saludar a su atencion Reciba muchas memorias de mi y de toda mi gente le doi a saber señor qu aora me allo en paces con Buenosaires y e estado conbersando con el presidente y emos profesado una paz muy Linda, y estoi muy bien en bista de los superiores de buenos Aires y de Patabones tanbien le mando al precidente de Santiago de chile otra carta pido a uste la mande en cuanto reciba esta carta.

Al Señor Yntendente de Baldibia le suplico me aga la gracia de no consentir que los comerciantes saqen ninguna arma de ninguna clase ni polbora porque Paillacán quiere pasarce al bando del calfucura yo me hallo en disposicion de salir apeliar con Calfucura por eso le ago el encargo qe no debe sacar arma pacá e si uste tiene noticias Baia para Baldibia el ijo de Paillacán remache me le una Bara de grillos".

S.S.Y.S.B.D.G.S.
"José María Bulnes Llanquitrue."

He citado esas dos cartas para dar a conocer el carácter belicoso de Llanquitrué y porque aparecen allí hombres que han figurado en mi viaje. Voy a citar también otras dos cartas de don Pastor Obligado, Gobernador de Buenos Aires y que Llanquitrué recibió un poco antes que fuese a sus toldos el joven Muhm, carta

que el mismo leyó a Llanquitrué porque nadie
de los presentes sabía leer, ni aun este Mercado,
el oficial argentino. Se ve por esas cartas, qué
importancia tenía la amistad de Llanquitrué a
los ojos del Gobierno de Buenos Aires.

Señor don José María Llanquitrue.
B. Aires ha acabado hasta el presente con todos
los enemigos que ha tenido. La misma suerte sucederá
a vos si tu no te resuelves a hacer la paz. He oido
que tu eres un hombre bueno e inteligente, y quiero
tratar contigo: si consientes en hacer la paz, te haré
regalos este año y todos los otros años; juntad a
todos tus caciques y comunicadles mis propuestas.
En aso favorable, ponte en comunicacion con el
Comandante de Guardia-Blanca.
Dios te guarde y te dé buenos consejos.
Mayo 1856.
Pastor Obligado.

Aquí está la otra:

Apreciado cacique: tu hermano Manquelaf y el cacique
de los Tehuelches han estado aquí en Buenos Ayres
y han tratado conmigo las paces en tu nombre. Me
alegro mucho que hayas aceptado mis consejos.
Te convido ahora a venir a verme a Buenos-Ayres
y te recibiré como hermano. Trae todos los cautivos
que tengas en tu poder.
En poco tiempo te mandaré regalos del valor de
50,000 pesos para tu persona, tus caciques y tu

gente; no puedo mandarte mas porque estamos pobres
ahora. Hemos tenido muchas guerras. Pero cada año
que se consolidará la paz, agarraremos mas fuerzas,
y entonces te mandaré regalos magníficos.
  Dios te guarde muchos años.
  Julio 1856.
  Pastor Obligado.

Se ve por esas cartas lo que era este Llanquitrué
que la muerte detuvo en su carrera a la edad
de treinta años. Su hermano Manquelaf no era
menos belicoso. En un malón que dio a los
Tehuelches, fue vencido y muerto.

Chincoleu, el tercer hermano, venía con mucha
gente armada para cobrar su muerte a los Tehuelches. Debía haber una gran reunión de los
caciques del norte del Limay, para saber qué
conducta debían observar en esta ocasión.

Poco antes se había sabido que cerca de
Cholechel unos soldados argentinos habían acu-
chillado una partida de indios, los soldados
eran mandados por este mismo Mercado, que
vivía cerca del cacique Llanquitrué cuando lo
visitó Muhm. Después del encuentro, habiendo
sido tratados con dureza por su jefe Mercado,
los soldados se rebelaron y quisieron fusilar al
oficial que no escapó sino pasando a nado el
río Negro. Como se ve, el horizonte político se
oscurecía. No teníamos nada de bueno que
esperar de la junta general de los caciques.

Al día siguiente, sucedió un acontecimiento de mal agüero para nosotros.

10 de marzo. El día se pasó en calma. Inacayal a quien hablé de la venida de Chincoleu, me dijo que probablemente saldríamos antes de su llegada y que hiciese todos mis preparativos. Entonces me fui al toldo de Jacinto con Dionisio y Celestino para convenir en lo que necesitaba. Celestino estaba trabajando algunas maneas que le había encargado, el tío Jacinto le miraba trabajar, y Dionisio se puso a fumar del tabaco que le había regalado para conquistar su amistad. Quería hacerme dos amigos fieles y adictos con estos dos jóvenes que debían hacer también el viaje hasta el Carmen. Entonces nos pusimos a hablar de Chincoleu, de su venida, de su carácter. Dionisio me lo pintaba como hombre muy temible. Estaba con nosotros, –dijo Dionisio–, en el ataque del fuerte San Antonio de Iraola; y con él fui a una expedición que hicieron los indios para matar a un brujo.

Dije a Dionisio que me relatara esta expedición y me contó lo siguiente:

"Habiendo sabido Choihueques, cacique dependiente de Llanquitrué, que su padre había muerto envenenado por su segunda mujer que vivía en unos toldos de su dependencia, distantes tres o cuatro leguas; probablemente por los consejos del indio su pariente en cuyo toldo vivía, avisó a Llanquitrué y éste condenó a muerte a todos los habitantes del toldo, en donde vivía la mujer; al mismo tiempo dio el mando de la tropa a Chincoleu cuya crueldad le era bien conocida. Guiados por Choihueque se fueron y sorprendieron el toldo en el cual vivía dicha mujer con sus parientes".

"Los indios, no creyendo que su propio cacique viniese a atacarlos, salieron para saludarlo. Pablo Morón, *el oficial argentino*, era de la comparsa, y él primero dio el ejemplo matando a un indio de un pistoletazo en el pecho; Chincoleu mató otro de una puñalada. Mientras tanto, Choihueque había entrado al toldo y mataba sin misericordia a las pobres mujeres y niños. Después se llevaron el botín; a Chincoleu le cupo en suerte como ciento cincuenta caballos y yeguas; a Choihueque otro tanto; también tuvo su parte el oficial argentino...".

Esta historia me hizo reflexionar en lo salvajes que eran los hombres con quien vivíamos, y que plaga tenía pegada a su flanco izquierdo la República Argentina. Pobre país, me decía a mí mismo, no es bastante que tus guerras intestinas te corroan las entrañas, es preciso además que hordas de salvajes te pongan en continuo alboroto y que compres a precio de oro una ficticia tranquilidad. Lo que hay de más desgraciado, es que la República Argentina no tiene ninguna barrera que oponer a los feroces habitantes de la pampa; no hay montañas y los ríos no sirven de nada, los indios los pasan en cualquier parte, ya sea a vado, o nadando.

11 de marzo. Por la mañana, pregunté a Inacayal cuándo se realizaría el paseo que me había prometido hacer conmigo a las orillas del Limay en donde habíamos naufragado. Me contestó que tan pronto como volviese Chiquilín, ausente entonces, nos pondríamos en marcha. Ensilló su caballo y se fue a pasear.

Como a las doce llegaron dos indios a caballo; un viejo que supimos más tarde era el cacique Puelmai, cuyos toldos se hallaban un poco más abajo en las orillas del Caleufú, y su hijo. Se apearon y entonces entre los tres, Huincahual, Puelmai y su hijo, sentados en pellejos, principió un coloquio muy animado, unas veces en el tono del *coyagtun*, que es el mismo que el de los rezos para los difuntos, otras en tono de la conversacion ordinaria. El viejo tío Jacinto venía de tiempo en tiempo a escuchar. Yo no entendía nada sino las palabras de *huinca, huinca,* que aparecían a cada instante en el diálogo. La conversación duró como tres horas, después se fueron los indios. Dionisio estaba ausente. No tenía otra esperanza de saber algo sino por medio del tío Jacinto, pero éste se manifestó impenetrable, y a todas mis preguntas, no contestaba otra cosa sino que había sido cuestión de nosotros, pero que el viejo Huincahual había alegado la ausencia de su hijo para no dar una contestación decisiva.

A la noche volvió Inacayal; tuvo un coloquio muy solemne con su padre. Dionisio estaba presente; concluida la plática, yo quise hacer algunas preguntas a Dionisio, pero me contestó que no le interrogase para no exitar la desconfianza de Inacayal y de su padre, que todo lo que me podía decir, era que esos dos indios de la toldería habían venido a decir cosas que hacían muy crítica nuestra posición. Se puede concebir si pasé una noche tranquila.

12 de marzo. Al día siguiente, resolví saber de una vez lo que se trataba y pedí una entrevista a Inacayal. Él consintió, pero Dionisio estaba ausente, ocupado en arrear la caballada y no había otro que pudiese pasarme la palabra. Cuando llegó, y nos juntábamos, Lenglier, Inacayal, Dionisio y yo, bajo la ramada, delante del toldo de Inacayal, llegó un indio de visita, y fue interrumpida la entrevista. Al fin se fue y quedamos solos: Dionisio maniestó entonces a Inacayal que yo estaba inquieto por lo que habían dicho lo dos indios de la víspera, que temía que hubiesen tratado de sembrar la desunión entre mi hermano Inacayal y su hermano el inglés, y que por eso había querido conversar con él a fin de que me abriese su corazón como el mío había estado siempre abierto para él. Reflexionó Inacayal algunos minutos, y contestó lo siguiente, que Dionisio me tradujo palabra por palabra: «di a mi hermano el inglés que han venido ayer el cacique Puelmai y su hijo: diciendo, que los dos *huincas* andaban en cosas malas entre nosotros; que sus labios no estaban de acuerdo con su corazón; que la carta que traían de Ignacito era falsa, que el inglés no conocía a Ignacio Agüero.

Que todo esto lo habían sabido (Puelmai y su hijo,) por otros caciques, cuya desconfianza había sido excitada por la venida de los dos *huincas*; que Huincahual debía desconfiar porque la venida de los dos *huincas* atraería muchas desgracias sobre su cabeza. Di a mi hermano el inglés, añadió Inacayal que, cuando me contó esto mi padre, le he contestado que todo eso eran mentiras y nada más, y que esta mañana he mandado un chasque a los caciques mis vecinos para decirles que han sido engañados; que por otra parte el inglés es mi huésped, y mientras duerma en los toldos de Caleufú, ninguno tocará un pelo de su cabeza. Di gracias a Inacayal por lo que había hecho. Entonces él continuó: que solamente diga mi *peñi* (hermano) a que va a Buenos Aires; no le pregunto eso por mí, conozo el corazón del inglés, yo sé que está bueno; pero es para tranquilizar a mi anciano padre".

Le conté entonces la misma historia de antes, que iba a ver a un hermano para darle unos poderes que se necesitaban para conseguir un dinero de Inglaterra, etc., y que si había tomado el camino de la pampa, era por ser el más seguro y más corto que por el mar. Dionisio le tradujo todo mi discurso aunque él entendía un poco el castellano, porque me había interrumpido varias veces diciendo *maymay quimelei* sí, sí, está bueno. Cuando Dionisio acabó, Inacayal le ordenó decirme que, con lo que había pasado, no se podía pensar en ir con él al lugar del naufragio, viaje que ciertamente irritaría a Paillacán, pero que tenía su palabra de acompañarle hasta el Carmen, que esperando eso para divertirme, al día siguiente iba a ordenar una gran caza de avestruces y huanacos, que en esta caza iríamos al este y podría yo conocer otras partes de la pampa; lo cual me probaría que no tenía ninguna desconfianza de mí. Le di otra vez las gracias, y nos separamos como buenos amigos.

13 de marzo. Al día siguiente todo estaba en movimiento en la toldería; las mujeres prepararon el almuerzo más temprano que de costumbre: dos indios andaban en busca de la caballada para traerla a los toldos a fin de escoger los caballos choiqueros, que debían servir en la cacería. Almorzamos y nos pusimos luego en marcha. Yo iba adelante con Inacayal y Lenglier, y nos seguían sus dos hermanos Marihueque y Chiquilín y tres mocetones arreando veinticinco caballos. Descendimos por el valle orillando el Caleufú por espacio de media hora y llegamos a los toldos del viejo cacique Puelmai, a quien encontramos listo, montado, con todos sus mocetones y unos ochenta caballos. Los indios con la cara pintada de colorado o de negro para preservarse del sol y del viento que con violencia sopla en la pampa, estaban vestidos lo más ligeramente posible, teniendo sólo el chiripá y la huaralca de cuero de huanaco; en la cintura dos pares de boleadores, uno de dos bolas para avestruces y otro de tres para los huanacos.

Una numerosa jauría de galgos saltando y ladrando alrededor de los caballos completaban la comitiva. Cambiamos los saludos y cumplimientos de costumbre, saludos que varían según el carácter de cada indio. A las palabras de *Eiminai, ioshreh,* si es pehuenche o pampa, el indio que quiere guardar la reserva se contenta con responder *he, he,* si es más expansivo, agregará *peñi, Yinua* (hermano), y si es alguno que quiere ostentar su conocimiento de la Castilla, como llaman ellos al español, dirá *buenos días, pariente.* Aumentada nuestra columna con los nuevos compañeros, seguimos la marcha orillando siempre el Caleufú y apresurando el paso para dejar atrás la caballada y evitar así el ser sofocados con la polvareda que se levantaba.

Al otro lado del río, percibimos también nubes de polvo a través de las cuales se dejaban ver indios y caballos al galope; eran nuestros vecinos del otro lado que debían juntársenos en el confluente del Caleufú y del Chimehuín. Como la caballada estuviese algo lejos, nos detuvimos para esperarla en un lugar que debía ser ordinariamente un punto de estación para los indios, porque habían estacas plantadas para amarrar los caballos: los indios se apearon, desensillaron y se echaron de barriga en el pasto; es su costumbre, de esta manera se abrigan del viento. Habiéndonos alcanzado los caballos, partimos, pasamos al Caleufú y llegamos luego a su confluente. Un poco más arriba está el vado del Chimehuín; en este punto, el río es bastante ancho, el agua llegaba hasta mojar las monturas; la corriente es rápida; los lebreles con ahullidos prolongados manifestaban su repugnancia para arrostrarla; pero pasado ese momento de excitación se echaron al agua; la corriente los llevó y no pudieron abordar la orilla sino muy abajo.

Aquí las colinas son bastante elevadas, de un color amarillo y desnudas casi enteramente de vegetación; el terreno, como todas las pampas, compuesto de arena y piedra, sólo permite el desarrollo de uno que otro raquítico arbusto.

Faldeando la pendiente principiamos a subir; a media falda nos detuvimos para hacer una corta provisión de *muchí*, fruta de un arbustillo espinoso que tiene un sabor agradable; llegamos luego a la cima y volvimos a hacer alto para hacer los preparativos necesarios y dar principio a la cacería. Todos escharon pie a tierra. La comitiva se componía de treinta y ocho personas, unos doscientos caballos y unos ochenta perros. Mientras que cada cual enlaza y ensilla el caballo que debe servirle en la correría, el viejo Puelmai saca de su vaina una especie de escalpelo que principia a afilar con cierto aire misterioso; cesan poco a poco las conversaciones y en medio del más profundo silencio rodean todos a Puelmai.

Sacudiendo de sus hombros las huaralcas, quedan a medio cuerpo desnudos; entonces Inacayal el primero presenta al hombro derecho a Puelmai; éste tomándole el cutis con dos dedos lo levanta y hace con el escalpelo una doble incisión: ningún músculo de la cara del paciente reveló que experimentaba el más ligero dolor: una línea de sangre corrió hasta el puño; Inacayal untando la otra mano, hizo aspersiones al sol acompañadas de roncos gritos rogando al *Hualichu* para que se manifestase favorable al buen exito de la caza, y agitando en seguida el brazo herido probaba la agilidad adquirida con la operación; después echóse tierra en la herida y se apartó.

Esta bárbara ceremonia se repitió con cada uno de los circunstantes. Puelmai a su turno fue también sangrado, y viendo que yo me acercaba, me invitó a hacer lo mismo; me excusé repetidas veces haciéndole presente que yo no sabía usar los *laquis* y que sólo era simple espectador.

Los indios continuaron en sus preparativos y mientras tanto yo observaba el vasto panorama que se desarrollaba a mis pies. Enfrente de mí hacia el oeste, se dibujaba en el horizonte la cresta dentada de la cordillera que iba elevándose del sur para el norte hasta un gran cerro blanco de nieve, volcán extinguido que el desgraciado piloto español Villarino, cien años antes subiendo el río Chimehuín, equivocó con el volcán de la Imperial de Chile: era bien natural y conforme al objeto de sus deseos, puesto que siendo así, se hallaba muy cerca de Valdivia a donde se dirigía; pero no era el cerro de la Imperial, sino el Volcán Lagnin, situado más al sur de ese que no se ve de las pampas.

Del sur partía una línea que serpenteando, se dirigía hacia nosotros; era el valle por donde corre el Limay; esa misma línea prolongada por nuestro pies hacia el norte, cubierta de manchas blancas, encerraba al Chimehuín con sus arenales; enfrente, el Caleufú sembrado de verdes islitas, vaciándose perpendicular en Chimehuín: a cinco millas para el sur, unas barrancas elevadas señalaban la confluencia del Limay con ese río: siguiendo su valle, se veía la mancha blanquisca en el cerro al pie del cual había naufragado. A tres leguas el confluente había tenido lugar el fracaso, no me faltaban más que tres leguas para haber recorrido completamente el Limay. Pero como de esas tres leguas, dos habían sido exploradas por Villarino y la última la había recorrido orillándola cuando me iba a entregar a los toldos de Paillacán, nada quedaba pues, para el completo conocimiento del río; y sin embargo no podía dejar de pensar con suma tristeza que sin aquel maldito escollo habría llegado con felicidad al Carmen. Di rienda suelta a mis meditaciones y me veía descender el río

401

Negro, pasando por entre las verdes islas de Cholechel y llegando a aquella ciudad lleno de placer, cuando los gritos de *peñi, pariente, amui*, me volvieron a la realidad; di una última mirada al panorama a fin de grabarlo bien en mi memoria para después fijarlo sobre el papel en la primera ocasión que pudiera librarme de las investigadoras miradas de los indios, y me uní a la tropa cazadora que se puso en movimiento.

Según las instrucciones de Inacayal y del viejo Puelmai, he aquí el orden de marcha que se iba a seguir: la caballada arreada por tres indios y varios niños, se avanzaría en línea y desembocaría por la quebrada vecina en el valle lateral. Mientras tanto los indios, en grupos de dos o tres, partirían de ambos lados a dominar las gargantas del valle, cercándolo completamente. Así, cuando la caballada principiase a avanzar, los avestruces y guanacos, asustados por el ruido de los caballos, huyendo delante de ellos, tratarían de salir por las otras gargantas, y debían, por consiguiente, pasar a corta distancia de los cazadores que en acecho los aguardaban.

Capítulo XI

Ejecutado el movimiento, marchaba la caballada en una línea de una cuadra de largo, haciendo resonar el suelo con el choque de sus patas, ruido sordo, al cual se mezclaba el sonido de los cencerros pendientes al cuello de las yeguas, guías de la columna; parecía un escuadrón tomando la distancia para cargar al enemigo, y los indios galopando a rienda suelta en el llano, los edecanes portadores de órdenes: sobre los caballos, en el aire, como en un campo de batalla, describían sus órbitas inmensas repugnantes jotes, esperando el fin de la pelea para hartarse de cadáveres, que en este caso iban a ser los desperdicios de los guanacos y avestruces.

Uno, más audaz que los otros, revoloteaba a distancia de unas veinte varas sobre nuestras cabezas; se lo mostré a Inacayal; Inacayal tenía reputación de boleador, no quiso dejar escapar la ocasión de darme una prueba de su destreza; el jote estaba en la posición más difícil para lanzar los laquis, se hallaba verticalmente sobre nosotros y sin embargo no escapó a la suerte que le aguardaba. Mi compañero hizo girar sus boleadores: lanzados con la rapidez del rayo, las bolas envolvieron con el cordón que las ligaba las alas del buitre y cayó a nuestros pies.

A mis felicitaciones, Inacayal me contestó que cualquiera haría lo mismo, y satisfecho, dejó libre al pájaro. Más tarde vi que decía la verdad: los indios manejan los *laquis* con una destreza admirable, y no puede ser de otro modo: apenas camina el niño, cuando dos manzanas o piedras pequeñas, unidas por un hilo, le sirve para perseguir a los perros o a las gallinas de las tolderías; más grandes, se construyen unos verdaderos *laquis*, con los cuales, ejercitándose todo el día, llegan a adquirir esa admirable destreza.

Apenas principiaba la cacería, percibimos una tropa de guanacos y algunos choiques; estos animales asustados con los ladridos de los perros que los divisaron, en presencia de los indios y de los caballos que los rodeaban, se desbandaron y cada cual se dirigió al lado por donde creía poder escapar. El valle presentó entonces un espectáculo enteramente animado y curioso; como era extenso, los guanacos se percibían apenas confundidos con el color amarillo del suelo; los avestruces con sus largos pescuezos y sus largas patas parecían líneas verticales moviéndose con mucha velocidad sobre el horizonte, los perros, a puntos de diversos colores corriendo en todas direcciones y de las alturas de los alrededores

bajaban al galope los indios, fáciles de distinguir
por el color resaltante de los chiripás. Entonces
los grupos se pronunciaron, cada uno escogió
el animal en cuyo perseguimiento creyó tener
mejor resultado: han dejado caer la huaralca
que entorpecía sus movimientos y que agitada
por el movimiento azota las ancas de los fogosos
caballos: de esas pieles salen cuerpos desnudos
y vigorosos sobre los cuales se agitan brazos
que hacen girar el mortífero *laqui*. Todo el valle
resonó entonces con los gritos de los indios y
el ladrido de los perros. Aquí, es un choique
que cae enredado por las bolas, más lejos, es
un guanaco que se defiende contra el ataque
furioso de muchos perros; varios grupos desaparecían en espesas nubes de polvo. Inacayal
había escogido un guanaco que parecía olvidado
de los otros indios; parte a carrera, lo sigue; ya
los perros adelante fatigaban al animal, pronto
lo alcanza, arroja el laqui con mano diestra y
el guanaco cae enredado en medio de una masa
de perros y de polvo. Inacayal llega, echa pie
a tierra y concluye la lucha perdiendo su cuchillo
en el cuello del indefenso animal.

La nube de polvo que cubría esta escena,
disipándose dejó ver entonces los diversos
grupos: los indios habían echado pie a tierra,
los caballos cubiertos de sudor y de espuma
tascaban los frenos y asesaban violentamente,
los jinetes con el rostro encendido por el ardor
de la caza y el goce del triunfo, se ocupaban

en beneficiar los diferentes animales que habían capturado.

Los cazadores habían despertado su apetito con la violenta carrera; la sangre caliente de los choiques y de los guanacos va a reponerlos y a fortalecerlos. Un indio había ya destripado un choique y arrojado los intestinos a los perros; en el fondo del esqueleto entreabierto, se ha derramado la sangre en abundancia, ha echado sal para sazonar la salsa, ha cortado en trozos las partes comibles de las entrañas, el hígado, el corazón, etc., y ha sacado ya el estómago, bocado delicado, para ser asado en la noche. Entonces cada uno se acerca y haciendo de la mano uno cuchara, beben la sangre caliente y comen los pedazos que sobrenadan en la salsa. Otro indio hace el *apol*, para esto ha cortado el gargüero de un guanaco, ha picado las arterias laterales y entonces la sangre introduciéndose en el pulmón lo ha infiltrado enteramente. Al poco rato se desposta el animal y en tajadas se reparte el pulmón, saboreando los indios este bocado sangriento.

Lo demás se reparte del modo siguiente: en el avestruz la parte que más valor tiene, es la pluma que se vende en el Carmen; dos choiques dan una libra y vale 40 pesos papel, o sea 2 pesos fuertes; las plumas pertenecen al cazador que ha boleado el choique, como también las patas, cuyos nervios sirven a las mujeres para coser las huaralcas; el resto del cuerpo se divide entre los diversos indios que lo persiguieron y se come en la noche. En el guanaco lo que más vale es el cuerpo que pertenece al boleador, la cabeza al principal de la partida, y el resto se distribuye igualmente entre los demás. Hecho esto, todos los indios se reunieron otra vez a la caballada. El viejo Puelmai explicó el itinerario que se iba a seguir y nos pusimos en marcha del mismo modo que antes.

Mientras que se avanzaba, la caballada, los diversos grupos de indios iban a ocupar al galope las alturas dominantes, situándose delante de los caballos que marchaban en línea, a fin de caer sobre los guanacos y avestruces que vinieran a su alcance.

Los terrenos por donde caminábamos eran formados de valles sucesivos comunicándose entre sí por quebradas en las cuales el poco de agua que se filtraba de las colinas vecinas entretenía el pasto, erupciones de rocas en varios puntos dominaban sus cimas formando pequeñas mesetas, análogas a la gran meseta que habíamos atravesado para venir de Huechuhuehuín al Caleufú. Una sobre todo, al pie de la cual nos habíamos detenido para la ceremonia de la sangría, era notable por su elevación, nos sirvió de señal para venir derecho al vado cuando volvimos de la caza.

Así, caminando y los indios siempre cazando, llegamos al ponerse el sol a la entrada del valle en donde debíamos pasar la noche; la caballada recibió orden de descender por la garganta principal y de detenerse en donde se encontrase un poco de agua y en donde los indios, desparramados por todas partes debían reunírsenos; descendimos y como a dos millas se encontró una quebrada cuyo fondo era muy estrecho e inclinado. Columnas de conglomerados de piedras y arcilla, erupciones de cenizas volcánicas endurecidas tapizaban las cercanías y en un punto en donde el fondo de la quebrada suavizaba su declive, un poco de yerba verde indicaba la presencia del agua; inmediatamente los caballos que no habían bebido durante todo el día manifestaron su satisfacción con relinchos repetidos. Los indios echaron pie a tierra, y pisoneando el suelo con los pies formaron positos en donde se juntó con poco de agua turbia.

Poco a poco fueron llegando todos; los caballos se desensillaron, se manearon y se dio principio a los preparativos de la cena encendiendo Dionisio el fuego del vivaque de Inacayal en donde yo estaba; los demás indios se habían reunido en tres grupos y habían también hecho sus fuegos. Me preguntaba yo, mirando en rededor, en dónde estaban los árboles que iban a proporcionar los asadores; no teníamos a la mano más que unos tres o cuatro arbustillos que nos proveían de chamiza para el fuego, pero que no contenían rama alguna a propósito para ese fin; pero yo no contaba con la industria de los indios; cuando no hay asadores suplen las piedras, y éstas no faltan en la pampa: se les enrojece al fuego, se abre con el cuchillo el pedazo de carne que se quiere asar, se introducen las piedras y enseguida se pone todo al fuego; así se cuecen el interior y exterior bien que mal, y así satisfacen la primera hambre.

El plato delicado era en el que trabajaba nuestro amigo Marihueque: había introducido en el esqueleto de un choique piedras enrojecidas, grasa del animal y habiéndolo atado lo puso sobre otras piedras candentes. Los pedazos de grasa derretidos formaban con la sal que se había puesto, una salsa en el fondo del esqueleto. Una vez cocido se distribuye a todos los circunstantes un pedazo de carne y otro de gordura y cada uno a su turno sopea en el esqueleto que sirve de salsera. Mientras tanto se asaban con concha y todo unos cuantos quirquinchos que debían servir de postres; la carne de quirquincho se parece a la de puerco lechón; ella terminó dignamente el *sháscuntun*, así llaman los indios a esta manera de cocinar.

Para hacer la digestión, se encendieron las cachimbas, precaución que no era inútil; los indios nos habían prevenido que la comida de choique era muy indigesta a causa de lo muy gorda que es, aserción que corroboró nuestro estómago.

Encendidas las pipas principió la conversación. Entre cazadores civilizados cada uno se habría apresurado a contar las hazañas de la jornada,

409

pero los indios tienen otro carácter, ninguno dijo que había muerto más que los otros ni boleado con más destreza; se habló de cosas indiferentes: Inacayal en sus viajes había oído hablar de unas cuantos productos de otros países sobre los cuales me hacía cuestiones; las naranjas del Brasil, serpientes, indios con el cuerpo negro, leones, etc.

De todos los animales el que más hiere la imaginación de los indios, como de todos los pueblos, es la serpiente. La serpiente es un ser aparte de la creación, sea en bien o mal tanto para el bracma de la India como para el hijo de las Pampas y el egipcio. Para los indios de la Pampa es un enviado del mal espíritu que se debe siempre matar cuando se le encuentra y mis auditores no habían visto sino pequeñas. Cuando les contaba las proezas del boa constrictor, la estupefacción se pintaba en sus semblantes, abrían la boca y no estaban distantes de soltar su palabra habitual *coilá* (mentira): pero Inacayal atestiguaba la verdad de mis palabras con pequeñas alocuciones que le acompañaba a manera de paráfrasis.

Otras historias que nunca cansan a los indios, son las de ladrones; no las de ladrones homicidas, están demasiado habituados a escenas de asesinatos para que semejantes relatos hagan impresión en el espíritu de ellos, sino las proezas de rateros; cada uno desea ser el héroe de ellas. Mientras más hábil es el indio para robar, más

410

se granjea la estimación de sus compañeros; también habrían trasnochado escuchándome, pero con el cansancio del día tenía ganas de dormir, me acosté y pasé una buena noche envuelto en mi huaralca, no obstante el frío intenso de la pampa y las idas y venidas de los caballos que se dirigían al agua.

14 de marzo. A la mañana siguiente cuando despertamos ya el fiel Dionisio había encendido el fuego; hicimos un ligero almuerzo de guanaco, y ensillados los caballos, nos pusimos a marchar: al poco rato hallamos una vega en donde bebieron los caballos hasta saciarse y nos dirigimos al nordeste. Este día me quedé con la caballada; de tiempo en tiempo el viejo Puelmai venía a dar el itinerario al jefe de ella; el camino era fácil de seguir, estando trazado por las llamas de las yerbas que los indios de adelante encendían en su paso, señal que servía de guía a la comitiva y mostraba a las tolderías el punto de la cacería. En el camino, solo los valles ofrecían pastajes; en las alturas, la falta de agua y la naturaleza del suelo dejan crecer a una que otra planta espinosa.

De tiempo en tiempo veíamos dibujarse sobre la cresta de las lomas el perfil de avestruces y guanacos perseguidos por los cazadores; sobre una pequeña eminencia nos juntamos con unos ocho indios que acababan de bolear dos choiques y se entregaban a las delicias de un *apol* al que me invitaron. Mientras que nos fortalecíamos

411

con la sangre caliente del animal, nos llamó la atención el ladrido de muchos perros que a toda carrera pasaban cerca de nosotros: perseguían a dos zorros que habían salido de sus cuevas y que en pocos instantes cedieron a las mordeduras de los ágiles galgos.

Desde donde estábamos, veíamos a nuestra izquierda la cabeza blanca del volcán Lagnin, y delante de nosotros un lago de forma circular; como de una milla de diámetro. El indio a quien pregunté el nombre, me dijo que se llamaba Huinculmapú, que quería designar el punto de la pampa en donde nos hallábamos, porque *mapu* quiere decir tierra, y *huincul* colina, eminencia, tierra de las eminencias, para distinguirla de las verdaderas pampas.

Este lago, con tres otros situados más lejos, constituyen un espacio retirado y escondido en donde se refugian los indios del Limay con todos sus animales, cuando temen los malones de los vecinos. Muchos pájaros acuáticos se deslizaban sobre la superficie del lago, que dejamos a la izquierda y nos dirijimos al este, hacia otro lago que no habíamos visto sino cuando estuvimos sobre él, y estaba cubierto de aves acuáticas, huahas, patos, gansos, cisnes de cuello negro, flamencos con sus patas y cuellos desmedidos y sus plumas color de rosa, de pie en las orillas parecían una línea regular de infantería. A nuestra llegada volaron todos a la vez, desplegando sus alas de un vivo color rojo, pero conservando el orden simétrico y formando en su vuelo una larga falange un poco arqueada.

Aquí nos dijo Dionisio que acamparíamos en la noche, y que podríamos permanecer mientras que los indios continuaban boleando; me trajo de parte de Inacayal un estómago de avestruz, bocado fino y delicado para pasar el tiempo; otros dos indiecitos quedaron también cuidando los despojos de los animales que se habían capturado; con su ayuda encendí fuego, pero con grande dificultad a causa de la escasez de leña: después de haber comido fuíme a pasear a las orillas del lago. Las orillas formadas de un lado por cenizas volcánicas endurecidas, se veían blancas como azúcar; de otro, por tierra descompuesta, cubierta de jaspes y pedernales de diferentes colores. A la entrada del sol volvieron los indios, pero el viento violento que hacía, no nos permitió conversar a la orilla del fuego como en la víspera.

15 de marzo. A la mañana siguiente, se hicieron los preparativos para volver a los toldos; los indios estaban satisfechos de su cacería; habían capturado en dos días 42 avestruces y 14 guanacos, sin contar con un sinnúmero de quirquinchos. Después del almuerzo nos pusimos en marcha y caminamos todo el día; los indios cazando, capturaron todavía algunos animales, y en la tarde, después de haber pasado el vado llegamos a los toldos; mis compañeros, recibidos con alegría por sus mujeres a quienes traían buena provisión de carne, plumas y cueros, y yo muy cansado, pero encantado de la excursión que me había permitido explorar como 15 leguas al este.

16 de marzo. Al amanecer Inacayal me mandó llamar y ordenó a Dionisio que fuese también a la ramada. No sé por qué auguré mal de esta estrevista. En efecto, cuando estuvimos sentados me dijo Inacayal que mientras andabamos cazando, habían venido chasques de todos los caciques pidiendo nuestra expulsión inmediatamente de la tierra, que hasta el mismo Huitrailán que antes estaba bien dispuesto para con nosotros, había cambiado de ideas, y que uno de los caciques había ido hasta el extremo de mandar decir que si Huincahual tardaba más en expelernos, vendría él a dar un *malón*, y mataría a los dos huincas y a los que los favorecían. Añadió Inacayal que me dejaba enteramente libre para hacer lo que quisiese, que tenía su palabra de ir con él a Puerto Carmen, y que a pesar de todos los descalabros que podían caer encima de su cabeza y la de su padre, me conduciría allí si persistía en mi proyecto.

Conmovido por la conducta leal y franca de Inacayal, no hesité un solo momento. Le contestó Dionisio de mi parte que de ninguna manera quería que por nosotros dos extranjeros, se malquistase con sus hermanos de la Pampa, y que por ningún precio iría al Carmen, no queriendo atraer desgracias a las familias de dos hombres como él y su padre, que se habían comportado tan bien y tan francamente conmigo.

Esas palabras parecieron aliviarle de un gran peso; me dijo que iba a arreglar las cosas para que en el año venidero pudiese realizar mi viaje, haciéndome prometer que volvería.

Que para mi salida me iba a proporcionar una escolta, compuesta de indios amigos para que pudiese salir con seguridad de la tierra, pero me aconsejaba como a un hermano en peligro que me fuese lo más pronto posible porque quién sabe hasta dónde podía llegar la cólera de los caciques del norte, celosos de mi posición de secretario, compañía de la cual ellos creían que Inacayal sacaría ventajas particulares en las negociaciones de paz.

En ese mismo instante, como si expresamente hubiera sido para dar más peso a sus palabras, llega a carreras Motoco Cárdenas que venía de los toldos de Huitraillán diciéndome que los indios se alzaban y que solo nuestra marcha inmediata podía apaciguarlos, que aprovechase la ocasión, que el cacique Huentrupán andaba en el otro lado del Caleufú, y se iba a Hue-chu-huehuín; lo que mejor podía hacer era irme con él; que así en su compañía sería respetado. Esto completó mi decisión.

Yo conocía muy bien a Motoco, sabía que no era hombre que se asustase sino de un peligro real e inminente. Los preparativos fueron hechos

415

prontamente; no quise esperar a Gregorio Cárdenas, sabiendo que le encontraría en el camino. Me despedí del viejo Huincahuai y del tío Jacinto; las mamas Dominga y Manuela estuvieron a punto de derramar lágrimas. Inacayal, Dionisio y Celestino me vinieron acompañando hasta el otro lado del Caleufú en donde se hallaba Huentrupán a caballo. Entonces Lenglier y yo, no sin una cierta emoción apretamos las manos de Inacayal, Dionisio y Celestino, y dando espuelas partimos a toda carrera.

En la noche acampamos en la orilla del Quem-quemtreu.

17 de marzo. Por la mañana a las doce del día estabamos en la chacrita de Huentrupán. Regalé a Motoco Cárdenas lo que me sobraba de los objetos que pudiesen servirle a él que se quedaba para pasar el invierno en la tierra, y a las mujeres de Huechu-huehuín el resto de las cuentas y chaquiras.

18 de marzo. Al amanecer salimos los dos Cárdenas, Lenglier y yo, y llegando al cerro Trumpul bajamos a la casa de José Vera. Allí se hallaban Hueñupán, su mujer, la hermana de su mujer, José Vera y su mujer; ya estaban todos borrachos; cometí la imprudencia de regalarles el galón de aguardiente que me había traído Cárdenas y que deseaba enviarlo a Inacayal. En retorno a eso, quiso la suegra que comiésemos pescados que se habían tomado el día precedente en el lago de Lacar. Entré a la casa para descansar, saqué mi revólver, y lo puse a un lado, salí un instante. Pocos minutos después volví a entrar, no hallé más el revólver; cuando salí sólo estaban en el interior de la casa Lenglier y el hermano de la mujer de José Vera. Luego mis sospechas cayeron sobre él. José Vera estaba muy disgustado con que tal cosa hubiese sucedido en su casa; cuando Motoco que prefería los hechos a las palabras, volvió triunfante con el revólver en la mano. Como sólo había dos puertas en la casa, Motoco pensó luego que el ladrón había debido salir por la puerta opuesta a aquella delante de la cual estaban sentados los dos tomando; desde esta puerta, siguió rastros frescos en el pasto, y encontró el revólver al pie de un árbol.

Hueñupán era el ladrón, lo supimos porque luego que vio su robo descubierto, con los ojos encendidos por el furor y el aguardiente gritó: matemos a los huincas. Entonces José Vera más pronto que el rayo, lanzándose sobre él, le agarró del pescuezo y sacando su facón, le dice: si haces un movimiento; te mato, asesinaste a Bernardo Silva en la Mariquina, no te faltaba más que ser ladrón. Pidió su perdón y Hueñupán se fue confuso a dormir su borrachera. No quise quedarme más allí, y me despedí de José Vera y Motoco.

A la noche pasamos el balseo de Nontué y dormimos al otro lado.

19 de marzo. Al amanecer salí del alojamiento con un caballo al cabestro, quería ver si podía alcanzar ese día a Arisquilhué.

Pasé el boquete, ya todo se cubría de nieve, algunos días más, y la nieve nos detenía prisioneros en la otra banda. A la noche alcancé a Arsquilhué, todos los ríos estaban crecidos, apenas se podían vadear los dos grandes ríos entre Maihué y Arsquilhué.

Lenglier y Cárdenas se quedaron atrás y durmieron en Chihuihué.

20 de marzo. A la tres de la tarde Lenglier y Cárdenas llegaron a Arsquilhué. Cuando llegaban, el cielo estaba surcado de relámpagos y el aire retumbaba con los truenos que repetían los ecos de la cordillera. Había llovido mucho. Mientras que caminaban; gracias a que mi herbario estaba bien envuelto en las huaralcas, no se mojó. Allí encontramos a todos nuestros antiguos conocidos, Prieto, Matías González y la interesante Manuela, su hija, que tenía todavía que esperar el verano siguiente, para volver a ver al ilustre Juan chileno.

21 de marzo. Descansamos en Arsquilhué.

22 de marzo. Salimos de Arsquilhué y alcanzamos a Dollingo en donde hallamos a don Fernando Acharán que celebró mucho nuestra vuelta. Se hicieron muchas sangrías al famoso tonel de chicha de cuarenta arrobas de capacidad que hace el ornamento de su salón.

23 de marzo. Don Fernando Acharán no quiso dejarnos salir este día, descansamos bien y nos familiarizamos poco a poco con el *comfort* de la vida civilizada que habíamos olvidado en la otra banda.

24 de marzo. Llegamos en la tarde a Arique en donde nos recibió muy bien don Ignacio Agüero. Como en la mañana siguiente debíamos entrar en Valdivia, fue preciso quitar nuestros trajes de Pehuenches que hubiesen hecho correr tras de nosotros a todos los pilluelos del pueblo y nos vestimos de cristianos.

25 de marzo. Por la mañana salí con Lenglier y don Lupercio García que estaba en Arique y a las tres entrábamos a esta ciudad, en donde ya habían corrido dos o tres veces la noticia de nuestra muerte.

Pablo Huneeus Cox nació en Santiago de Chile y estudió en el colegio San Ignacio. Es Licenciado en Sociología de la Universidad de Chile y Doctor en la misma ciencia de la Universidad de París (Sorbonne).

Fue experto de Naciones Unidas en Ginebra, Suiza, y de la Comisión Económica para América Latina (CEPAL). Ha sido director del Servicio Nacional del Empleo (SENCE) y profesor en la Facultad de Ciencias Físicas y Matemáticas de la Universidad de Chile. Ejerció por años como profesor titular de la Universidad Católica y director del Instituto de Sociología; pero desde 1983 se dedica a escribir en forma independiente.

Por su contribución a la literatura social, la *Grand Valley State University* de Estados Unidos le confirió en octubre de 1992 la Orden al Mérito.

Actualmente vive en Calbuco, Chile.

Otros libros de Pablo Huneeus: